炒股就这几招

（金牛版）

股票分析资深专家
中国最权威、最旺人气作者
中央电视台特约财经评论员
李幛喆（李几招）著

作者长期在中央电视台分析股市，获赞颇多

企业管理出版社
ENTERPRISE MANAGEMENT PUBLISHING HOUSE

图书在版编目（CIP）数据

炒股就这几招：金牛版／李幛喆著. -- 北京：企业管理出版社，2018.3
ISBN 978-7-5164-1684-6

Ⅰ.①炒… Ⅱ.①李… Ⅲ.①股票投资–基本知识 Ⅳ.①F830.91

中国版本图书馆 CIP 数据核字（2018）第 049075 号

书　　名：	炒股就这几招（金牛版）
作　　者：	李幛喆
责任编辑：	赵喜勤
书　　号：	ISBN 978-7-5164-1684-6
出版发行：	企业管理出版社
地　　址：	北京市海淀区紫竹院南路 17 号　邮编：100048
网　　址：	http://www.emph.cn
电　　话：	编辑部（010）68420309　发行部（010）68701816
电子信箱：	zhaoxq13@163.com
印　　刷：	三河市聚河金源印刷有限公司
经　　销：	新华书店
规　　格：	170 毫米×240 毫米　　16 开本　　13.75 印张　　250 千字
版　　次：	2018 年 4 月第 1 版　　2018 年 4 月第 1 次印刷
定　　价：	49.00 元

版权所有　翻印必究　印装有误　负责调换

最权威炒股书：炒股就这几招
最多荣誉榜：全国独此一书

1996~2017年，各大新华书店、书刊网站权威统计：《炒股就这几招》系列书连续荣获全国财经图书排行榜销量冠军，20年来畅销不衰，1996年，创造了北京中山公园图书节签名售书一天销售4000本的记录，堪称财经图书奇迹。

此外，由中国书刊发行业协会、中国财经证券类媒体、凤凰财经图书榜、中国新闻出版报、中国图书商报、《出版人》杂志、书业营销创新论坛组委会、图书发行会、图书博览会、全国图书节、各大书市、各大网上书店授予《炒股就这几招》的各种荣誉有：

2005年，荣获最受股民欢迎的普及读物；2006年，荣获中国股市的新华字典称号；2007年，荣获中国图书榜中榜经管类最佳图书营销奖，荣获经管类零售排行榜冠军，全行业优秀畅销品种（社科类）；2008年，书业营销创新论坛组委会称此书为中国股民的扫盲读本，为股票类图书销量冠军；2009年，被股民推荐为"最受欢迎的"股票类图书；2010年，多次荣登财经图书销售榜第一名；2011年，荣获金牌牛市图书冠军；2012年荣登中国图书财经排行榜冠军；2013年获得全国财经图书网络、实体书店销售第一名；2014年获得全国财经图书排行榜、财经图书网络销售第一名；2015年获得全国实体、网络财经书销售第一名；2016年获得全国财经图书风靡第一名；2017年获得"最受股民欢迎的好口碑炒股书"称号。

牢记李几招语录　炒股终身受益

李几招炒股经典语录十则

- 初入股市一定要先买（卖）100股反复试验10次以上甚至更多
- 炒股没有专家、股神和大师，更没有救世主，全靠你自己
- 炒股要听党的话
- 买卖股票一分钟，研究股票十年功
- 买卖股票是徒弟，敢于止损是师傅，耐心等待是师爷
- 买卖股票不以价位低高为准，而以趋势为准；看不准趋势，就一只股也别买（卖）
- 灵活掌握20%规律
- 牢记"八个千万不要"（见前言）
- 要想炒好股，先学做好人
- 炒股要时刻牢记风险，防止贪心，见好就收，落袋为安

出版说明

一、严正声明

目前市场上的股票书品种很多，应有尽有。在众多图书中您能选中并阅读此书，是我的荣幸。《炒股就这几招》第一版于1995年出版，此后多次修订再版，畅销至今。在此，我特别提醒各位读者朋友：

《炒股就这几招》（金牛版）由李幛喆（李几招）撰写，全国仅企业管理出版社出版。如果发现有不道德的出版社，假冒本书《炒股就这几招》书名和李幛喆（李几招）本人的名字，或者采用鱼目混珠的书名，大量盗用本书的内容，对此卑鄙行为，本出版社将按照著作权的有关办法，坚决追究，严惩不贷。

在此特别声明：任何个人、媒体、网站或者其他各种传播媒介，未经允许都不准以任何形式转载、摘登、引用本书的任何信息，否则视为侵权，严厉追究。本书严禁盗版，违者必究。举报电话：01068420309。

二、开盘写作的原因

1996年，我出版了《炒股就这几招》系列书后，读者的热情追捧使此系列书持续位于中国图书排行榜前列。这完全是朋友们支持的结果，借此机会，表示衷心感谢。

我这二十几年先后收到了全国股民几万封来信（含电子邮件），许多朋友，特别是新入市和正准备入市的朋友，建议我为他们写一本适应入门炒股ABC的指导书。因此，此书主要针对新股民而写，但对老股民也非常适用。

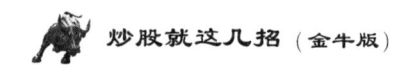

三、写作基本设想和释疑

书中全部采用真实例子来证明一个概念、一个技术指标的应用方法。需要特别指出的是，在运用时万不可机械照搬，所举的例子只是提供了一种解题的方法及思路，是否"高考"成功，要看现场发挥能力，提醒股民运用指标一定要灵活。

广大股民，不清楚的地方可以具体写信咨询，炒股就这几招邮箱：cgjzjz@163.com。

四、特别声明

股市变幻莫测，其规定、政策、概念等也经常发生变化。本人和出版社不另行通知。但是本书将会在第二年再版发行时，修改、补充相关内容。

我从不在社会上集资炒股，不开李几招工作室，盗用我的名字在网上写文章，用我的名字、相片和出版社的名义非法出版"这招、那招……"之类炒股书，甚至以我的名义集资炒股，开李几招工作室等，一律为非法行为。如果股民欲加入我的股票微信群、QQ群，必须实名制，具体办法见我博客说明。

炒股有极大风险，股市又变幻莫测，本书仅介绍了炒股的基本概念和技巧，它不是股票推荐和股评书，书中招法不可能十全十美。因此，您炒股的盈亏与本人、本书和出版社无任何关系。

我是作者，您是读者，更重要的是咱们都是股市上的朋友，因此，建立一个长期沟通的渠道则十分重要。请直接通过炒股就这几招邮箱cgjzjz@163.com联系。我的博客和微博：直接搜索李几招、李幛喆即可。

国务院经济体制改革办公室
中央电视台《中国证券》特约财经评论员
中央财经大学证券史研究员
李几招
2018年3月

前　言

3、2、1 预备……开始炒股

一、炒股，还是不炒股

炒股，还是一辈子不炒股，这是现代经济社会中摆在每一个人面前的"大是大非"问题，有人说"我这辈子不玩股"，但是每年加入炒股大军的人，还是在大幅度增长，可见人们的炒股意识是随着经济进程而逐渐产生、强化，最后转为具体行动的。

试想在 10 年前、20 年前，有几个人认识到电脑、私车、智能手机在个人生活中的作用？而如今你不会用电脑，不会开车，没有手机，不会写微博、发微信、玩 QQ，几乎就与世隔绝，成了现代文盲，被时代淘汰了。

可以肯定，今后股民数量还会增加，到那时，老朋友聚在一起，除了叙旧，共同话题也许就是谈炒股的经验、体会、招法了。如果你不炒股，朋友们除了与你谈谈往事外，也就再无话可说，也不可能老是旧话重提。而股民朋友之间，则新话题层出不穷，不赶紧说还没份了。我 1988 年认识一位现在已离休的老领导，当初他反对发股票，现在他也与时俱进，加入了炒股大军（具体盈亏不详）。因此，还在股市门外，甚至对股票不屑一顾的朋友们，斟酌一下风险后，不妨开始学习炒股。

二、我对股份制和股票产生了兴趣

1984 年起，我对股份制和股票产生了兴趣，更准确地说是对股份制和股票的知识一概不知，但又想深入了解它。因此利用一切机会，多方获取信息，几乎赔进了所有业余时间并"侵占"了部分工作时间，去学习有关股票知识。

起初主要是在理论方面下的工夫比较多，因为 1989 年以前中国没有股票市场，而且在中国能不能发展股份制，争议很大。有些人把股份制、股票市场与资本主义私有制画等号，极力反对试行股份制，还有许多人不理解股份制。本人及其他同人当然是全力赞同试行发展股份制、股票市场，并坚持认为在中国发展股份制是一条可行、有效之路（见本人 1993 年著《股份制宣言》）。

如今，反对股份制和股市的人已悄然无息了，不理解股份制的人也理解了，原来反对的人现在还坚决支持发展股份制和股票市场（可能是认识到了股市圈钱的好处），尽管还有几只苍蝇嗡嗡叫，但股市发展的历史脚步谁也阻挡不住。从中共"十三大"到"十八大"的精神和相关政策可以看出：管理层正式肯定了股份制、股票市场，股份经济独特的功能已被绝大多数人认同，这又一次验证了"实践是检验真理的唯一标准"。

三、我的股市分析、对错和预言

1990 年 12 月，中国的深圳、上海先后成立了证券交易所，我学习的方向从此转向股市分析，因为理论必须与实际相结合。这些年，我结合宏观背景和中国股市的具体实践，试笔写了许多"豆腐块的快餐"股评文章，理论价值不高，属于看完就随手扔掉的那类。同时，还试笔写了十几本书，其中《炒股就这几招》系列书最为畅销而且长销。除此之外，1993 年写过《股份制宣言》；从 2000 年起，开始对中国股史进行总结，每年撰写一本反映中国股市进程的系列书《中国股市发展报告》；2010 年出版了《中国股市风云档案 30 年》。

此外，我还在电视台、报纸、电台等媒体分析、主持证券节目，试图为股民观众找到宏观面与股市面有机结合的感觉。近几年预测对的有：提出 2000 年股市涨一年；2001 年股市涨半年；坚定看好 2006 年、2007 年和 2009 年牛市；坚定看空 2007 年 10 月至 2008 年 10 月的行情；正确预测了 2015 年上半年牛市行情和 2015 年下半年暴跌行情；正确预测了 2013 年的波段行情和 2014 年的大盘股行情；正确预测了 2017 年的"撸起袖子加油干和卷起裤腿赶紧跑"的波段行情。

使我感到内疚的是，也发生过失误：1998 年初和 1999 年初，我认为沪指应该在年初跌破 1000 点。2001 年 5 月，我认为 B 股 6 月第二阶段开放后的两天内应该有两次涨停。2009年认为沪指可能上升到5000点。事实证明我错了，请朋友们原谅我的失误，我今后将努力学习，提高自己判断盘体大势的水平。

2000年底，我撰写了《终于成功——中国股市发展报告1980~2000》股史书。书中对2001~2010年的股市做了一些预言：上证指数将突破3000点、5000点……全球将以沪深股票指数为风向标之一；中国股票将出现200元、300元价格的股票；中国股民会有一位长期持股不动的人成为千万富翁。

以上预言全部兑现，有些预言还显得保守了。比如："中国股民会有一位长期持股不动的人成为千万富翁"，2007年已经有89个人持股不动成为亿万富翁了；2017年贵州茅台已经突破700元。

四、感谢最可爱的人

中国股民已经超过一亿，80%的热情参与者又是中小股民，早在1996年，我曾在报刊上发表了随想《谁是最可爱的人》，文中谈道：每一个时代都有最可爱的人，如20世纪50年代，抗美援朝志愿军最可爱。当代谁是最可爱的人呢？

我认为是全国股民！

（1）股民平均每年为国家、上市公司、券商、中介机构等，贡献真金白银接近5万亿元。超过80%的手续费和印花税都是个人投资者贡献的。中小股民为上市公司圈钱，给券商打工，股民掏空了自己腰包，却无怨言。

（2）股民最关心国内外大事。准时看报，看电视新闻，上网浏览各种信息，APEC、CPI、PPI都门清。而且股民业务学习最自觉、最积极，财务报表、宏观知识、股价K线图、利率外汇走势图、黄金走势图等大多靠自觉学习。股民才是真正争分夺秒的读者，很多甚至挑灯夜战。

（3）股民带头维护稳定，有些人过去思想比较激进，现在炒股后，最希望社会稳定、国家安定。特别带头维护稳定的是股民，股民从来不关注也不参与非法组织，谁要破坏社会稳定，第一个站出来维护社会稳定的就是股民。

2015年7月到2016年1月的熔断机制和股市暴跌，使得股民损失惨重，但是我们都看到了，中国股民带头维稳，股市暴跌也绝不去闹事。

（4）股民最遵守纪律，准时"上下班"。股民每日9点30分准时"上班"，甚至提前10分钟"上班"；15点准时"下班"。风雨无阻，不迟到早退，休息日"加班"是常事。自觉遵守纪律的是股民。

（5）股民自己掏钱去股市"就业"，不给国家增加负担，能理解国家就业负担的是股民。

（6）股民热心公益，如2008年汶川地震和2013雅安地震，股民们纷纷捐款捐物，奉献爱心。其中，国泰君安上海水城路证券营业部87岁的老股民张新娟老奶奶，2008年便捐出了1万元。在汶川、雅安地震不断的情况下，震区的股民们不顾生命危险，关注股市行情……当时有股民倡议：支持灾区重建，不卖四川股。保住川股，就是保住股市，就是为国分忧。川股稳定使大家都不会因地震受到损失，又为灾区做贡献。

图1 2013雅安地震开市前股民为雅安地震默哀（李几招提供）

（7）股票一涨，股民高兴，一些餐馆等相关行业也跟着股民沾光；股票一跌，股民也就自言自语道"唉，又跌了，没事，还会涨"，然后默默走出营业部。特别能忍受痛苦的是股民。

（8）股民好多还是球迷，尽管股票被套，但还是为中国足球冲出亚洲呐喊，熬夜看世界杯、德甲、意甲、英超等比赛。最盼望中国足球"解套"的是咱股民。

（9）股民舍小家，顾大家。尤其是2015年7月的"救市"最为典型：中小股民尽微薄之力加入了护盘行动，面对连续的暴跌，营业部的股民们擦干眼泪，加入了"买股护国、为国锁仓、满仓爱国"的实际行动中。虽然中小股民护盘亏损了，但是对阻止大盘进一步暴跌功不可没。

股票涨也爱你，跌也爱你。

所以，咱们股民最可爱！！！

这篇"最可爱"的随想发表后，引起了很多人的共鸣，许多人

图2 牛倒了也爱你

写信跟我谈他们的想法，但有一点让我非常钦佩：写信的股民，大多数被套牢，但他（她）们丝毫没有表达出任何的不满，而是检讨自己操作失误，令我深受感动。这再次证明：咱股民最可爱！！！

五、要学炒股，先学做人

粗看，炒股与做人是风马牛不相干的事，其实不然，我一直以为：炒股能暴露人性真正的本质。人之初，究竟是性本善，还是性本恶，且不去争论，但就人本身而言，存在各种各样的优点和缺点，人的优点，我就不在此处多表扬了，但在炒股活动中，人就暴露了许多缺点。

（1）人皆有贪欲。尤其在市场经济环境下，主要表现在贪得无厌，甚至忘恩负义，不择手段违法敛财。在炒股中，个别股民将人性的此缺点进一步放大，表现得淋漓尽致。典型的是，自己的账户资金已升值20%、50%……300%以上，但还是不满足，不平仓，挣多了还想再挣更多。我当然也希望大家多赚钱，但也要理性地提醒大家，最好还是以一个普通股民的身份正确认识自己，认识股市。特别要认识到在各行各业挣钱如此之难的背景下，您没费什么劲，手指头一动，其账户资金就升值达20%、50%……300%以上，您应该知足了。但是许多股民最后的结果往往是悲惨套牢，最根本的原因就是太贪。所以，股民一定要克服人性贪婪的缺点，知足者常乐，而贪婪者常悲。

（2）人具有很大的惰性。主要表现在：如果没有生存、竞争压力，人们则陷入贪图享乐，不思进取的享乐怪圈中。当我们看到一个体育运动员站在领奖台高举奖杯的辉煌时，外人是无法体会他（她）为此付出的血泪代价。因此，不论哪个行业哪个人，要想夺取金牌，背后都要付出"流汗、流泪、流血"的成本。所以，您要炒股，就必须克服贪图享乐，不思进取的惰性，要比常人多付出百倍的精力、资源去学习、钻研股市的各种政策、技术、技巧等。功夫不负有心人，一分耕耘，一分收获；种瓜得瓜，种豆得豆。

（3）人具有一定的投机赌博习性。主要表现在：人们很喜欢赌一把，撞大运，摸大彩，尽管中奖的概率极低，但许多人还是乐此不疲，这充分反映了人本身存在的投机赌博习性，否则世界的赌场、彩票的销售、有奖促销等类似的经营行为早就消失了。但我们必须适可而止，不能依赖于赌一把，撞大运，摸大彩来提升我们的生活质量。炒股本身存在风险，从某种意义上来讲，就带有投机赌博成分，比如亏损股，它的风险最大，但是一旦扭亏为盈，它的股价也有可能一步登天，因此炒亏损股就带有很大的投机赌博性质，这也是为什么亏损股有时比业绩好的股票价格还高的原因之一。但我们绝不能靠投机赌博去买卖股票，最关键的还是要多学习，多实践，甚至要多流血，及时总结经验教训，"与市俱进"，再加上可能遇到的一点点运气，最后才能大功告成。

（4）人具有一定的依赖性。主要表现在：做事缺少主见，希望依赖他人指点迷津，坐享其成。一些股民在炒股中就是这样：买卖股票，主要靠打听消息，靠股评，自己的分析很少。及时与他人沟通交流信息、听股评是需要的，但是买卖股票是投资行为，过分依赖别人不现实，现在无偿为您服务的也不多，骗子却很多，各种小道消息五花八门，因此，炒股还是要克服依赖性，自力更生。

（5）人具有一定的涣散习性。主要表现在：行为具有很大的随意性，自我性，分散性。因此社会管理层必须制定有关法律、法规、规章等来加强监管，规范个人的行为。比如您在单位上班，就有各种规章制度管束您，就有领导、同事监督您，您就必须遵守纪律和道德规范，不能我行我素。但在股市炒股，环境不同了，最主要的是您自己可以独来独往，此时您的涣散习性就有可能暴露无遗：由于没有纪律管束您，没有他人监督您，您买卖股票可以随心所欲，自由自在，但此时隐患也应运而生了。主要是没有给自己制定一个严格的买卖股票的纪律，即使制定了纪律，由于没有领导、同事的严格监督，自己也没有及时自觉执行，结果是功亏一篑。所以必须克服涣散习性，炒股时一定要制定有关纪律，特别是盈利目标，止损边界。最重要的是严格执行，自我监督。

（6）人具有爱吹不爱批的习性。主要表现在：遇到开心顺心之事，则眉飞色舞，喜形于色，忘乎所以，逢人炫耀；遇到挫折困难，则寝食不安，愁眉不展，逢人唠叨，怨天尤人。人的这个缺点在炒股中表现得也很突出。例如：炒股盈利后，就猛撮一顿，逢人就吹嘘自己的业绩；而炒股失败后，情绪一落千丈，对自己的亲人和周围的同事发无名火，遇到股友，则无休止地唠唠叨叨，而且从不总结失败的教训，更不做自我批评，只知道指责他人，甚至污蔑他人，将失败的原因全部归结于股评、政策、庄家等。我认为，作为一个股民，一定要坚决克服这个爱吹不爱批的陋习，炒股不管盈亏，最好不要逢人唠叨，要不动声色，成竹在胸。要赢得起,输得起。尤其亏损时,更要多从自身查找原因,多做自我批评,自我反思,不能把责任都归结于他人。

人还有其他缺点,以上列出的几点我认为在炒股中表现得更突出,如果不注意克服,则对您终身炒股非常不利。您也可以通过炒股,发现自己的缺点,然后逐一克服,不断提高自己做人的修养和做事的定力。如果您炒股业绩不断提高,也说明您的个人修养有了提升;如果您炒股水平徘徊不前,甚至老是亏损,说明您在克服人性缺点方面还有差距。所以我认为要学炒股,先学做人。

六、炒股累了,看看股民电视剧

股民每天炒股,的确很累,尤其是赔钱后,更是身心疲惫,但身体是炒股的本钱,有一个好身体,才能在炒股战场上转败为胜。所以,股民炒股累了,可以看看咱们股民自己的电视剧《你炒股吗》。

中国股市发展了多年,股民为国家做出了巨大贡献,但是反映股民生活的影视作品寥寥无几,为此,我自编、自导、自演了首部中国股民电视剧(11集),于2011年1月16日正式上线播出。

图3 李几招在导演现场给摄像师说戏　　**图4 李几招在给演员说戏**

此剧情节曲折,生动活泼,语言幽默,内涵深刻。尤其出彩的是,出演该剧的全体演员均是来自全国各地的股民,他们不要任何报酬,本着喜欢和本真的心态出演。他们操着浓厚的方言,一丝不苟地参加演出,其表演非常出彩。以至于影视界专家看后都赞扬说:没想到这帮股民业余演员的演技还真像那么回事,专业演员也演不出这个效果,股民里真是人才济济啊。

本人拍摄反映股民生活的电视剧，在心里打腹稿酝酿了10年，2009年正式开始动笔写作剧本，经过无数修改并公开招聘演员后，2010年5~7月拍摄，之后自己进行后期制作，终于在2011年1月16日上传网络播出，之后，许多电视台的证券频道予以播出，股民口口相传，争先恐后观看，点击率节节攀升，收视率非常好。

图5 股市暴涨，参演的股民们热烈欢呼（邢勇摄影）

此剧由本人自编、自导、自演；同时我还作词、编曲、配乐，自己完成后期制作。该电视剧由北京指南针科技发展股份公司和我共同投资拍摄，在此特别感谢指南针公司的大力支持。

股民们，如果您炒股累了，可在优酷网、百度视频或者本人博客内搜索《你炒股吗》，进行收看。

许多股民看了该电视剧后，非常希望继续拍摄第二部、第三部……并且表示愿意参加演出。为此特告知：股民电视剧，我还要继续拍摄下去，如果您有参加演出的意愿，可以与我联系。

七、最后的啰唆

此前言虽较长但句句发自肺腑，我还要最后啰唆几句：

深交所2016年调查股民为什么炒股亏损，股民认为导致其亏损的主要原因依次是"自己的投资经验不足"（51.1%）；"自己的投资知识不足"（45.9%）；"经济形势的变化"（34.5%）和"市场操纵行为严重"（30.1%）。

可见，投资经验不足和投资知识不足是亏损的主要原因，因此您必须注意五点：

一是炒股之前，最好将此书看完，以免重蹈覆辙；

二是先摸着石头过河，买卖股价3元左右的100股反复试验几次，找找感觉，然后再实施新的买卖计划；

前　言

三是记住"八个千万不要",即千万不要鼓动他人炒股,千万不要给他人荐股,千万不要向别人借钱炒股,千万不要委托他人炒股,千万不要合作炒股,千万不要替人炒股,千万不要轻信股评、消息炒股,千万不要赢了到处吹嘘、亏了怨天尤人;

四是炒股是个性化很强的活动,所以您一定要自己做决策,不能人云亦云,更不能相信什么所谓的股神大师,那些人多半是骗子;

五是必须清楚认识到:炒股是一个投资加投机的风险活动,要做好亏损赔钱的心理准备。

本书在写作过程中,得到王跃青、李东岳、王国强、刘锦荣、赵桂荣、杨帆、谢晶晶、林成华等的大力支持,他们帮助我整理了大量资料和图表,特此致谢。

本人抛砖领您进门,引玉修行在您个人了。现在就请您开始学习炒股,先"开盘"从第一页看起,看看《炒股就这几招》为您指点了什么高招。

国务院经济体制改革办公室
中央电视台《中国证券》特约财经评论员
中央财经大学证券史研究员
李憞喆（李几招）

更多互动沟通方式：

①每日关注我的新浪、和讯等微博和博客；

②实名制加入我的微信群，扫描了李几招二维码，QQ群，具体方法见我博客；

③"炒股就这几招"邮箱联系方式：cgjzjz@163.com。

目 录

第一大招　基本概念板块 ………………………………………… 1

  第一节　如何开户（沪深股市） ……………………………… 1
  第二节　炒股风险和自知之明 ………………………………… 6
  第三节　炒股基本知识 ………………………………………… 8
  第四节　股票、股份公司、证券市场扩展知识 ……………… 36

第二大招　技术指标板块 ………………………………………… 41

  第一节　移动平均线 …………………………………………… 41
  第二节　K 线形态实战应用 …………………………………… 43
  第三节　常用技术指标 ………………………………………… 65

第三大招　股市理论板块 ………………………………………… 91

  第一节　股市 5 浪：波浪理论 ………………………………… 91
  第二节　神奇数字：黄金定律 ………………………………… 98
  第三节　周期因素：迪威周期理论 …………………………… 102
  第四节　与市俱进：道氏理论 ………………………………… 104
  第五节　人的运气：随机漫步理论 …………………………… 106
  第六节　否定自己：亚当理论 ………………………………… 108
  第七节　不做好友：好友理论 ………………………………… 110
  第八节　皆醉独醒：相反理论 ………………………………… 111
  第九节　谁比谁更傻：博傻理论 ……………………………… 112

第十节　买卖时机：亚力过滤理论 ………………………… 115

第四大招　财务指标板块 ……………………………………… 117

第一节　主要会计报表的基本概念 ………………………… 117
第二节　主要财务指标计算 ………………………………… 125
第三节　主要财务指标分析 ………………………………… 127

第五大招　识破打败庄家板块 ………………………………… 131

第一节　吸拉派落：庄家运作四部曲 ……………………… 131
第二节　成交量突变：迅速跟庄 …………………………… 133
第三节　创百元：强悍庄家风险跟庄 ……………………… 134
第四节　题材概念：借题发挥与庄共舞 …………………… 135
第五节　寂寞是金：稳坐庄轿 ……………………………… 136
第六节　含权股：庄家必炒 ………………………………… 137
第七节　绩优股炒作：庄家金蝉脱壳 ……………………… 140
第八节　庄家派货：不抢反弹 ……………………………… 141

第六大招　李几招经典技巧板块 ……………………………… 145

第一节　综合因素分析之招 ………………………………… 145
第二节　政策面分析之招 …………………………………… 147
第三节　李几招经典技巧之招 ……………………………… 149
第四节　流行股语理解分析之招 …………………………… 158

第七大招　李几招十大绝招板块 ……………………………… 165

一招：一年就炒一次 ………………………………………… 165
二招：20 见好就收 …………………………………………… 166
三招：3 年波段循环 ………………………………………… 168
四招：四季歌 ………………………………………………… 168
五招：50 中场 5 年换届 ……………………………………… 169

第八大招　与中小股民互动问答板块 ······ 171

附录 ······ 191

　附录1　读者评价 ······ 191
　附录2　中国证监会等管理层联系方式 ······ 195
　附录3　沪深股市收费表 ······ 196
　附录4　李几招友情交流方式 ······ 197

第一大招　基本概念板块

（ABCD　几招明确）

特别说明：首先欢迎读者翻开此书，如果您准备开始炒股，第一大招就是为您——新股民所写的。不可否认，股海茫茫，风险很大，如果您匆匆下股海，有可能追悔莫及。所以在炒股之前，您一定要了解股票的基本概念。本板块从 ABCD 起步，由浅入深，循序渐进地为您介绍股票的基本知识。当我抛砖领您进门后，修行如何，则在于您个人了。我相信通过读此书，您一定会收获满满。

由于篇幅、字数限制，此板块的部分精彩招法和内容，只能忍痛删去，股民欲了解更全面的知识，或者有什么问题，可来信咨询，联系方式：cgjzjz@163.com。

特别说明：本书所有章节，如无特殊说明，股价均指收盘价。

第一节　如何开户（沪深股市）

如果您是已经年满 18 周岁的中国公民（含境内 16 周岁以上不满 18 周岁，以自己的劳动收入为主要生活来源的中国公民），或者是获得中国永久居留资格的外国人，就可以申请开立一码通账户、A 股账户、B 股账户、股转系统账户、封闭式基金账户、信用证券账户，以及中国证券登记结算有限责任公司根据业务需要设立的其他证券账户。

股民应当以本人名义申请开立证券账户，不得冒用他人名义或使用虚假证件开立证券账户。应当使用以本人名义开立的证券账户，不得违规使用他人证券账户或将本人证券账户违规提供给他人使用。

股民可以开立单边A股账户，可以申请注销一码通账户，也可以单独申请注销子账户。

如果您下决心开始炒股，首先可以到现场（也可以是非现场或网上，后面介绍），即证券营业部开设您的个人证券账户，此程序一点也不复杂。开设证券账户的具体步骤如下：

第一步：优化选择

首先找一家您认为交通方便的营业部，比如离家近或离单位近的营业部。此外，找一家交易佣金低廉的营业部，因为佣金实行浮动制，大体在 0.2‰~1‰。不过佣金不同，可能硬件、软件的服务水平也不同，所以您要权衡好两者之间的关系。之后，必须由您本人带上自己的身份证原件到营业部去办理具体的开户事宜。

第二步：股东注册登记

直接开通一码通账户。准备好身份证，到营业部指定的柜台前向工作人员说明来意，一般只需说几句话：" 您好，我准备炒股开账户，请问如何办理？" 此时，工作人员将递给您几张表格和协议书，有开户申请登记表、委托交易协议书、指定交易协议书等。这些表格和协议书填起来也不费事，基本上是固定格式。您一定要字迹清楚地逐项填写。

请注意：名字和身份证号码不要写错。如果实在不清楚如何填写，也不要不好意思，主动问工作人员，她（他）会耐心答复您。填写好这些表格和协议书后，工作人员将您的个人资料逐项输入计算机。您将开户费交给工作人员，国家规定沪深两市开户费共40元，无其他费用。另外，个别的营业部免费开户。交完费用后，工作人员给您开出收据，并将您签字的协议书（副本）和股东账户卡等一同给您。

提醒您注意：一是在开户的过程中，注意保管好个人材料，不要理睬与您搭话的陌生人。更不能向别人暴露自己的名字、身份证号码和交易密码。有不懂的地方，问工作人员，不要随便问陌生人。离开柜台前，检查自己的东西是否遗留在柜台上。二是如果和几个认识的人一起去开户，填写个人资料和输入交易密码时，最好也要互相回避，以免节外生枝。三是您开户的所有资料一定要妥善保管，一旦丢失股东卡等，应该立即通知营业部采取必要的措施，以防不测。之后再根据规定，逐步补办。如果您不想炒股了，准备撤户，券商不应收任何费用。

另外提醒注意：一是千万不要写错名字，仔细核对身份证号和股东卡名字，一旦有错，请登记人员修改；二是沪深两市股东账户一起开，不要只开一个账户；三是股东卡领到后，保管好，不要让别人看到您的股东卡号码，防止黑客侵入您的账户盗买盗卖股票或骗提现金。

非现场开户（见证开户和网上开户）

欲炒股的人也可以不去证券营业部现场开户，证券公司可以通过非现场方式开户（见证开户、网上开户）。通过非现场方式开户，应当由本人亲自办理。开户代理机构应当对证券账户非现场开户者进行回访并保存回访记录，回访内容包括核实欲炒股者是否本人开户，开户是否为欲炒股者本人意愿。

网上开户指开户代理机构通过数字证书验证欲炒股者身份，并通过互联网为欲炒股者办理证券账户开立手续。自然人欲炒股者申请开立证券账户，可以通过网上开户方式办理。欲炒股者应当使用中国证券登记结算有限责任公司或该公司认可的其他机构颁发的数字证书作为网上开户的身份认证工具，欲炒股者应当使用数字证书登录开户代理机构网站，按要求提交开户申请材料。开户代理机构应当对数字证书记载的欲炒股者信息与欲炒股者开户申请表填报的欲炒股者信息进行一致性比对，审核开户申请材料后，按照相关规定为欲炒股者办理开户手续。

第三步：第三方存管（到银行办理资金存管手续）

开设了股东账户，您必须注入资金（俗称"保证金"）才可买股票。现在的证券营业部不直接接触股民的资金，而是由银行等独立第三方存管，这样，股民的证券交易资金、证券交易买卖、证券交易结算托管就实现了三分开，有利于保证股民炒股资金的安全。

第三方存管就是银行托管（保管）客户的资金，证券公司只托管（保管）股民的股票，股民通过券商和银行端系统自主进行"银行资金转到证券""证券资金转到银行"的业务，简称"银转证""证转银"。股民可以开通多家银行的银证转账业务，但是只可以开通一家银行的第三方存管，银证转账可以开通港币（美元不行）资金划转业务，第三方存管开通人民币资金划转业务。

因此，您必须带上身份证、股东卡、银行卡（存折）、第三方存管协议书等到对应银行网点（工行、建行、招行等均可）办理第三方存管银行确认手续。这些手续办好后再将资金转入营业部，这样您就正式成为中国的股民，就可以炒股了。

第四步：掌握基本操作知识

完成以上步骤后，不要急于买股，而是要学习一些简单的基本知识，比如什么是股票、集合竞价、连续竞价、开盘闭市时间、涨停跌停板制度、K线形态等。

学习《炒股就这几招》需提醒注意：

一是要把通俗易懂的《炒股就这几招》全书通读，有条件的话，还要把我的一系列光盘看完。

二是多向周围的老股民学习，勤问勤学。

三是千万别一开户就手发痒或经不住旁人劝，迅速买进股票，而应冷静、沉淀几天，稳定情绪。

四是不宜添进多种设备，比如马上买一些荐股软件、配置高性能电脑、花高价上学习班以及买各种报纸、上网浏览各种股评等。在刚入市又没有赚钱的情况下，这些投资会给您带来很大的经济负担，待今后挣到钱可再逐渐增加些必要设备。

第五步：试深性买卖股票

读完《炒股就这几招》后，您就可以下股海试水了。首先，您面临的就是买什么股的问题。现在有上千只股票，令人眼花缭乱，难以选择。这时您要掌握以下原则：一是买一些稳定绩优股；二是买2~5元的股票；三是买自己熟悉行业的股票，比如您是学电脑的，那您对该行业了解清楚，买股踏实，您了解家电行业，可以决定是否介入此类股等；四是买热门股，如果刚入市就赶上炒热某某概念，可随即跟进。

其次，您面临的就是买股票的数量问题。我劝告您，作为初入市的新股民，万万不能全仓操作，建议先买100股，再卖100股，反复十几次，小试身手，熟悉操作流程，掌握操作技能，体会盈亏心态，总结得失经验，然后再进行全仓战斗。

再次，买进股票后您面临的就是卖出的问题了。一是买进热门股后第二、第三天就小赚一笔，可以考虑卖出，初尝赚钱的喜悦；二是买进后没涨，请耐心等待；三是刚买后就被套住，也别着急，耐心持有或者干脆赔本"割肉"，考验自己套牢止损的意志；四是卖股后又上涨别后悔。

最后，您面临的就是具体操作方法了。现在买卖股票主要是网上交易，此外可以通过电话、自助终端等自助委托方式买卖股票。您决定买股票后，要记住股票代码，如中国宝安代码是000009，记住您的股东代码和交易密码。您进入网上交易页面后，屏幕上弹出"人机对话"界面，按屏幕提示依次完成操作。如果您采用电话委托或现场磁卡委托，则根据提示依次操作即可。

注意：您当日买的股票最早要第二天才能卖出，而当日卖出股票成交后，资金返回，您可以当日再买进股票，即"T+1"。当天买卖股票后，第二天可在营业部或网上打印一份清单（交割单），核对您买卖的情况，如有疑问，请立即查询。

此步需提醒注意：一是操作交易时一定要保密进行，不要泄露交易密码，不要找人代为操作。如果遇到困难，请营业部专业人士协助解决，这样比较安全。二是交易完成后，一定要记住合同号，以防万一。三是在网上或磁卡机交易完成后，一定要退出系统，离开营业部时不要忘记自己的物品。四是尽量不要和陌生人交谈买卖情况。五是买卖股票后，初战告捷，不能得意忘形，一定要见好就收；初战不利时，也不能垂头丧气。六是初次买卖100股，主要是找感觉、悟哲理。七是不宜全盘相信股评，自己多做分析。八是不要与人合作炒股，更不能借钱炒股，也不要给别人出主意，否则"好心办坏事"，伤了朋友间多年的感情不值得，尤其是千万不能借钱炒股！

走完以上这五步，您就完成了入门程序。至于如何提高炒股技术，培育炒股修养，磨炼炒股意志，获得更大的回报，那就"修行在个人"了。任何人都无法帮您，这是实话。

不过我最后要提醒大家：不要相信那些号称短期就翻几倍的"高手"，这些所谓的高手百分之百都是骗子。

好了，现在祝贺您正式成为中国的股民了。

买卖股票沪深股市打通管道。过去买卖股票深市实行转托管，沪市实行指定交易，现在开通一码通账户业务，打通了中国结算登记公司京沪深三地账户业务柜台，实现通柜受理各市场账户业务，股民买卖股票不受所属营业部限制，在哪个证券营业部都可以买卖股票。不过沪市还是实行指定交易制度，即只能在指定的一个证券营业部买卖股票。

第二节 炒股风险和自知之明

一、各种各样的风险随时随地存在

您成为股民后要知道，炒股时各种各样的风险随时随地都存在，一般有：公司业绩与收益恶化的风险；股票盲目爆炒的风险；宏观面调控经济的风险；不可抗力产生的风险（突发地震、突发恐怖袭击、突然提高或下调了印花税等）……

股市的风险谁也无法准确预测，股民只能好自为之。

二、十人炒股，真是"一盈二平七亏"吗

从国际国内的炒股经验来看，十人炒股的确是"一盈二平七亏"。中国股市历年调查都证明了这个颠扑不破的真理。中国股市1990年诞生至今，盈利的股民仅占10.35%，亏损的占72.02%，平手的占17.63%。其中盈利30%以上的股民仅占2.65%。

从入市时间与盈利的关系来看，新股民亏损比例最高，2015~2017年新入市股民亏损的占比达到了86.32%。

因此，炒股就要有亏损的心理准备。

三、自知之明，炒股时自身的天分很重要

干任何事情，要想成功，除了后天的勤奋和努力外，自身是否具备成功的天分非常重要。不得不承认，人的天分是有差别的：有人适合去当官，有人适合去经商，有人适合演戏唱歌，有人适合搞科研，有人适合搞体育……为什么同样的时间、条件，有人就能考上大学，有人就考不上？刘翔就可以获得110米栏比赛冠军，而其他人练了一辈子也不行；演员葛

优的幽默别人就比不了，这说明，人的天分很重要。

炒股也是一样，很多股民也非常努力地学习，但是最后真正成功的还是少数人。这就是天分使然，所以，股民在炒股中，如果发现自己总是失败，干脆就彻底告别股市。您要有自知之明，因为您不适合炒股。或者说从娘胎里出来，您就不具备炒股的基因，再炒下去，还会赔钱。

四、千万不可透支买卖股票

有一位朋友给我来信讲到他透支交易情况。

李老师：

我是一名新入市的股民。*年5月我存入账户5万元，第2天发现自己账上变成了20万元，当时我没在意，随后用20万元先后买入了几只股票。几天后，营业部发现这一情况，随即冻结了我的账户，至今也未解冻，我反复找营业部，他们说我是透支交易，需严肃处理。我现在不知如何是好，请帮助我。

山西　王××

王××朋友并所有读者朋友：

首先能肯定你是透支交易。所谓透支交易是指你超出了自己存入的资金限额而进行股票买卖。你只有5万元，但用20万元做股票交易，这是不对的。你自己存入了5万元钱应该心里清楚，账上资金变成20万元，可能是营业部系统出了差错，发现这种情况应主动与营业部联系，以便更正资金金额。不管你主观上有意无意，客观上形成了透支交易，后果是可想而知的，给你及营业部都造成了损失（股票下跌不用说了，即使股票上涨，这种侥幸交易也应坚决杜绝）。

我还认识几个朋友，他们发现自己的股票账上不是资金增加，而是多了几只股票。这不是你的股票，你卖掉要负责任，应赶紧告知营业部更正。这种不属于你的股票你要卖掉的话也是透支交易。

各位朋友，一旦发现你的资金、股票余额异常，赶紧报告营业部，万万不可擅自处理，发生了透支交易是很麻烦的事。

如已发生了透支交易怎么办？

第一，分析透支方是否有意。如属于故意，则对透支款进行追缴，后果严重者，还要追究刑事责任。

第二，从你的情况来看，可能是不太懂。因此可以找券商说明情况，双方协商解决。但透支买进的股票跌幅较大，强制平仓的损失可能由你承担，这点请你有思想准备。

第三，双方"将就"一下，只有当股票涨起来再平仓。但从理论上来讲，发生着透支，再延续透支，是不行的。但这也是没有办法的办法，这种办法能否实行，要看营业部的态度。

由这位朋友的经历可知，我们股民万一发现账上资金或股票有异样，千万不能进行透支交易，否则后果不堪设想。

第三节 炒股基本知识

一、A股、B股、H股、一级市场、二级市场

A股：在我国境内由境内公司发行，由境内投资者（国家允许的机构、组织和个人）购买的，在境内交易的人民币普通股票。例如，深宝安（000009）等股票就是A股。

B股：上市公司在境内发行和上市，以人民币表明面值，由外国人和中国台湾及港澳的法人、自然人和其他组织，以及境内外的中国公民，以外币认购和买卖的特种股票。例如，1991年12月10日，我国发行了首只B股，深南玻B股（200012）。

H股：上市公司注册地在内地，但在香港发行和上市，以港币表明面值，由外国人和中国台湾及港澳的法人、自然人和其他组织以外币认购和买卖的特种股票。例如，1993年6月，我国的青岛啤酒第一个在香港发行了H股。因为香港的英文是HONG KONG，所以简称为H股。

一级市场（发行市场）：股票处于招募阶段，正在发行，不能上市流通的市场。

二级市场（流通市场）：股票可以进行买卖的市场。

二、绩优股、蓝筹股、垃圾股

绩优股：一般是指公司业绩优良的股票，其每股收益、净资产收益率

连续几年处于领先的地位,且分红较好。如大家熟悉的贵州茅台等。

蓝筹股:西方赌场中有三种颜色的筹码,蓝色、红色、白色。蓝色筹码最值钱。所以套用在股市上,蓝筹股就是指公司业绩优良,在行业内和股市中占有重要地位的股票。

目前我国缺少真正意义上的绩优股和蓝筹股。

垃圾股:一般是指公司业绩很差的股票,其净利润亏损,每股收益和净资产收益率处于负值。通常在股票简称前加 *ST、ST 注明,而且有可能退市的股票,如第一家退市的水仙电器股票。

三、国有股、法人股、公众股、机构投资者

国有股:由国家和国有法人投资形成的股份。

法人股:由国有法人和非国有法人投资形成的股份。

公众股:自然人和法律允许的机构投资者购买公司股票形成的股份。

机构投资者包括:证券投资基金;社会保障基金;证券公司;保险公司;合格境外机构投资者(QFII);信托投资公司;财务公司等。

四、次新股、黑马股、板块股

次新股:一般是指上市不到两年的股票。如 2017 年 12 月 27 日上市的中石科技(300684)就是次新股。

黑马股:一般是指股价突飞猛进的股票。如 2017 年江南嘉捷(曾用代码 601360)等。

板块股:一般是指同处一个行业上市公司的股票,如科技板块、钢铁板块等。

五、优先股

优先股是指优先于普通股股东分配公司利润和剩余财产,但参与公司决策管理等权利受到限制的一种股份。"优先"在何处?

首先是指优先分配利润,其次是优先分配剩余财产,但是表决权受到限制。优先股是否可以转换或者回购呢?公司可以在公司章程中规定优先股转换为普通股和发行人回购优先股的条件、价格及比例。转换选择权或回购选择权可规定由发行人或优先股股东行使。发行人要求回购优先股的,必须完全支付所欠股息,但商业银行发行优先股补充资本的除外。优

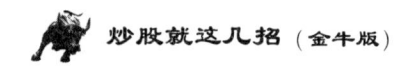

先股回购后相应减记发行在外的优先股股份总数。

六、大盘股、小盘股

大盘股：没有统一的标准，一般约定俗成是指股本比较大的股票。如2013年中国农业银行（601288）股本达到3247.94亿元。

小盘股：没有统一的标准，一般约定俗成是指股本比较小的股票。如盘龙药业（002864）2017年上市初期股本只有8667万股。

七、市价总额、为什么大盘股可以影响指数

市价总额：指在某特定时间内，交易所市场上挂牌交易的证券按当市价格（收盘价）计算的证券总金额。

举例来说，1991年4月3日，深圳证券交易所挂牌的五种股票的收盘价分别为49.00元、14.57元、13.04元、12.26元和13.48元，该日这五种股票的发行量分别为6790万股、2104.02万股、4133.268万股、1250万股和9000万股，则该日深圳股票市场的市价总额为：6790×49.00+2104.02×14.57+4133.268×13.04+1250×12.26+9000×13.48＝553908.3861万元。

市价总额反映证券市场的规模。应注意：它是以各股票的发行量为权数的，所以发行量大的大盘股变动，对市价总额变动的影响就大。当大盘股变动剧烈时，市价总额指标呈较大幅度增减，这就是一些庄家可以通过拉抬大盘股价从而影响股指的一个重要原因。

股价指数点位是以总股本为基数计算的，而大盘股的总股本都在几十亿股、上千亿股，如2013年，农业银行股本达到3247.94亿股，因此主力拉动大盘股一个点，股市的指数就会上升几十个点。如2006年和2007年的"大牛市"，中国石化就从2元左右上升到29.31元，使沪综指数上升到6124点。但是，主力也会打压大盘股从而达到打压股指的目的。2008年，中国石化从29.31元跌到8元左右，大盘股暴跌引起沪指跌到1600点左右，可见，大盘股影响指数的升降。

八、炒股时间、股票代码、报价单位

炒股的时间：周一到周五，9点30分到11点30分；13点到15点。法定的公众假期除外，如春节、国庆节等。由于深交所收盘采用集合竞

价，所以深交所下午的实际交易时间是13点至14点57分，14点57分至15点为收盘集合竞价时间。

上交所接受会员竞价交易申报的时间为每个交易日9点15分至9点25分，9点30分至11点30分，13点至15点。

股票代码：用阿拉伯数字表示股票的不同含义。沪市A股票买卖的代码是以60打头，如人民网股票代码是603000；B股票买卖的代码是以900打头，如云赛B股股票代码是900901。

深市主板A股票代码是以000打头，如顺鑫农业股票代码是000860；中小板股票代码是以002打头，如新和成股票代码是002001；创业板股票代码是以300打头，如特锐德股票代码是300001；B股买卖的代码是以200打头，如神州B股股票代码是200018。深市新股申购的代码与深市股票买卖代码一样。

报价单位：A股申报价格最小变动单位为0.01元。如您要买进农业银行，填单的价格为2.52元，而不能填2.052元。B股申报价格最小变动单位为0.001美元（沪市）和0.01港元（深市）。如您要买或卖出轻骑B，填单0.352美元即可。

九、即时行情与交易信息

即时行情指证券行情表上的时点信息。内容包括证券代码、证券简称、前收盘价格、最新成交价格、当日最高成交价格、当日最低成交价格、当日累计成交数量、当日累计成交金额、实时最高五个买入申报价格和数量、实时最低五个卖出申报价格和数量。

首次上市证券上市首日，其即时行情显示的前收盘价格为其发行价，恢复上市股票上市首日，其即时行情显示的前收盘价为其暂停上市前最后交易日的收盘价或恢复上市前最近一次增发价。

沪深两市每个交易日发布的证券交易信息包括即时行情、证券指数、证券交易公开信息等。

十、哪些股票实行涨跌幅限制

涨跌幅：指统计期内股票期末价格相对期初价格的变化幅度。计算公式为：涨跌幅=[（期末收盘价÷期初前收盘价）-1]×100%。如某股票1月10日收盘价19元，1月9日收盘价18.77元，则该股1月10日涨跌幅为：

[(19÷18.77)-1]×100%=1.23%(四舍五入)。

沪深两所都对股票、基金交易实行价格涨跌幅限制,涨跌幅限制比例为10%。ST、*ST股票价格涨跌幅限制比例为5%。创业板股票没有ST、*ST股票,所以没有5%价格涨跌幅限制比例。

十一、偏离值、价格振幅、换手率的计算公式

收盘价格涨跌幅偏离值的计算公式为:收盘价格涨跌幅偏离值=单只股票(基金)涨跌幅-对应分类指数涨跌幅。

对应分类指数包括沪深两所分别编制的A股指数、B股指数、基金指数、中小板综合指数、创业板综合指数等。如果连续3个交易日内日收盘价涨跌幅偏离值累计达到±20%,就属于异常波动。深交所还规定:ST和*ST股票连续3个交易日内日收盘价涨跌幅偏离值累计达到±12%的,也属于异常波动。

例如:某股票自某年某月某日起连续3个交易日每天涨幅都在10%,3天的涨幅为30%,而同期沪指涨幅为0.05%、0.00%、1.18%,3天累计涨幅为1.23%,则该股票连续3个交易日内收盘价涨跌幅偏离值累计=30%-1.23%=28.77%,偏离值超过了20%,属于异常波动。

价格振幅的计算公式为:价格振幅=[(当日最高价格-当日最低价格)÷当日最低价格]×100%。如深赤湾某日最高价格10元,最低价格9.75元,其价格振幅=[(10-9.75)÷9.75]×100%=2.56%。

股票换手率:指股票成交量(或成交金额)与相应股票股本(或股票市值)的比率,换手率包括股本换手率、市值换手率。通常对单只股票仅采用股本换手率,对一组股票(剔除暂停上市股票)采用市值换手率。

股本换手率:指当日股票成交量与其流通股本的比率。计算公式为:股本换手率=(当日成交股数÷流通股本)×100%。如平安银行某日成交股数144.1万股,流通股本为49.70亿股,其股本换手率=(114.1÷49.70)×100%=2.30%。

市值换手率,指当日股票成交金额与其流通市值的比率。计算公式为:市值换手率=(当日股票成交金额÷流通市值)×100%。

连续3个交易日内日均换手率与前5个交易日的日均换手率的比值达到30倍,且该证券连续3个交易日内的累计换手率达到20%的,属于异常波动。

股票换手率的高低可以衡量市场交易的活跃度和流动性。换手率高好还是低好，不能一概而论，股市低迷，换手率就低；成熟市场，换手率也低；股市投机性强，换手率高。

十二、股价异常波动

股票、封闭式基金竞价交易出现下列情形之一的，属于异常波动：

连续3个交易日内日收盘价涨跌幅偏离值累计达到±20%的；

连续3个交易日内日均换手率与前5个交易日的日均换手率的比值达到30倍，且该证券连续3个交易日内的累计换手率达到20%的。

十三、发生交易异常情况，证券交易所赔偿股民损失吗

股民在炒股时，可能会碰到异常情况，如果发生不可抗力事件、意外事件、技术故障、沪深两所认定的其他异常情况，导致部分或全部交易不能进行的，沪深两所可以决定技术性或临时停市。

出现行情传输中断或无法申报的会员营业部数量超过营业部总数10%以上的交易异常情况，沪深两所可以实行临时停市。

因交易异常情况及沪深两所采取的相应措施造成的损失，沪深两所不承担责任。可见，股民碰到这些异常情况造成股票无法买卖，只能自认倒霉，沪深两所不负任何责任。

十四、上市公司召开股东大会不停牌和其他的停牌

上市公司在交易时间召开股东大会，其股票交易不停牌。但是发生上市公司预计应披露的重大信息在披露前已难以保密或者已经泄露，可能或者已经对公司股票及其衍生品种的交易价格产生较大影响的；上市公司进行重大资产重组的；公共传媒中出现上市公司尚未披露的重大信息，可能或者已经对公司股票及其衍生品种的交易价格产生较大影响的等，就要停牌。如2017年12月20日，江南嘉捷就因被360收购而停牌。

十五、一手、现手、新股民初次买多少股合适

一手就是100股。买入股票时，申报数量应当为100股（份）或其整数倍。如可买100股、5200股等，不能买入150股、3120股。

卖出股票时，随便选择数量，但是余额不足100股（份）的部分，就

应当一次性申报卖出。由于配股中会发生不足一手的情况，如 10 送 3 股，您有 100 股，送股后变为 130 股，这时可以卖出 130 股，或者 30 股。

股票单笔申报最大数量应当不超过 100 万股。

现手是指当时成交的手数。如某股票开盘就成交了 5000 股，即成交了 50 手。

由于新股民不熟悉股票特点，最好买一手（100 股）试试，再卖出一手试试，反复十几次，找找感觉。然后再进行大手笔买卖。

十六、集合竞价（开盘价如何产生）和连续竞价（有效申报）

集合竞价指开盘前规定的时间内接受的买卖申报一次性集中撮合的竞价方式。

9 点 15 分到 9 点 25 分为开盘集合竞价时间，沪深证交所开始接受股民有效的买卖指令，如涨跌幅必须按规定填单（一般股票涨跌幅是 10%，ST 股为 5%，当日上市的新股除外），否则主机不接受。在 9 点 30 分正式开盘的一瞬间，沪深证交所的电脑主机开始撮合成交，以每个股票最大成交量的价格来确定每个股票的开盘价格。下午开盘没有集合竞价。

如果股民在集合竞价阶段填单后又想撤单，是否可以撤单？沪深两所在时间规定上有差异。

上交所的规定是：在每个交易日 9 点 20 分至 9 点 25 分的开盘集合竞价阶段，交易主机不接受撤单申报；其他接受交易申报的时间内，未成交申报可以撤销。

深交所的规定是：每个交易日 9 点 25 分至 9 点 30 分的开盘集合竞价阶段，交易主机只接受申报，但不对买卖申报或撤销申报做处理。14 点 57 分至 15 点，深交所交易主机不接受参与竞价交易的撤销申报；在其他接受申报的时间内，未成交申报可以撤销。

集合竞价输入的报单不能撤单，但也不作废，待 9 点 30 分开盘后，参加连续竞价。

买卖有 10%（ST 股 5%）价格涨跌幅限制的证券，在价格涨跌幅限制以内的申报为有效申报，超过价格涨跌幅限制的申报为无效申报。

注意：新股在集合竞价阶段，沪深两所有专门规定，详见"新股上市特别规定：实行临时停牌制度"。

集合竞价时，成交价的确定原则为：可实现最大成交量；高于该价格的买入申报与低于该价格的卖出申报全部成交；与该价格相同的买方或卖方至少有一方全部成交。

连续竞价指开盘后对买卖申报逐笔连续撮合的竞价方式，一般股票有效竞价范围为10%，ST股票为5%。集合竞价中没有成交的买卖指令继续有效，自动进入连续竞价等待合适的价位成交，而无效的买卖指令主机不接受，如股票价格涨跌幅超过10%限制等（当日上市的新股除外）。

注意：在连续竞价阶段，买卖无价格涨跌幅限制的股票，如新股，沪深两所有专门规定，详见"新股上市特别规定：实行临时停牌制度"。

连续竞价时，成交价的确定原则为：

（1）最高买入申报与最低卖出申报价格相同，以该价格为成交价。比如：甲方5元买入股票，乙方5元卖出股票，此时的成交价为5元。

（2）买入申报价格高于集中申报簿当时最低卖出申报价格时，以集中申报簿当时的最低卖出申报价格为成交价。例如，甲方5元买入股票，乙方4.8元卖出股票，此时的成交价为4.8元。

（3）卖出申报价格低于集中申报簿当时最高买入申报价格时，以集中申报簿当时的最高买入申报价格为成交价。例如，甲方4.8元卖出入股票，乙方元5买进股票，此时的成交价为5元。

注意：集中申报簿是指交易主机某一时点有效竞价范围内按买卖方向以及价格优先、时间优先顺序排列的所有未成交申报队列。

十七、股票成交原则：价格优先、时间优先与买卖股票为何不成交

股票成交的原则是：按价格优先、时间优先的原则撮合成交。价格优先的原则为较高价格买入申报优先于较低价格买入申报，较低价格卖出申报优先于较高价格卖出申报。时间优先的原则为买卖方向、价格相同的，先申报者优先于后申报者。先后顺序按交易主机接受申报的时间确定。

通俗理解就是谁给的价格优惠，谁先排队来买卖股票，谁就先成交。例如，许多股民同时买某股票，此时乙股民输入的买入价格是10元，甲股民输入的买入价格为10.01元，则甲股民优先成交，这就是价格优先。

如果大家都输入10.01元买入，则按照先来后到排队等待成交，即谁先输入的10.01元的买单，谁就先成交，这就是时间优先。

反过来卖股票也照此办理。例如，许多股民同时卖某股票，此时乙股

民输入的卖出价格是 10 元，甲股民输入的卖出价格为 9.98 元，则甲股民优先成交，这就是价格优先。

如果大家都输入 9.98 元卖出，则按照先来后到排队等待成交，即谁先输入的卖单，谁就先成交，这就是时间优先。

掌握好这个规则，对我们在急风暴雨的行情中操作帮助极大。特别是价格优先规则，新股民一定要深刻体会。比如行情一旦启动，您还空仓的话，此时应该迅速采用价格优先规则，高填买单以迅速成交，防止踏空；而行情一旦开始下跌，您还满仓的话，此时应该迅速采用价格优先规则，低填卖单以迅速成交，防止套牢。

明白了"价格优先、时间优先"这个道理，您就明白了为什么委托买卖股票有时会发生不成交的情况：

（1）遵循价格优先，时间优先原则。如某股票市价 8 元，您填买入（或卖出）8 元，但全国那么多股民都在填 8 元价位，这就要依据"时间优先"原则了，即俗话讲的先来后到。先填 8 元，先成交。等轮到您时，可能价格变成 8.20 元（或 7.98 元），您就买不到了（或卖不出了）。所以您操作时，要明白这个原理。

（2）价位合适，而且也长时间没变，为何不成交呢？这里有一个交易量的问题。如某股票 8 元，但卖出有 5 万股（或买入只有 5 万股），而买入有 10 万股（或卖出只有 8 万股），因此买卖之间空缺 5 万股（买卖之间空缺 2 万股），尽管 8 元价位合适，但只能满足 5 万股成交，剩下的 5 万股只有等待（空缺 2 万股也如此）。

十八、成交量、成交额、平均每笔成交、总量、量比

股票成交量指在统计期内全部股票成交数量合计，包含竞价交易和协议交易（大宗交易）。简单理解就是买卖股票的数量。如卖方卖出 10 亿股，买方同时买入 10 亿股，此笔股票成交量为 10 亿股。

成交金额指在统计期内全部股票成交金额合计。简单理解就是各类股票的价格乘上其成交量的总计金额，即卖方卖出 10 亿股，买方向卖方支付 10 亿股的股价，即为成交额。例如，某投资者以每股 10 元的价格成交了 200 股，又以每 15 元的价格成交了另 100 股，股票成交额为：10×200+15×100＝3500（元）。

如果用股票成交额除以总成交量，即得出每股成交量的加权平均

股份。

平均每笔成交指竞价成交均由证券交易所电脑主机自动撮合，每一笔均有平衡的买卖盘对应，由于成交是以撮合成功为准逐笔进行，故这里的"笔"是指撮合成交的次数，即不管买卖盘的委托笔数是多少，多少次撮合成交则显示有多少成交笔数。例如，一次买进1000股，分200股和800股两次成交，即显示两笔买卖，每笔成交分别为200股和800股。平均每笔成交为（800+200）÷2=500股。

总量指股票一天交易量的总和。

量比指股票从开盘交易到目前累计成交总手数与前5日成交总手数在相同时间的平均值之比值。电脑软件自动实时计算出量比指标。

量比指标公式是：（当天即时成交量/开盘至今的累计N分钟）/（前5天总成交量/1200分钟）。量比指标是5天的盘口成交变化，量比值越大，表明该股成交活跃，可以参考建仓或平仓。

一般理解是：量比为0.8~1.5倍，成交量处于正常水平，股价盘整；量比为1.5~2.5倍，股价温和缓升，若股价下跌，则可认定短期上升结束。量比为2.5~5倍，则为明显放量；量比达5~10倍，则为剧烈放量，如果股价处于底部，可以考虑买进持有；如果股价在顶部了，可以考虑卖出。

十九、市价委托、限价委托、撤单为何不成功

市价委托指客户委托会员按市场价格买卖证券，即股民直接按当时显示的股票价格买卖就是市价委托。例如：贵州茅台（600519）现在显示价格为606.56元，如果立即填单按此价格买卖，就是市价委托。注意：当按市价发出买卖指令，但是送达交易主机时有一定时间，如果此时股价发生变化，买卖也可能不成交。

限价委托指客户委托会员按其限定的价格买卖证券，会员必须按限定的价格或低于限定的价格申报买入证券；按限定的价格或高于限定的价格申报卖出证券。即股民按其限定的价格买卖股票的行为。例如，股民不按当时显示的股票市价买卖，而是自己定一个价格等待买卖（不能违反有关涨跌幅的规定），就是限价委托。例如，贵州茅台现在显示价格为600.56元，股民填单600.46元等待买进，如果股价直接回落低于600.46元，也属于限价委托买进。卖出时，股民填单610.98元等待卖出，如果股价直接上升到了620.12元，也属于限价委托卖出。

股民发出买卖指令后，决定撤销委托买卖的指令是可以的，但是如果成交了就不可以反悔了。

撤单为何不成功？可能是因为您对撤单的理解有误。例如：投资者用电话或网上委托，电话里传来"接受委托撤单"的声音或网上页面显示"接受委托撤单"的字样，然而结果没有撤单，撤单不成功问题出在哪？关键是"接受委托撤单"只是"接受"，并未"成功撤单"。所以不能认为"接受委托撤单"就是"撤单成功"。

此外，上交所在每个交易日 9 点 20 分至 9 点 25 分的开盘集合竞价阶段，交易主机不接受撤单申报。其他接受交易申报的时间内，未成交申报可以撤销。

深交所的规定是：每个交易日 9 点 25 分至 9 点 30 分的开盘集合竞价阶段，交易主机只接受申报，但不对买卖申报或撤销申报做处理。14 点 57 分至 15 点，深交所交易主机不接受参与竞价交易的撤销申报。在其他接受申报的时间内，未成交申报可以撤销。

二十、买卖股票成交后反悔和发生意外情况怎么办

股民填单买卖股票成交后（其成交结果以证券交易所交易主机记录的成交数据为准），如果想反悔是绝对不行的，买卖双方必须承认交易结果，履行清算交收义务。

如果因不可抗力因素、意外事件、交易系统被非法侵入等原因造成严重的交易后果，沪深两所可以采取适当措施或认定无效。对显失公平的交易，经证券交易所认定并经理事会同意，可以采取适当措施，并向中国证监会报告。例如，"3·27"国债期货就宣布当天交易无效。

二十一、建仓、补仓、平仓、斩仓、全仓、半仓、满仓

建仓指买入股票并有了成交结果的行为。例如，您买入中国石油 1000 股，可称为建仓。

补仓指分批买入股票并有了成交结果的行为。例如：您先买进了中国石油 1000 股，之后再次买进 5000 股，这就是补仓。

平仓（清仓）指买进股票后，股价上涨有盈利后卖出股票并有了成交结果的行为。例如：您以 10 元买进了中国石油 1000 股，第三天您以 11 元卖出 1000 股，并且顺利成交。此行为称作平仓。

斩仓（砍仓）指买进股票后，股价开始下跌造成亏损后卖出股票并有了成交结果的行为。例如，您第一天以48元买进了中国石油1000股，第二天该股价下跌，您认为股价还可能继续下跌。于是您当天以47元卖出1000股，并且顺利成交。此行为称作斩仓。

全仓指买卖股票不分批、不分次，而是一次性建仓或一次性平仓、斩仓并有了成交结果的行为。如一次性买进中国石油6000股，卖出时，一次性卖出6000股。并先后顺利成交。

半仓指买卖股票仅用50%的仓位，如买股票仅用50%的资金建仓。平仓、斩仓卖出股票仅卖掉50%。如建仓时，用50%的资金买进中国石油3000股。而留一半资金等待观望，择机行动。卖出时，仅卖出1500股，另一半股票择机行动。

满仓指已经用全部的资金买进了股票，您账上没有充足的钱再继续买进股票了。此时您的仓位已经填满了。

二十二、多头、空头、多翻空、空翻多、轧多、轧空、踏空

（1）多头（多方、看多）指预计股价上升，看好股市前景的股民。例如：2015年初许多人纷纷看多后市，大胆建仓，成为多头。

利多（利好）：有利于多头的各种信息。例如：管理层鼓励股市上升的政策；经济指标好转的信息；上市公司业绩良好等。例如，2002年6月24日颁布的停止国有股减持的决定就是利好政策，当天几乎所有股票涨停。

如果股市已经开始下跌了，还坚定看多的股评人和股民就是死多头。例如，2015年7月，股市已经有开始下跌的迹象。但是个别的股评人和股民仍然坚持看多股市，甚至有的股评人认为沪指涨到一万点。结果沪指一直暴跌，使多头损失惨重。

如果多头们对大势能否持续上升的判断出现分歧，有的多头开始看空，于是纷纷抛出股票，形成多头之间互相残杀的局面，这就是多杀多。

（2）空头（空方、看空）指预计股价下跌，不看好股市前景的股民。例如：少数人预计2015年下半年股市将有一轮大跌，于是立即平仓或斩仓，成为空头。

利空：有利于空头的各种信息。例如：监管股市的政策出台；经济指标恶化的信息；上市公司业绩滑坡等。例如，2001年包括国有股减持、银广夏造假等在内的22个不利因素就是利空。结果从2001年7月开始，股

市就一路下挫长达3年多。

如果股市已经开始启动，还坚定看空的股评人和股民就是死空头。例如，2015年初股市已经有好转的迹象，但是个别的股评人和股民仍然坚持看空股市，甚至有的股评人认为沪指应该跌到1000点。结果股市发动了暴涨的牛市行情，使空头失去了绝好的机会。

如果看空的空头们对大势能否继续下跌的判断出现分歧，有的空头认为股市跌到底了，于是开始看多并建仓，形成了空头之间的分裂局面，这就是空杀空。

看平是指预计股价不涨不跌，观望股市的股民。

（3）多翻空指原来多头股民转为空头股民。例如，2015年6月下旬，股市开始下跌，刚开始还坚持多头的股民，后来转变了观点，认为股市将有一轮大跌，不相信再创新高的神话，于是立即平仓或斩仓，由多头翻为空头。

（4）空翻多指原来空头股民转为多头的股民。例如：2015年初，有人看空到1000点。此时股市开始发动，刚开始还坚持空头的股民后来转变了观点，认为股市将有一轮大涨，于是立即追进建仓，由空头翻为多头。

（5）轧多指空头对多头的打击。当多头认为股市会继续上升时，他们的仓位较重。此时，空头实施强大的抛压，一举将股价打下来，让多头损失惨重。例如：2015年6月，沪指暴涨到5000多点，此时许多人继续看多，仓位很重。2015年7月，空方开始轧多，一路打压股市。结果股市暴跌，空方取得了轧多的胜利。

（6）轧空指多头对空头的打击。当空头认为股市会继续下跌时，他们基本是空仓。此时，多头实施强大攻击，一举将股价推升，让空头失去机会。例如，2015年初有人看空到1000点。结果多头一路轧空，不给空方任何机会，股市开始发动了半年多的牛市行情，一举将沪指推到5000多点方才罢休，多头在半年的轧空战役中大获全胜。

（7）踏空指一直认为股市会继续下跌并没有建仓，结果股市一路上涨，失去了赚钱的机会。例如，2015年初有人看空到1000点。结果股市开始发动了长达半年多的牛市行情，看空的股民由此踏空。

二十三、诱多、诱空、多头排列、空头排列、跳水、骗线

（1）诱多指主力庄家引诱股民看多，实际上主力庄家已经在悄悄平仓

出货。例如，2015年6月1日，沪指达到5178点。此时主力庄家们准备出货，而雇用股评人继续喷多说涨到1万点，让散户们继续持仓。结果2015年下半年股市暴跌，被诱多者损失惨重，叫苦不迭。

（2）诱空指主力庄家引诱股民看空，实际上主力庄家已经在悄悄建仓进货。例如，2015年初，有人看空到1000点，诱空股民不让散户建仓。结果多头一路轧空，被诱空的股民建仓成本增加，后悔莫及。

（3）多头排列指短期均线上穿中期均线，中期均线上穿长期均线，整个均线系统形成向上发散态势，显示多头的气势。

（4）空头排列指短期均线下穿中期均线，中期均线下穿长期均线，整个均线系统形成向下发散态势，显示空头的气势。

（5）跳水比喻股市大幅快速下跌。

（6）骗线指利用技术指标人为画出曲线，给人以股价上升或下跌的假象，达到不可告人的目的。例如，2014年下半年，沪指在2200点附近，此时股市中的一些技术指标仍然不见好转，主力庄家甚至采取了骗线的手法，让散户踏空。结果后来发生了长达半年的牛市行情，主力庄家采取骗线的手法，让散户失去了绝好的机会。

二十四、牛市、熊市、鹿市、黑色含义、坐轿子、抬轿子

牛市指股市行情波澜壮阔，交易活跃，指数屡创新高的态势。例如，2006~2007年以及2015年上半年，就是一轮典型的牛劲十足的行情，这段时间的指数屡创新高，成交额屡屡放大，板块炒作活跃，入市人数激增。

熊市指股市行情萎靡不振，交易萎缩，指数一路下跌的态势。例如，2001年7月到2005年5月以及2015年下半年，就是典型的熊市。这期间管理层频频出台利好政策"救市"，但股市仍然下跌。成交额屡屡缩小，无热点板块炒作，入市人数减少。

鹿市指股市投机气氛浓厚。投机者如同鹿一样，频频炒短线，见利就跑。典型的如1995年的5·18行情，2001年的10·23行情和2002年的6·24行情，2016~2017年的波段行情。

黑色含义一般是指股市暴跌的态势。耶稣遇难日被人们称作"黑色星期五"，1869年9月24日，美国股市大跌，这天正好是星期五。美国股民也称这天为"黑色星期五"。因此，今后股市一暴跌，人们就称"黑色星期*"。我国股市在2002年的时候，星期一经常发生下跌，当时股民称作

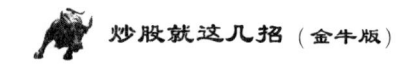

"黑色星期一"。

坐轿子指预计股价上升，事先建仓，等待股价上升获利。例如，2002年的6·24行情发生前期，如果事先建仓，则可以顺利坐上轿子。

抬轿子指预计股价下跌，空仓等待。但是股价突然上升，此时赶紧追涨建仓。但是获利空间已经缩小，甚至股价上涨完毕。此行动就是帮别人抬了一回轿子。

二十五、高开、跳空高开、低开、跳空低开、跳空缺口

高开指今日开盘价超过昨日收盘价但未超过最高价的现象。如某股票昨日收盘价为10元，最高价为10.82元。今天一开盘，价格就达到了10.50元。超过昨日收盘价0.50元。但没有超过昨日最高价，即没有发生跳空缺口高开的现象，此为高开。

跳空高开指今日开盘价格超过昨日最高价格的现象。如某股票昨日最高价格为10元，今天一开盘，价格就达到了10.50元。

低开指今日开盘价低于昨日收盘价但未低于昨日最低价的现象。如某股票昨日最低价格为9.30元，收盘价为10.02元。今天一开盘，价格就低开9.50元。低于昨日收盘价0.52元。但没有低于昨日最低价，即没有发生跳空缺口低开的现象，此为低开。

跳空低开指今日开盘价格低于昨日最低价格的现象。如某股票昨日最低价格为10元，今天一开盘，价格就低开为9.50元。

跳空缺口指今日开盘价格超过昨日最高价格或今日开盘价格低于昨日最低价格的空间价位。如某股票昨日最高价格为10元，今天一开盘，就达到了10.50元，跳空缺口空间价位为0.50元。此为向上的跳空缺口。又如某股票昨日最低价格为10元，今天一开盘，价格就低开为9.50元，跳空缺口空间价位为0.50元。此为向下的跳空缺口。

二十六、套牢、解套、割肉、止损

套牢指买入股票后股价下跌造成账面损失的现象。例如，48元买入中石油100股，结果该股后来跌到10元，此为套牢。

解套指买入股票后股价下跌暂时造成账面损失，但是以后股价又涨回来的现象。例如，4元买入中国石化100股，结果该股后来跌到2元，但是以后又涨到20元，此为解套。

割肉指买入股票后股价下跌，股民亏损，斩仓出局造成实际损失的现象。例如，某股民48元买入中石油100股，结果该股后来跌到20元，买入的股民无奈卖出，此为割肉。

止损指买入股票后股价下跌，股民亏损，斩仓出局以防股价进一步下跌造成更大损失的行为。例如，48元买入中石油100股，结果该股第二天跌到46元。买入的股民预计该股可能还要下跌，于是46元果断割肉卖出100股，赔了200元，后来该股跌到了10元，如果股民不果断卖出，实际的损失为3600元更大。因此及时止住损失是必要的，这点对新股民而言是非常不容易做到的，但是您必须学会止损，不能因小亏变大亏。

二十七、对敲、筹码、金叉、死叉

对敲是典型的投机手段。投机者利用各种手段在许多营业部开设多个账户，然后以自己为交易对象进行不转移实际股票所有权的虚假交易行为。例如，2000年亿安科技冲上100元和2001年中科创业股价虚假操纵案都是典型的庄家对敲的骗局。

筹码是一种买进股票暂时未卖出待价而沽的俗称。例如，庄家手中有大量的筹码，就是指有大量的股票还没有卖出。

金叉（黄金交叉）主要是指（其他指标也适用）短期移动平均线向上穿过中期移动平均线或短期、中期移动平均线同时向上穿过长期移动平均线的走势图形，此交叉点是建仓的机会，所以把此交叉称作黄金交叉，简称金叉。

死叉主要是指（其他指标也适用）短期移动平均线向下穿过中期移动平均线或短期、中期移动平均线同时向下穿过长期移动平均线的走势图形，此交叉点意味着股价要下跌，应该及时平仓。所以把此交叉走势称作死叉。

二十八、买盘、卖盘、委买手数、委卖手数、委比

买盘指买入股票的资金意愿和实际行为。例如：主力看好贵州茅台，于是大量买入该股，在盘口上显示资金正在介入该股，买盘积极。

卖盘指卖出股票的资金意愿和实际行为。例如：主力看淡中国中铁，于是大量卖出该股，在盘口上显示资金正在退出该股，卖盘积极。

委买手数指已经输入证交所主机电脑欲买进某股票的手数。现在营业

部的终端电脑显示前五档委买手数，后边的委买手数一般股民看不到。如目前股民看到的买盘一、二、三、四、五，就是在不同价位揭示欲买入股票的手数。

委卖手数指输入证交所主机电脑欲卖出某股票的手数。现在营业部的终端电脑只显示前五档委卖手数，后边的委卖手数一般股民看不到。如目前股民看到的卖盘一、二、三、四、五，就是揭示在不同价位欲卖出股票的手数。

委比指通过对委买手数和委卖手数之差与委买手数和委卖手数之和的比率计算，即[(委买手数-委卖手数)/(委买手数+委卖手数)]×100%，它揭示当前买卖委托的动向。例如：某股票交易时，在它的买盘口，分别显示五档买盘，10.00元，有10手欲买入；9.99元，有12手欲买入；9.98元，有30手欲买入；9.97元，有40手欲买入；9.96元，有70手欲买入。在它的卖盘口，分别显示五档卖盘，10.00元，有10手欲卖出；10.01元，有12手欲卖出；10.02元，有20手欲卖出；10.03元，有16手欲卖出；10.04元，有2手欲卖出。此时委比=[(10+12+30+40+70)-(10+12+20+16+2)]÷[(10+12+30+40+70)+(10+12+20+16+2)]=45.95%。

这个45.95%是正值，表明该股买盘的力量大于卖盘，股价上升的可能性大。如果是-45.95%，则表明当时买盘的力量小于卖盘，股价此时上升的可能性不大。值得注意的是：这是一种"可能性"，因为委比的情况时刻在发生变化，因此要灵活观察盘口的委比买卖动向，不要被一时的假象迷惑。

二十九、红盘、绿盘、平盘、回转交易（T+1）

红盘：红，代表股价上升，今日收盘价高于昨日收盘价，称作红盘报收。

绿盘：绿，代表股价下跌，今日收盘价低于昨日收盘价，称作绿盘报收。

平盘：股价基本上没涨没跌，称作平盘报收。通常用白色表示。

证券的回转交易指股民买入的证券，经确认成交后，在交收前全部或部分卖出。股民买入的证券，在交收前不得卖出，通俗讲就是T+1（T是英文Trade交易的意思的第一个字母），即当天买进的股票（A、B）只能在第二天卖出，而当天卖出的股票确认成交后，返回的资金当天就可以买进股票。如您今天买进中国石油 100 股，只能明天卖出。如果您明天卖出中国石油 100 股且卖出的股票确认成交后，返回的资金您当天马上又可以买进该股或其他股票。

三十、开盘价、最高价、最低价、收盘价

开盘价指当日该股票的第一笔成交价。股票的开盘价通过集合竞价方式产生，不能通过集合竞价产生的，以连续竞价方式产生。

最高价指股票当天最高成交的价格。

最低价指股票当天最低成交的价格。

收盘价，沪深两所对此规定不同。上交所规定：证券的收盘价为当日该证券最后一笔交易前一分钟所有交易的成交量加权平均价（含最后一笔交易）。当日无成交的，以前收盘价为当日收盘价。

深交所规定：证券的收盘价通过集合竞价的方式产生。收盘集合竞价不能产生收盘价或未进行收盘集合竞价的，以当日该证券最后一笔交易前一分钟所有交易的成交量加权平均价（含最后一笔交易）为收盘价。当日无成交的，以前收盘价为当日收盘价。

但下列情形的除外：

（1）首次公开发行并上市股票、上市债券上市首日，其即时行情显示的前收盘价为其发行价；

（2）恢复上市股票上市首日，其即时行情显示的前收盘价为其暂停上市前最后交易日的收盘价或恢复上市前最近一次增发价；

（3）基金上市首日，其即时行情显示的前收盘价为其前一交易日基金份额净值（四舍五入至 0.001 元）；

（4）证券除权、除息日，其即时行情显示的前收盘价为该证券除权、除息参考价。

三十一、K 线、阳线、阴线、上影线、下影线、实体线

K 线：用红、绿颜色分别表现股票的开盘、最高、最低、收盘价格的状态的图线（本书阳线用白色表示，阴线用黑色表示）。

阳线：当日股价收盘价高于开盘价。例如，某股票今天开盘价 10 元，收盘价 10.11 元，则今天某股票收为阳线。

阴线：当日股价收盘价低于开盘价。例如，某股票今天开盘价 10 元，

收盘价 9.81 元，则今天某股票收为阴线。

上影线：当 K 线为阳线时，反映在 K 线图上就是上影线为当日最高价与收盘价之差。当 K 线为阴线时，上影线为当日最高价与开盘价之差的线段。

下影线：当 K 线为阳线时，反映在 K 线图上就是下影线为当日开盘价与最低价之差。当 K 线为阴线时，下影线为当日收盘价与最低价之差的线段。

实体线：当日收盘价与开盘价之差。如果收盘价高于开盘价，实体为红色柱体。反之为绿色（黑色）柱体。

例 1：沪指某日开盘价 1515 点，最高价 1530 点，最低价 1513 点，收盘价 1525 点。则：上影线 = 1530 点 - 1525 点 = 5 点；下影线 = 1515 点 - 1513 点 = 2 点；实体线 1525 点 - 1515 点 = 10 点。此时可描述为：今日沪指收出一个上影线为 5 点，下影线为 2 点，实体为 10 点的阳线。

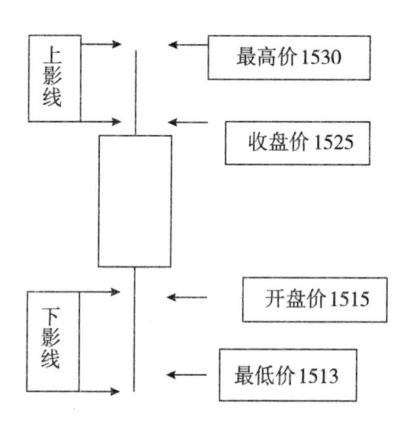

图 1-1 阳线示意图

例 2：沪指某日开盘价 2213 点，最高价 2226 点，最低价 2177 点，收盘价 2183 点。则：上影线 = 2226 点 - 2213 点 = 13 点；下影线 = 2183 点 - 2177 点 = 6 点；实体线 2183 点 - 2213 点 = -30 点。此时可描述为：今日沪指收出一个上影线为 13 点，下影线为 6 点，实体为 30 点的阴线。

三十二、股票价格指数、综合指数、成份指数

股票价格指数（以下简称股指）是度量组成该指数的所有股票的市场平均价格水平及其变动情况的指标。根据不同覆盖范围，股指可分为综合

```
         ┌──→ ┌─←─ 最高价 2226
     上影线
         │
         ┌─┐
         │ │ ←── 开盘价 2213
         │黑│
         │体│
         │ │
         │ │ ←── 收盘价 2183
         └─┘
     下影线
         └──→    ←── 最低价 2177
```

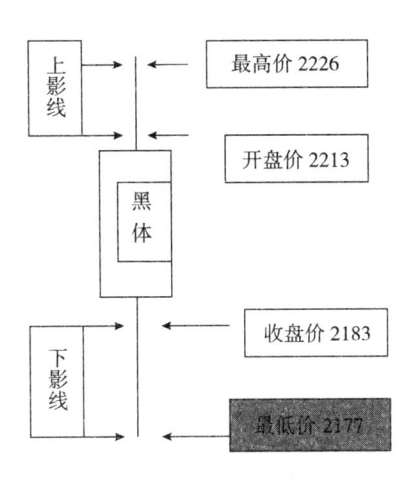

图 1-2　阴线示意图

指数和成份指数。通常将包括某证券交易所全部上市股票的指数称为该交易所的综合指数，而将部分股票组成的指数称为成份指数。

股指编制：一是抽样，即在众多股票中根据一定的规则抽取少数具有代表性的成份股；二是新股上市何时计入指数，即新股上市首日到计入指数的时间间隔；三是加权方式，如按价格、总市值或自由流通市值加权等；四是计算方法，如算术平均或几何平均等。

上证综指和深证综指采用算术平均的总市值加权，新股上市后第11个交易日进入指数；沪深300、中证100等中证系列指数，采用算术平均的自由流通市值加权，成份股按一定规则选取，一般于每年1月和7月的第一个交易日进行成份股定期调整。

沪深两所各自编制自己的综合指数、成份指数、分类指数等证券指数。

综合指数一般用于反映宏观面和股市本身变化的趋势。它的编制原理是：当日股价市值与基准日股价市值的比率。例如：沪指基准日定在1990年12月19日。今日即时指数＝上日收市指数×(今日总市值÷上日总市值)。

成份指数：深交所于1995年1月3日最早开始编制深证成指并于同年2月20日实时对外发布。之后，上交所也编制了成份指数。

2005年以前，我国股市中有2/3的股本不流通，所以用综合指数反映股市的变化不太科学，而成份指数是以流通股为基数编制的，有一定合理性。即"谁流通，计算谁"。但是现在已经是全流通了，所以成份指数意义不大。

分类指数：按照股票板块（金融板块、房地产板块等）编制的指数，用于反映各自行业的态势。

股票价格指数的点：对股价指数单位的一种约定俗成的叫法。如昨天沪指收盘为3200点，今天收盘为3300点，上升了100点。

三十三、大盘和个股分时图中的白线、黄线、红绿柱线、黄色柱线

股市指数每秒都在变化，但是不可能把每秒指数的曲线变化都表现在股市的走势图上，曲线走势图仅显示每分钟的指数走势情况，这就是大盘指数曲线分时图。在大盘指数曲线分时图当中，有一个白色曲线和一个黄色曲线。

白色曲线是大盘的实际指数，用股本加权平均法计算的指数，即用每个股票总股本乘以当日市价累计之和再除以每个股票的总股本之和，最后乘以基数，得出的指数。

黄色曲线是不含股本加权的指数，即不考虑股票盘子的大小，采用简单平均法计算的指数，将各股的市价之和除以市场的股票总数，最后乘以一个基数而得出指数。

例如，假设有两只股票组成的股票市场，A股票股本为1.23万股，当日收市价2.26元；B股票的股本为2.48万股，当日收市价为1.40元。基数为1000点。

如果用加权平均法计算，当日指数为［(1.23万股×2.26元+2.48万股×1.40元)/(1.23万股+2.48万股)］×1000=1685.12（点）；

而用简单平均法计算，当日指数则为［(2.26元+1.40元)/2］×1000=1830.00（点）。

可见，股本权数对大盘指数影响较大，也更加反映了大盘的实际态势。因此当白线在黄线之上时，表示当日大多是大盘股领涨。反之，白线在黄线之下，表示当日主要是中小盘股上涨，或是大盘股疲软。

红绿柱线：在红白两条曲线的红绿柱状线，是大盘当时所有股票的买盘与卖盘在数量上的比率。红柱线长，表示买盘力量的大；绿柱线长，表

示卖盘力量大。

黄色柱线：在红白曲线图下方，表示大盘每一分钟的成交量，单位是手（每手等于 100 股）。

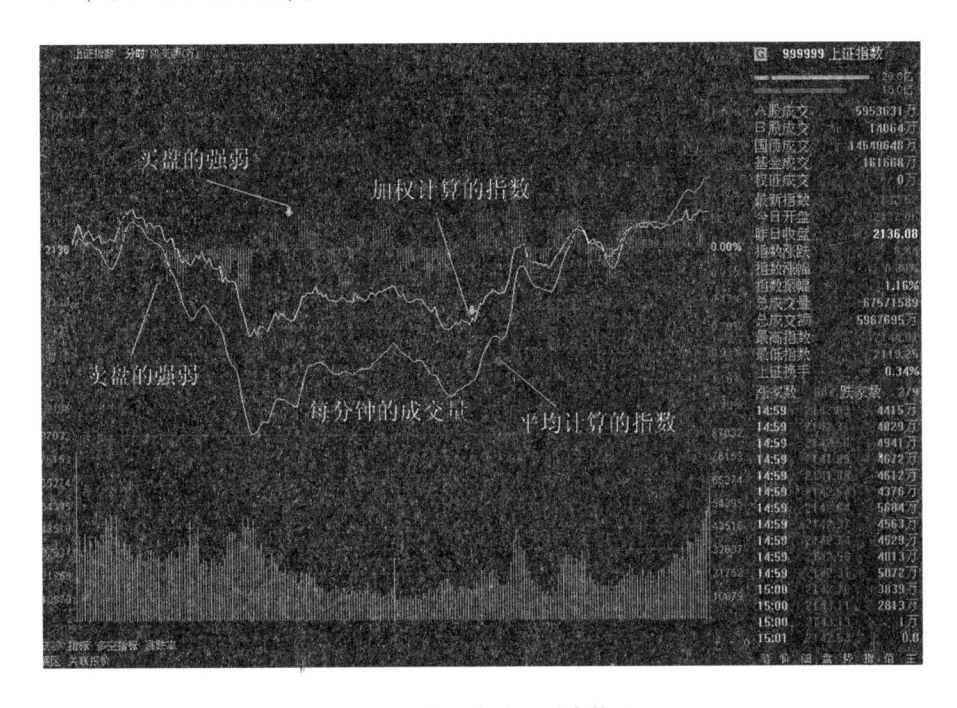

图 1-3　个股曲线分时走势图

个股曲线分时走势图（如图 1-3 所示）的白色曲线和黄色曲线与大盘的白色曲线和黄色曲线含义不同，个股的白色曲线表示该种股票即时实时成交的价格。黄色曲线则表示该种股票即时成交的平均价格，当天成交总金额除以成交总股数。个股黄色柱线表示该股每一分钟的成交量。个股的成交明细：显示个股动态每笔成交的价格和手数，在盘面的右下方显示。

三十四、买卖股票会产生什么税和交易费用、沪市的零散费用

股票交易费用是指股民在买卖股票时支付的各种税收和费用，包括印花税、证券交易佣金、交易经手费、过户费等。

2008 年 9 月 19 日起，证券交易印花税改为单边征收，即只对卖出方（或继承、赠予 A 股、B 股股权的出让方）征收证券（股票）交易印花税，

对买入方（受让方）不再征税，税率是1‰。即买股票什么税也不缴，卖股票只缴印花税。如以3.15元卖出某股票2000股，应缴印花税为：（3.15×2000）×1‰=6.3（元）。

证券交易佣金（每个营业部规定不同，在0.2‰~1‰浮动）均以成交额为计算基数。此外，沪市规定：佣金不足10元收10元。深沪两市佣金是按成交金额一定比例收取的，如2‰（每个营业部规定不同），但沪市如不足10元，则最低收10元。

深市没有成交过户费。所以，零散买卖深市股票是合适的。

三十五、退市风险警示＊ST、其他风险警示ST

风险警示有两种：一是终止上市风险的风险警示，简称"退市风险警示"，在公司股票简称前冠以"＊ST"字样；二是其他风险警示，在公司股票简称前冠以"ST"字样。

ST是英文Special Treatment的缩写，＊ST和ST股票价格的日涨跌幅限制为5%。

注意：创业板股票没有"退市风险警示"，即不在公司股票简称前冠以"＊ST"字样，而是规定首次风险披露时点及要求创业板公司每5个交易日披露一次风险提示公告，强化退市风险信息披露要求。

三十六、暂停上市

简单来讲，上市公司净利润出现连续3年亏损的、净资产连续两年为负值的、营业收入连续2年低于1000万元的、连续2年财务会计报告被会计师事务所出具无法表示意见或者否定意见的审计报告的、股票已经被＊ST风险警示后公司在两个月内仍未披露应披露的年度报告或者中期报告的等，沪深两所就暂停其股票上市。

三十七、恢复上市

上市公司暂停上市后，如果在法定期限内披露了最近一年年度报告；最近一个会计年度经审计的扣除非经常性损益前后的净利润均为正值；最近一个会计年度经审计的营业收入不低于1000万元；最近一个会计年度经审计的期末净资产为正值；最近一个会计年度的财务会计报告未被会计师事务所出具保留意见、无法表示意见或者否定意见的审计报告；保荐机构经核查后发表明确意见，认为公司具备持续经营能力，公司具备健全的公司治理结构、运作规范、无重大内控缺陷等条件后，上市公司就可以恢复上市。

三十八、终止上市（退市）

如果上市公司股票被暂停上市后，因净利润第四年还出现亏损的、净资产第三年还为负值的、营业收入第三年还低于1000万元的、第三年财务会计报告还是被会计师事务所出具无法表示意见或者否定意见的审计报告的等，就只能退市了。

三十九、创业板退市的特殊规定

由于创业板没有"退市风险警示处理"，而是强化了退市风险信息披露，针对暂停上市和终止上市情形，深交所规定首次风险披露时点及要求公司每5个交易日披露一次风险提示公告。深交所对创业板的退市规定是：上市公司出现净利润最近3年连续亏损；最近1个年度的财务会计报告显示当年年末经审计净资产为负；最近2个年度的财务会计报告均被注册会计师出具否定或者无法表示意见的审计报告的等，就要暂停上市。

如果创业板上市公司消除了以上暂停上市的隐患后，就可以申请恢复上市。深交所将在受理暂停上市公司恢复上市申请后的30个交易日内，做出是否核准其股票恢复上市申请的决定。

如果创业板上市公司没有消除以上暂停上市的隐患，而且未能在法定披露期限内披露暂停上市后首个年度报告；或者净利润第四年还是为负、净资产第二年还是为负；或者暂停上市后年度披露的首个半年度财务会计报告还是被注册会计师出具否定或者无法表示意见的审计报告；公司最近36个月内累计受到深交所3次公开谴责；公司股票连续120个交易日通过深交所交易系统实现的累计成交量低于100万股（因深交所对新股交易采取特别交易或者停牌制度所导致的除外）；公司股票连续20个交易日每日收盘价均低于每股面值等，就只能终止上市（退市）了。

四十、风险警示板和退市整理期的区别

上交所设置了风险警示板，深交所没有设置。进入风险警示板交易的股票有两类：一是被实施风险警示的股票，包括ST公司、*ST公司，简

称"风险警示股票"。2013年1月4日开始，包括23家ST公司股票和20家*ST公司股票，为"风险警示股票"，正式进入风险警示板交易。二是被做出终止上市决定，但仍处于退市整理期尚未摘牌的股票，在股票简称前冠以"退市"标志。

可见，上交所被实施退市风险警示的股票并非退市整理股票。

风险警示股票和退市整理股票的共同点是：都在风险警示板交易，单独显示行情；股民只能通过限价委托的方式进行交易，不能使用市价委托。而区别是：

（1）交易期限不同。进入退市整理期的股票实际可交易时间是30个交易日，整理期间原则上公司股票不停牌。如因特殊原因需要全天停牌的，累计停牌天数不可超过5个交易日。期间公司股票全天停牌的，不计入30个交易日内。但全天停牌的交易日总数最多不能超过5个交易日，以防止出现"停而不退"的情况。之后便会对该股票进行摘牌，并根据退市公司的选择和申请，移至退市公司股份转让系统或其他合格场外市场进行股份转让。而风险警示股票则没有交易期限的规定。

（2）涨跌幅限制不同。风险警示股票价格的涨跌幅限制为5%，退市整理股票价格的涨跌幅限制为10%，但A股前收盘价格低于0.05元人民币的，其涨跌幅限制为0.01元人民币，B股前收盘价格低于0.005美元的，其涨跌幅限制为0.001美元。公司股票的简称将后缀"退"字，但交易时间、买卖申报、买卖委托、竞价等均与主板、中小企业板和创业板现有交易模式相同。

（3）信息披露频率不同。上市公司股票进入退市整理期后，公司需分别于其股票进入退市整理期前、整理期交易首日、整理期交易前20交易日中的每5个交易日、最后5个交易日的每日进行公告。对于风险警示股票，其信息披露频率与主板股票一致。

（4）信息公布不同。一是风险警示股票当日换手率达到30%的，属于异常波动，证交所可对其实施盘中停牌，直至当日收盘前5分钟；二是限制单一账户买入数量，即单一账户当日累计买入单只风险警示股票的数量不得超过50万股；二是风险警示股票，连续3个交易日内日收盘价格涨跌幅偏离值累计达到±15%的，证交所将分别公告该股票交易异常波动期间累计买入、卖出金额最大的五家会员营业部的名称及其买入、卖出金额；对于退市整理股票，上交所将专门公布其当日买入、卖出金额最大的五家会员证券营业部的名称及其各自的买入、卖出金额。退市整理股票其退市整理期间交易不纳入沪深两所指数的计算。

（5）退市选择途径不同。面对退市，上市公司董事会应当选择以下议案之一提交股东大会审议：①继续推进重大资产重组等重大事项且股票不进入退市整理期交易；②终止重大资产重组等重大事项且股票进入退市整理期交易。

选择前款第①项议案的，如经股东大会审议通过，证交所将在做出终止上市决定后5个交易日届满的次一交易日起，直接终止公司股票上市，不再安排退市整理期交易；如审议未通过的，证交所将在做出终止上市决定后5个交易日届满的次一交易日起，安排公司股票进入退市整理期。

选择第②项议案的，如经股东大会审议通过，证交所将在做出终止上市决定后5个交易日届满的次一交易日起，安排公司股票进入退市整理期；如审议未通过的，证交所将在做出终止上市决定后5个交易日届满的次一交易日起，直接终止公司股票上市，不再安排退市整理期交易。

股东大会审议议案，股民可以网络投票，且应当经出席会议的股东所持表决权的2/3以上通过。公司未在规定的期限内召开股东大会的，其股票不进入退市整理期交易。规定期限届满后的5个交易日内，对公司股票予以摘牌。

注意：上市公司在退市整理期间不得筹划、实施重大资产重组等事项，以防范借重组概念恶炒退市整理期股票的现象。但是不论上市公司是否选择进入退市整理期、是否终止重大重组，只影响公司股票在摘牌前是否有最后30个交易日期限的交易机会，不会改变公司股票到期摘牌被终止上市的结果。

选择不进入退市整理期交易的公司，其公司股票将进入全国性场外交易市场转让股份。

2013年，*ST炎黄和*ST创智退市就采用了"不进入退市整理期交易而继续筹划或推进重组进程"的办法。*ST创智2月8日摘牌，4月22日进入全国中小企业股份转让系统交易，代码为400059。*ST炎黄3月27日退市，6月4日进入全国中小企业股份转让系统交易，代码为400060。

（6）股民参与退市股票买卖要求：必须具备两年以上证券投资经历和

50 万元以上的资产规模；必须通过书面或电子形式签署《风险警示股票风险揭示书》后，才能申请购买风险警示股票；签署《退市整理股票风险揭示书》后，才能申请购买退市整理股票。股民每次提交买入退市整理股票的委托前，必须阅读并确认风险提示。客户提交买入退市整理股票的委托时，会员应当采取有效方式向其充分提示风险；公司将按规定多次以公告方式披露其股票将退市的风险。

四十一、上市公司退市怎么办

股票退市后，股民也不是无路可退，股票在退市整理期届满后的 45 个交易日内进入了全国中小企业股份转让系统（俗称三板），股民可以到那里去转让股票，如 2001 年，水仙电器、粤金曼、深中浩先后退市，之后到三板转让，其股价也发生过暴涨。2013 年，ST 创智（三板代码 400059）、ST 炎黄（三板代码 400060）也到三板转让，目前退市公司在三板转让的股票有 58 家，代码开头为 400。

持有退市股票的普通股民如何参与退市三板交易呢？这需要股民具有 3 年以上股票投资经验、证券及资金账户不低于 50 万元的股民方可参与该板块；否则，股民仅能通过股份转让系统卖出其之前已持有的退市公司股份，而不能再通过转让系统买入该公司股份或者参与其他公司的股份转让。即只能卖出，不能买入。券商要建立股民资质审查制度，对股民进行前端控制。

四十二、市值配售申购新股

市值配售新股就是根据股民持有的一定市值确定其网上可申购的额度，即沪市每 1 万元市值、深市每 5000 元市值配一个申购单位（上海为 1000 股，深圳为 500 股）的原则计算股民可申购额度，上海市值不足 1 万元、深圳市值不足 5000 元的部分不计算可申购额度。如果同一天有多只股票发行的，此申购额度对股民申购每一只股票均适用，即市值可以重复使用，比如，同一天有多只新股发行的，股民可以用已确定的市值参与多只新股的申购。

不合格、休眠、注销和无市值证券账户不能参与新股申购。

申购新股采用市值配售，中签后，必须在当天收盘前交款，否则就放弃了。如果连续 12 个月内累计出现 3 次中签但未足额缴纳认购资金的情形，将被列入限制申购名单，自其最近一次放弃认购次日起的 180 日（含次日）内不得参与网上新股申购。

T 日就是网上申购日，T-2 日，就是申购的前两个交易日。

新股网上发行的具体流程是如下：

（1）T-1 日，股份公司刊登网上发行公告。

（2）T 日，股民可通过指定交易的证券公司查询其持有市值或可申购额度，根据可申购额度进行新股申购；当日配号，并发送配号结果数据。

（3）T+1 日，公布中签率，组织摇号抽签，公布中签结果。

（4）T+2 日，主承销商公布发行价格及中签结果，股民应依据中签结果在 T+2 日（24 点前）有足额的新股认购资金交款（券商可以代扣），具体可见表 1-1。

表 1-1 申购新股简表

申购规定	上交所	深交所	说明
市值申购起点	1 万元	1 万元	沪深两所市值分开计算申购新股
市值计算方法	T-2 日前 20 个交易日（含 T-2 日）的日均持有市值。不足 20 个交易日的，按 20 个交易日计算日均持有市值	和上交所一样	债券、基金、ETF、LOF、不合格、休眠、注销证券账户不计算市值；正常、冻结、挂失、融资融券客户信用担保证券账户均计算市值
申购规定	上交所	深交所	说明
可申购额度	1 万元市值为 1000 股	5000 元市值为 500 股	市值可以重复使用申购多只新股，沪深两所不能互用额度，一个账户仅能进行一次申购
申购单位	1000 股或其整数倍	500 股或其整数倍	
申购新股上限	发行股数的千分之一	和上交所一样	
申购时间	T 日 9 点 30 分到 15 点	和上交所一样	
交款办法	申购前不用交款，T+2 日中签后当天交款	和上交所一样	连续 12 个月内累计出现 3 次放弃认购情形的列入黑名单

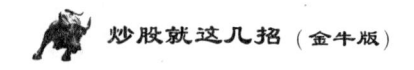

四十三、新股上市的特别规定：临时停牌制度

特别提醒：由于沪深两所对新股上市的规定经常发生变化，因此本书出版后和您买了本书后，如果其发生变化，请及时按照最新的规定执行，本书对新股上市的规定朝令夕改无能为力，只能在下一本新书中予以介绍。

由于新股的特殊性，比如上市首日不实行10%涨跌停板制度等，因此沪深两所2014年6月有专门规定：新股上市首日盘中成交价较当日开盘价首次上涨或下跌达到或超过10%的，临时停牌时间为30分钟，复盘后成交价较当日开盘价仅允许再上升20%，但是不停牌。第二天则开始实施10%涨跌幅制度。连续竞价阶段，有效申报价格不得高于发行价格的144%且不得低于发行价格的64%。有效申报价格范围的计算结果按照四舍五入的原则取至0.01元。

第四节 股票、股份公司、证券市场扩展知识

一、股票、股份有限责任公司

股票指股份公司签发的证明股东所持股份的凭证。过去确实有一张"纸"作为股票。现在沪深证交所股票实行无纸化，是电子记账式股票了，所以您已经看不到这张"纸"了。您的电子记账式股票由证券交易所代您委托保管，简称托管。

股份有限责任公司指全部资本分为等额股份，股东以其持有股份为限，对公司承担有限责任；公司以其全部资产对公司的债务承担有限责任的一类公司。所谓有限责任，通俗是指您有公司1000股股票，那么您承担的公司责任为"1000股"有限的责任。依法设立的股份有限公司，必须在公司名称中标明股份有限公司或者股份公司字样，必须依法制定公司章程，公司营业执照应当载明公司的名称、住所、注册资本、实收资本、经营范围、法定代表人姓名等事项。

二、上市公司股本

上市公司股本也称上市公司总股本，指统计期末上市公司发行的全部股份数量合计。本书上市公司股本仅指上市公司在境内发行的股份数量，包括A股股本、B股股本和其他不流通的境内股本。

A股股本是指上市公司发行的人民币普通股票数量。

B股股本是指上市公司发行的人民币特种股票（人民币标示面值，以外币购买和交易的股票）数量。

三、股东和股民

您合法购买了某公司的股份，您就是该公司的股东。按其股份，您相应有责任、义务、权利、利益、风险等。即同股、同权、同责、同利、同险。

股民是一种俗称，是指经常活跃在股市进行买卖股票，赚取差价的群体。股民和股东的差别是：股东相对比较固定，而股民流动性强。所以有一个说法：炒股炒成了股东。意思是某股民买了股票后被套，由此停止了频繁的交易，由股民变为股东。

四、专业股民（机构投资者）和普通股民

按照财务状况、证券投资知识水平、投资经验、风险承受能力等情况，股民可分为专业投资者和普通投资者。专业股民（机构投资者）包括商业银行、证券期货经营机构、保险机构、信托公司、基金管理公司、财务公司、合格境外机构投资者等专业机构及其分支机构；社保基金、养老基金、投资者保护基金、企业年金、信托计划、资产管理计划、银行及保险理财产品、证券投资基金等。

专业股民以外的其他股民，就是普通股民。

五、中小股民是否需要参加股东大会

中小股民参加股东大会，是直接了解上市公司的最好机会，因为可以直接面对面与上市公司的管理层沟通，这种机会平时不可能有。

而且，中小股民完全有可能否定大股东的议案。2012年，就有闽东电力、现代投资、安纳达、渝三峡A、格力电器、武钢股份等多起中小股东

参加股东大会，最后投反对票否决了大股东的议案。

可是现在中小股民很少参加股东大会，参加外地的股东大会涉及路费等问题，但是我建议，中小股民最好还是抽出时间，起码参加一下您所在地的上市公司的股东大会。

六、股东的表决权

股东出席股东大会会议，所持每一股份有一表决权。但是，公司持有的本公司股份没有表决权。

股东大会做出决议，必须经出席会议的股东所持表决权过半数（50%）通过。例如：2012年5月18日，武钢召开股东大会审议一项武钢股份450亿元日常关联交易的议案，由于持有约66亿股的大股东武钢集团必须回避表决，因此，共有1.64亿股对该议案投票反对，反对率为65%，武钢股份关联交易议案没有通过。

图1-4 李几招在中央电视台分析股市

如果股东大会做出修改公司章程、增加或者减少注册资本的决议，以及公司合并、分立、解散或者变更公司形式的决议，必须经出席会议的股东所持表决权的2/3以上通过。

七、上市公司召开股东大会是否必须提供网络投票方式

管理层鼓励设立股东大会网络投票系统，方便股东行使表决权。但是不一定要网络投票。

上市公司召开股东大会审议议案时，除现场会议投票外，有些议案必须给中小股民提供网络投票方式，例如：向社会公众增发新股（含发行境外上市外资股或其他股份性质的权证）；发行可转换公司债券；上市公司重大购买的资产总价较所购买资产经审计的账面净值溢价达到或超过20%的；在上市公司发展中对社会公众股股东利益有重大影响的相关事项；重大资产重组；股权激励；股份回购等，都必须提供网络投票方式。

对于创业板，深交所还增加了一条规定：一年内购买、出售重大资产

或担保金额超过公司最近一期经审计的资产总额30%的，也必须采取网络投票方式表决。

不过，中小股民网络投票的积极性不高，这几年，股东大会实行网络投票，股东平均参与率不到0.25%。

八、股民如何与中国证监会和沪深证券交易所沟通

股民如果要反映或咨询问题，可通过以下方式联系。中国证监会邮箱：gzly@csrc.gov.cn。中国证监会热线：010-12386。中国证监会官方网站投资者保护栏目——12386热线频道。中国证监会股民投诉电话：010-66210166，010-66210182。

沪深两所设有全国统一的服务热线电话，上交所：400-8888-400。深交所：400-808-9999。

由于篇幅、字数限制，此板块的部分精彩招法和内容，只能忍痛删去，股民欲了解更全面的知识，或者有什么问题，可写信咨询，联系方式：cgjzjz@163.com。

第二大招　技术指标板块

（实战讲解　几招搞定）

　　此板块重点介绍常见的 K 线形态和技术指标，如十字星、圆弧底、MACD、威廉指标等。但提醒读者注意的是：因为股市确实无任何规律可循，再加上技术指标被公开化后，已经有钝化的现象，不能完全按书中所讲操作，死守教条。股民在运用时要注意现场灵活发挥，同时要多结合基本面、题材面等综合因素考虑，最好自己能总结出一套规律，那才叫制胜之招！

　　特别说明：技术指标不神秘，您别让那些高谈阔论的专家唬住，许多技术指标一点即破。因此，股民不难掌握它，让"神秘"的技术指标走下神坛是完全可能的。

　　我相信，只要加强实战学习，融会贯通，神秘技术可几招搞定。

　　由于篇幅、字数限制，此板块的部分精彩招法和内容，只能忍痛割爱。股民欲了解更全面、高级的招法，或者有什么问题，欢迎来信咨询，联系方式：cgjzjz@163.com。

第一节　移动平均线

一、基本概念

　　移动平均线 MA：指一定时期内的股价或成交额、成交量之和与此时期的比值数。例如：中国联通某年 10 月 13 日到 10 月 17 日股票 5 天的收盘价（用成交额、成交量也可以）分别为 3.22 元、3.21 元、3.20 元、3.18 元、3.22 元。由此计算该股的平均价为：（3.22+3.21+3.20+3.18+3.22)÷5＝3.21。该股的 5 日平均价格为 3.21。简单表示为 MA（5）＝3.21。如果将若干个 5 日平均线累计连续画出，则形成了该股的 5 日平均曲线。如果我们需要 10 日、20 日、30 日、N 日……的平均线，将其数字和日期取 N 日计算即可。

二、基本作用

移动平均线是股市实战经常运用的指标。一般而言，5~20 日的移动平均线是短期移动平均线；30~100 日移动平均线是中期移动平均线；100 日以上则为长期移动平均线。如果短期移动平均线上穿中期移动平均线，一般认为股价处于上涨的态势，股民可建仓或持仓等待盈利。如果中期移动平均线上穿长期移动平均线，说明股价还有上涨的可能，但是毕竟上涨的时间很长了，此时要注意股价下跌的可能。反之，如果中期移动平均线下穿长期移动平均线，说明股价还有下跌的可能，但是毕竟下跌的时间很长了，此时要注意股价见底反弹的可能。

美国人葛南维研究用股价和移动平均线之间上下交换位置来决定买卖股票的八原则是：

原则一：平均线由降转升，买进；

原则二：平均线上升，股价略下跌，买进；

原则三：平均线上升，对股价有支撑，股价也上升，买进或持有；

原则四：平均线下降，股价加速下降，并持续一定时间企稳后，买进；

以上四原则是买进原则，以下是卖出四原则：

原则五：平均线由升转降，卖出；

原则六：平均线下降，股价上升，卖出；

原则七：平均线对股价有压力，卖出；

原则八：平均线和股价强烈上升并持续一段时间，卖出。

三、实战运用

如中国联通（如图 2-1 所示），某年 1~9 月，5 日平均线 MA（5）一直与 10 日、20 日平均线缠绕。显示股价难有作为。10 月，5 日线开始穿越 10 日线，20 日线，该股有上涨的迹象，此时可建仓。结果股价从当年 9 月的 3 元左右涨到第二年年 1 月的 5 元左右，上涨了 67% 左右。如果 5 日线开始下穿 10 日线或 20 日线、100 日线，原则上应该平仓。

移动平均线用成交量计算可以从另一方面考察股价趋势。如果和股价的移动平均线结合分析则更为客观。

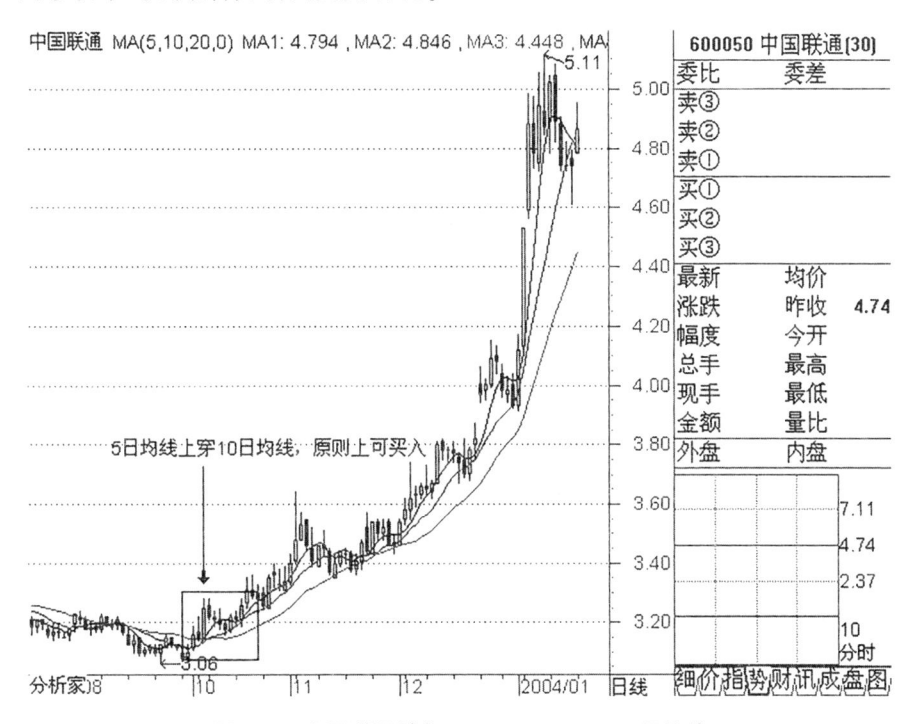

图 2-1　中国联通某年 5 日、10 日、20 日平均线

第二节　K 线形态实战应用

一、千姿百态的 K 线形态

K 线是用红、绿线（本书用白色代表红 K 线，黑色代表绿 K 线）分别

表现股票的开盘、最高、最低、收盘价格的状态的图线。由于它的形状像蜡烛，所以又称蜡烛曲线图。蜡烛英文单词为 Candle，曲线英文单词为 Curve，首字母发音均为 K，所以简称 K 线图。

阳线

收盘价高于开盘价，K 线图的实体为阳线，在电脑屏幕上 K 线图用红色表示。如明星电力（如图 2-2 所示），某年 1 月 29 日，收盘价为 13.46 元，开盘价为 12.77 元。收盘价高于开盘价，K 线图的实体为阳线，在电脑屏幕上明星电力的 K 线图用红色表示。

图 2-2　明星电力某年 1 月 29 日阳线

阴线

收盘价低于开盘价，K 线图的实体为阴线，在电脑屏幕上 K 线图用绿色表示。如恒瑞医药（如图 2-3 所示），某年 1 月 14 日，收盘价为 8.97 元，开盘价为 9.10 元。收盘价低于开盘价，K 线图的实体为阴线，在电脑屏幕上恒瑞医药的 K 线图用绿色表示。

图 2-3　恒瑞医药某年 1 月 14 日阴线

K 线实体

K 线实体是指开盘价与收盘价之间的距离实体。如果收盘价高于开盘价，K 线图的实体为阳线，在电脑屏幕上 K 线实体用红色柱体表示。如果收盘价低于开盘价，K 线图的实体为阴线，在电脑屏幕上 K 线实体用绿色柱体表示。如前例，明星电力的 K 线图用红色柱体表示，恒瑞医药的 K 线图用绿色柱体表示。如图 2-2 和图 2-3 所示。

光头光脚大阳线

光头光脚大阳线是指股价开盘价为最低价，收盘价为最高价的特大红色柱体 K 线形态。例如：某年 1 月 14 日，招商银行（如图 2-4 所示）的开盘价为 8.53 元，此价为最低价，然后一路上涨，收盘价为 9.38 元，此价为最高价。结果 K 线图表现出一根 0.85 点的特大红色柱体光头光脚大阳线。

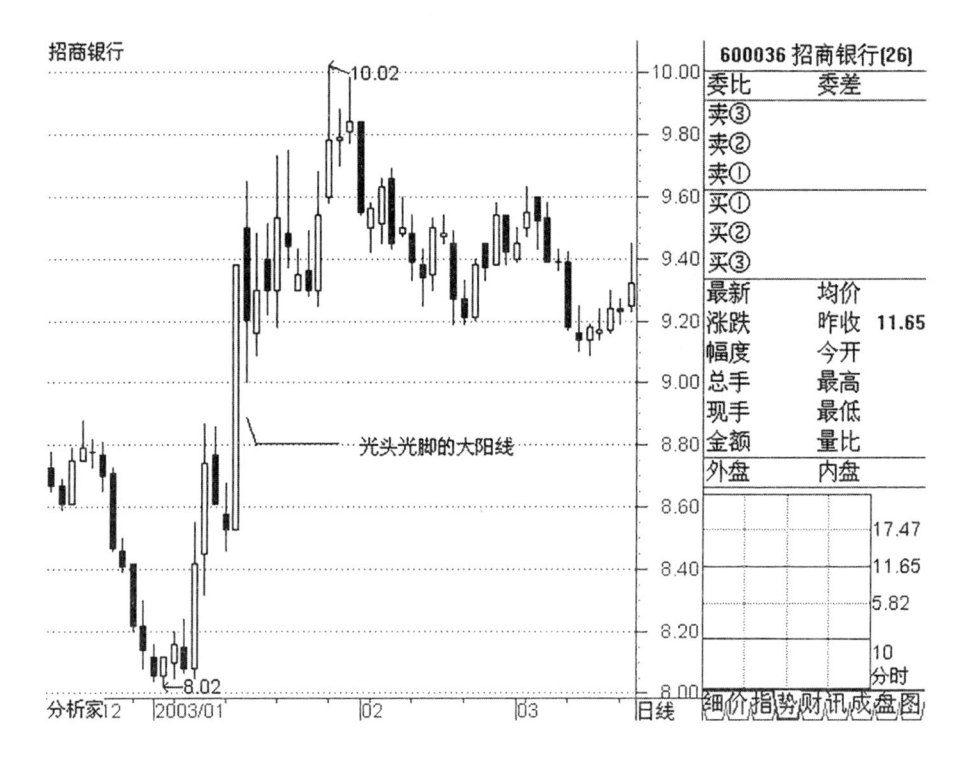

图 2-4　招商银行某年 1 月 14 日大阳线

光头光脚大阴线

光头光脚大阴线是指股价开盘价为最高价，收盘价为最低价的特大绿色柱体 K 线形态。例如，某年 1 月 21 日，中国联通（如图 2-5 所示）的开盘价为 3.30 元，此价为最高价。然后一路下跌，收盘价为 3.16 元，此价为最低价。结果 K 线图表现出一根 0.14 点的特大绿色柱体光头光脚大阴线。

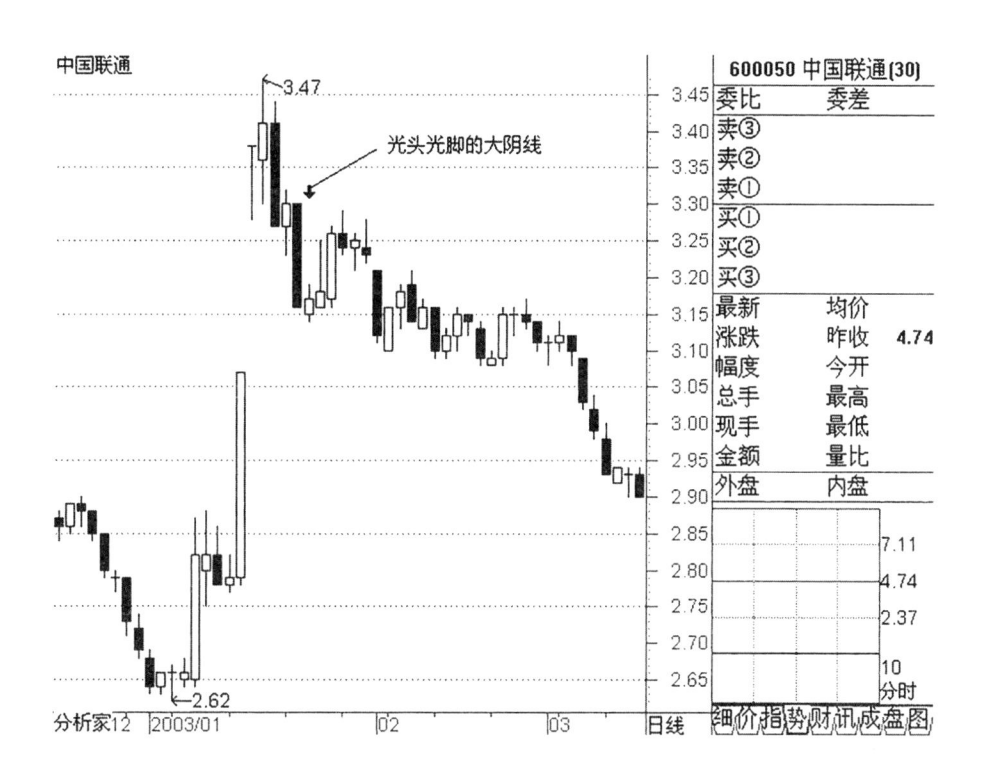

图 2-5　中国联通某年 1 月 21 日大阴线

上影线

上影线是指 K 线实体上方一根实线即为上影线。如果发生在股价顶部带有较长上影线的 K 线（绿 K 线更要警惕），一般认为股价在顶部做最后的冲锋后，可能会逐渐下跌。而如果发生在股价底部带有较长上影线的红色 K 线，一般认为股价在底部做进一步的夯实后，将开始逐渐上涨。例如，某年 12 月 15 日，威远生化（今新奥股份）在股价顶部带有较长上影线的 K 线，此时可平仓。此后该股连续 4 天下跌。

下影线

下影线是指 K 线实体下方一根实线即为下影线。如果发生在股价顶部带有较长下影线的绿色 K 线，一般认为股价在顶部做最后的冲锋后，可能会逐渐下跌。而如果发生在股价底部带有较长下影线的红色 K 线，一般认为股价在底部做进一步的夯实后，将开始逐渐上涨。例如，某年 1 月 7 日，威远生化（今新奥股份）发生在股价底部带有较长下影线的红色 K，此时可以建仓。之后该股连续上升，1 月 30 日，该股价上涨到最高价 6.31 元，如图 2-6 所示。

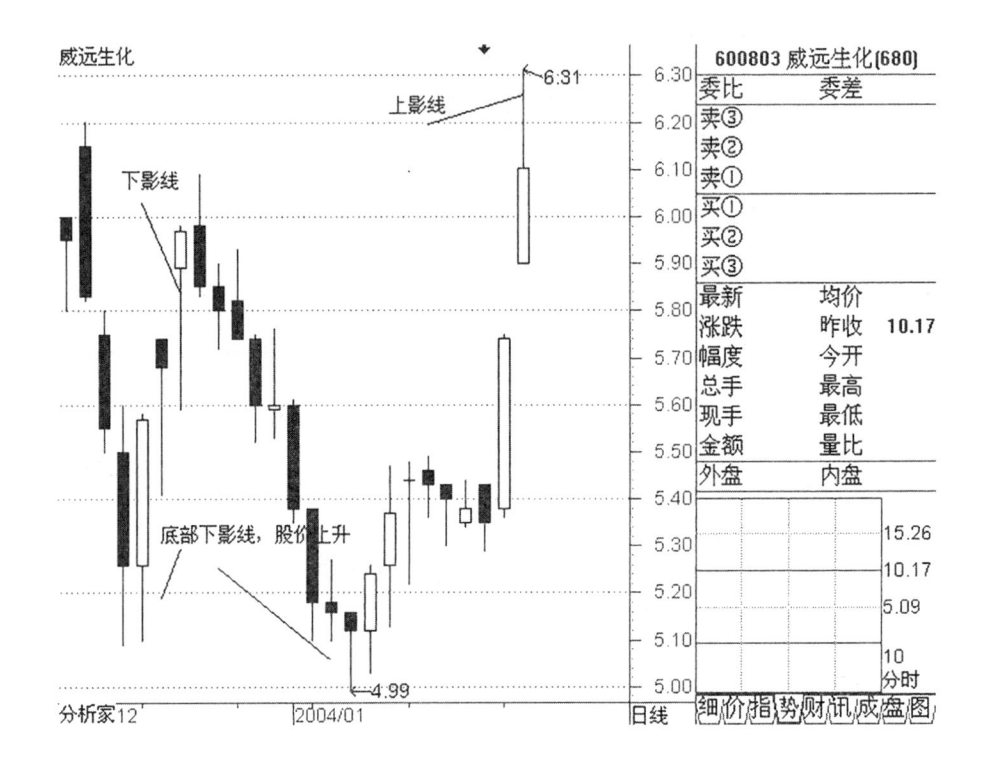

图 2-6　威远生化某年 1 月下阴线

十字星

十字星是 K 线图中经常出现的一种形态，其特征是：上下影线长度基本一致，中间实体较短，表明开盘价与收盘价相当。一般认为十字星在底部出现，是较好的买入点，在顶部出现，应及时卖出。现举例说明：

某年 7 月 10 日，有研硅股（今有研新材）在底部出现了十字星，股价为 8.45 元，此时应该考虑买入。过了几天，果然该股价暴涨到 11 元多，如图 2-7 所示。

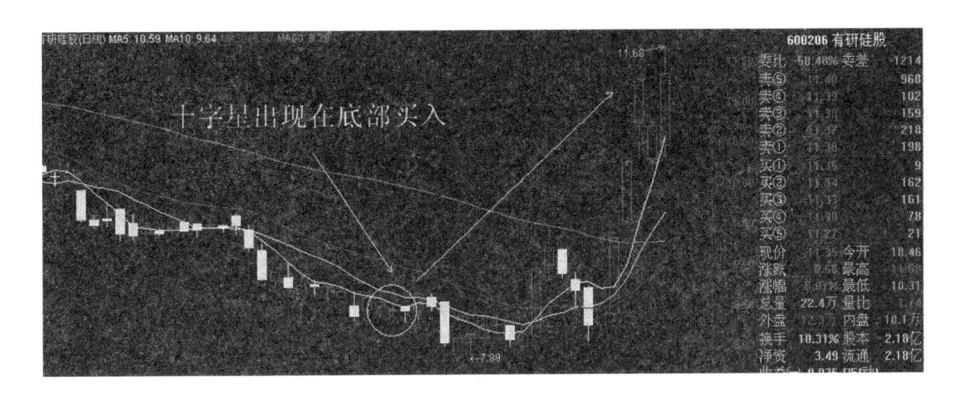

图 2-7　有研硅股底部出现十字星赶紧买入获利丰厚

如果顶部出现十字星，就要赶紧卖出。例如，安琪酵母某年 7 月 20 日股价为 26.48 元，在顶部出现了十字星，此时要考虑卖出。过了几天，该股价果然暴跌到 21 元多，如图 2-8 所示。

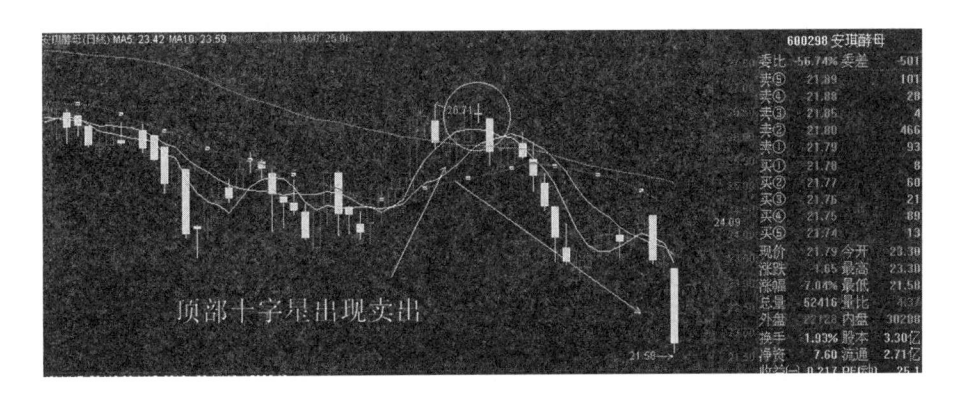

图 2-8　安琪酵母在顶部出现了十字星赶紧卖出获利了结

可见，底部、顶部出现十字星（阴阳星问题不大）是股价走势转向的信号。

要注意的是，十字星出现也有例外情况，不能教条运用十字星原理，还要结合其他具体情况分析。总体上讲，十字星原理还是比较实用的。

早晨之星

早晨之星是指发生在股价底部由阴转阳的红色K线。一般认为，阳星出现在底部，表示太阳出来了，是股价上涨的迹象。例如，云维股份（如图2-9所示），某年1月7日，K线由阴转阳，早晨之星出现，此时意味着股价开始回升，可考虑建仓。1月30日，股价升到最高价8.58元。

黄昏之星

黄昏之星是指发生在股价顶部由阳转阴的绿色K线。一般认为，阴星出现在顶部，表示太阳就要落山了，是股价下跌的迹象。例如，云维股份（如图2-9所示），某年11月27日，K线由阳转阴，黄昏之星出现，此时意味着股价开始下跌。12月22日，该股跌到了8元左右。

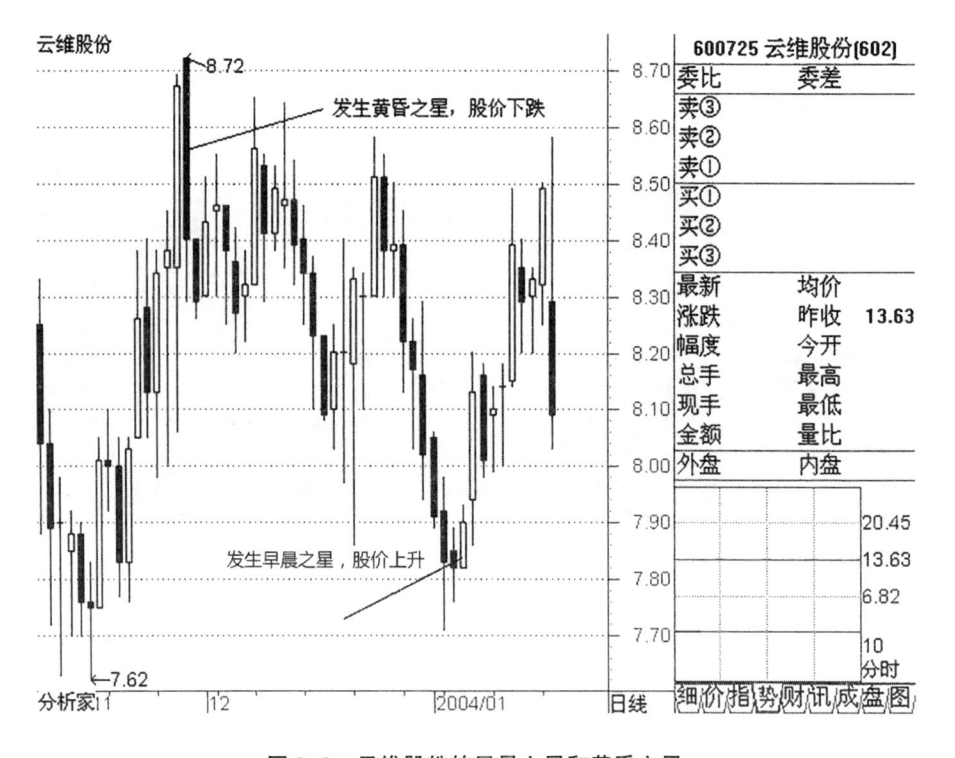

图2-9 云维股份的早晨之星和黄昏之星

锤头

锤头是指 K 线类似一把锤头。一般认为，顶部出现锤头，表示锤头压顶，是股价下跌的迹象。如韶能股份（如图 2-10 所示），某年 7 月 25 日、29 日，连续出现两个锤头，表示锤头压顶。后来该股开始下跌。

倒锤头

倒锤头是指 K 线形似一把倒放的锤头。一般认为，底部出现锤头，表示锤头托底，是股价上涨的迹象，如图 2-10 所示。

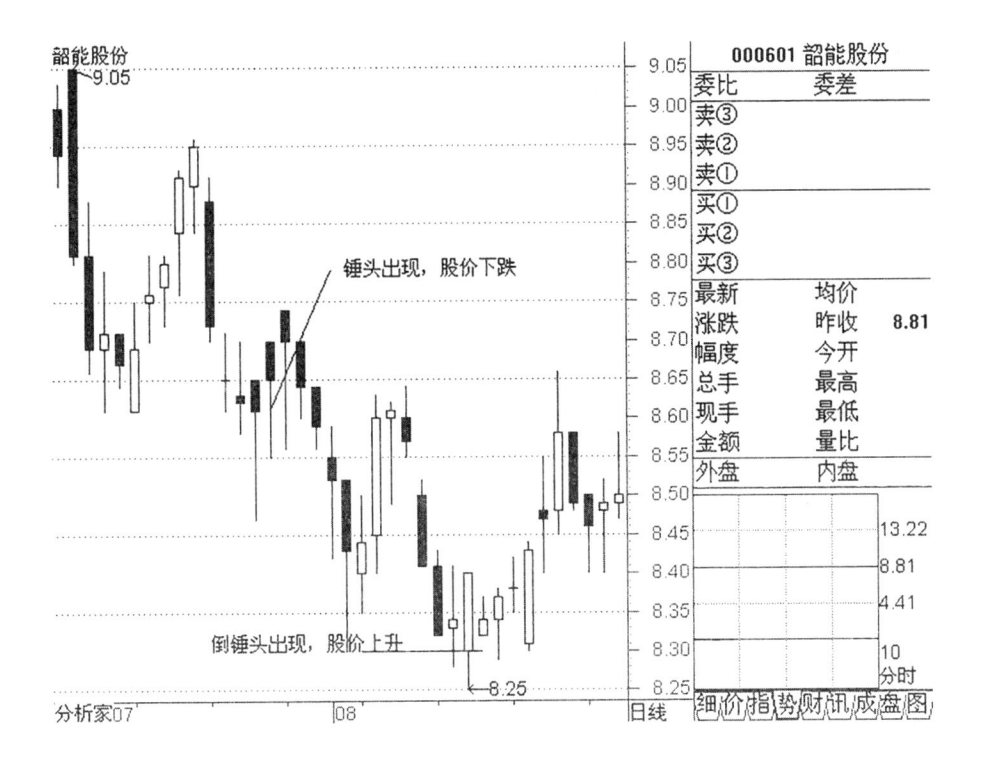

图 2-10　韶能股份 K 线图中出现锤头和倒锤头

穿头破脚

穿头破脚是指后一个 K 线的上、下影线（头部和脚部）超过前一个 K 线上、下影线的 K 线形态。一般认为，在股价底部（顶部）的组合 K 线中，如果底部（顶部）出现穿头破脚的 K 线形态，是股价上涨（下跌）的迹象。例如汉商集团（如图 2-11 所示），某年 6 月 8 日，7 月 18 日，7 月 30 日，3 次在底部出现了穿头破脚的 K 线形态，此时应该买入。某年 7 月 23 日，该股在顶部出现穿头破脚的 K 线形态，是股价下跌的迹象，应该卖出。

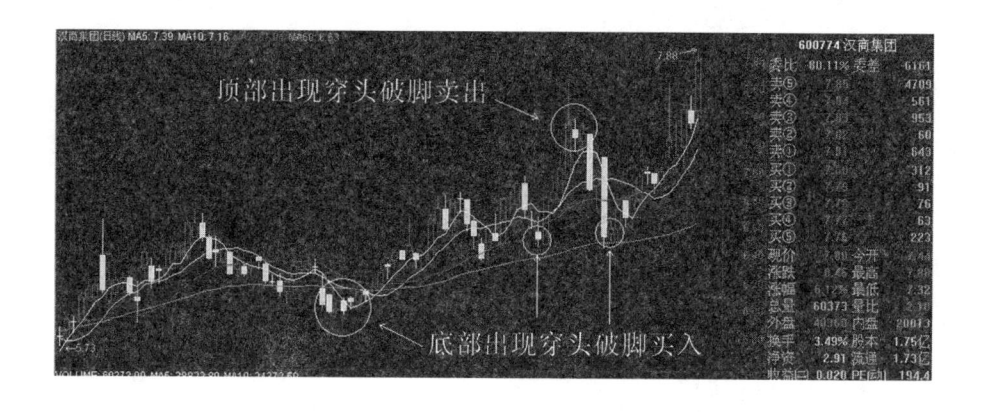

图 2-11 汉商集团某年 6~7 月 K 线中出现穿头破脚

红三兵

红三兵是指 K 线连续出现三根阳线。一般认为，红三兵发生在股价底部，是股价上涨的迹象。例如长安汽车（如图 2-12 所示），某年 9 月 16 日开始，底部连续出现了红三兵，股价后来出现了上涨。

黑三兵

黑三兵是指 K 线连续出现三根阴线。一般认为，黑三兵发生在股价顶部，是股价下跌的迹象。例如长安汽车（如图 2-13 所示），某年 7 月 17 日开始，顶部连续出现了黑三兵，股价后来出现了下跌。

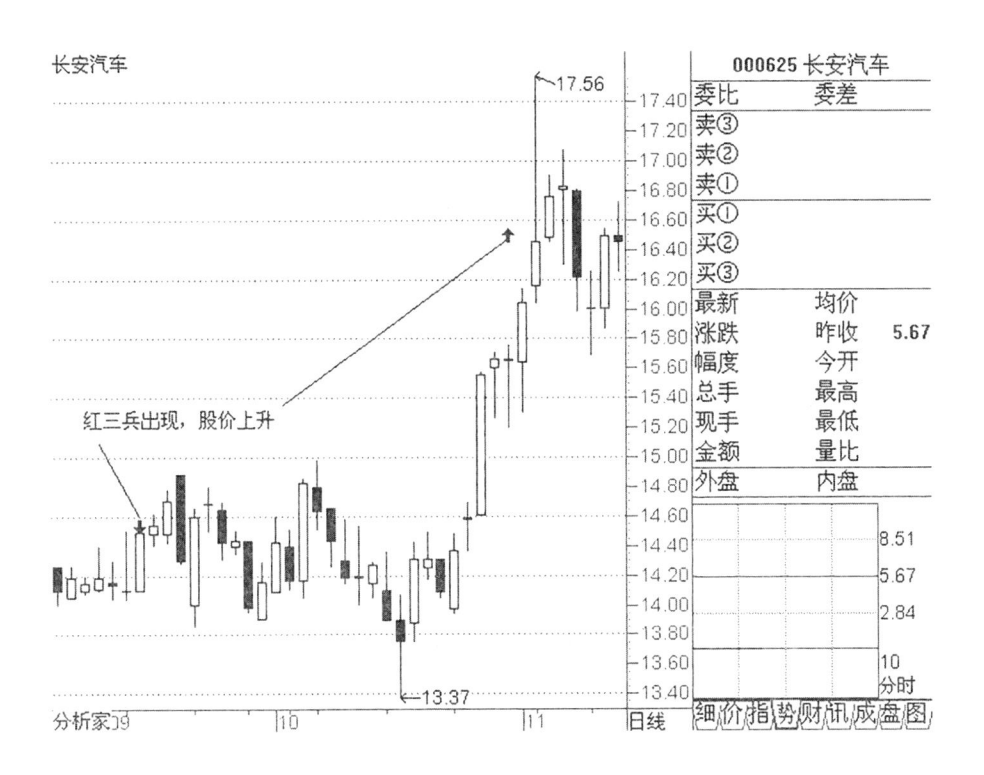

图 2-12　长安汽车 K 线图中出现红三兵

双底买进、双头卖出

双底和双头，是在 K 线图上分别构成两个底部和头部形状。当股价走势积累出双底（或双头）后，应果断买进（或卖出）股票。

如西南证券，某年 2~4 月，构筑了两个底部，股价为 8 元左右，因此，考虑买进。5 月下旬到 6 月上旬，该股价达到 12.50 元左右，并构筑了双头，此时应迅速卖出股票。以后的实践证明，到 8 月下旬，股价已跌到 8.00 元左右，如图 2-14 所示。

当然，如果构成三重底（或者三重顶），则买进（或者卖出）的时机就更好。

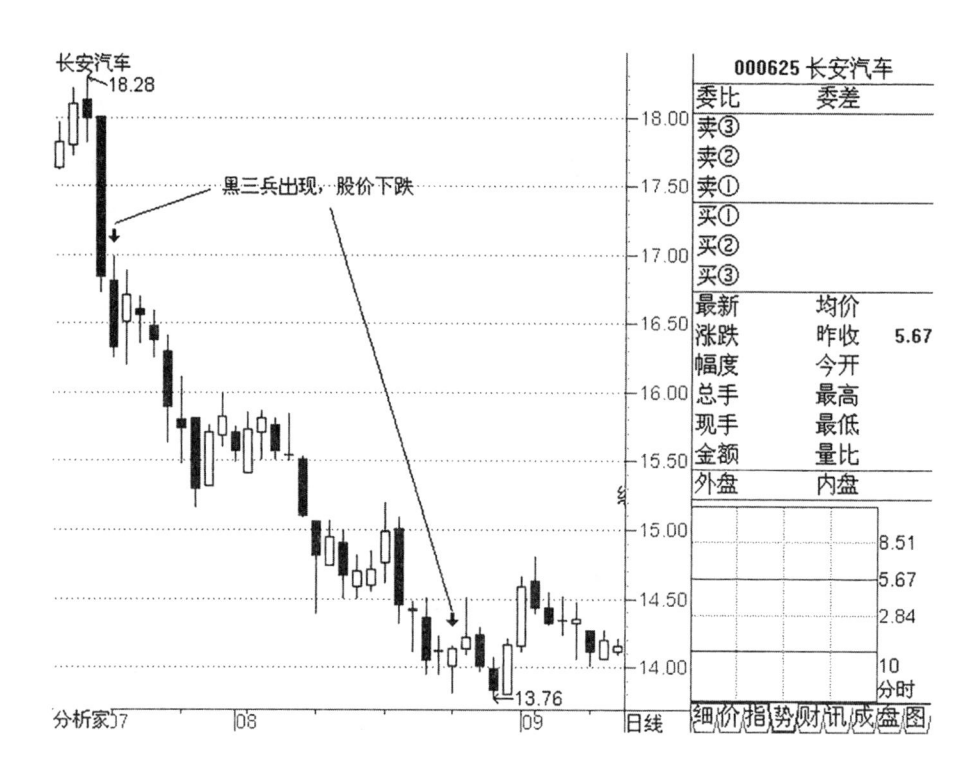

图 2-13　长安汽车 K 线图中出现黑三兵

图 2-14　双底买进、双头卖出

三重底

三重底是指 3 次出现探底企稳的 K 线形态。一般认为，三重底是股价底部整固结果，是股价上涨的迹象。例如方正科技（如图 2-15 所示），某年 9 月 29 日、10 月 29 日、11 月 7 日 3 次探底形成 3 个底部，之后股价出现了上涨。

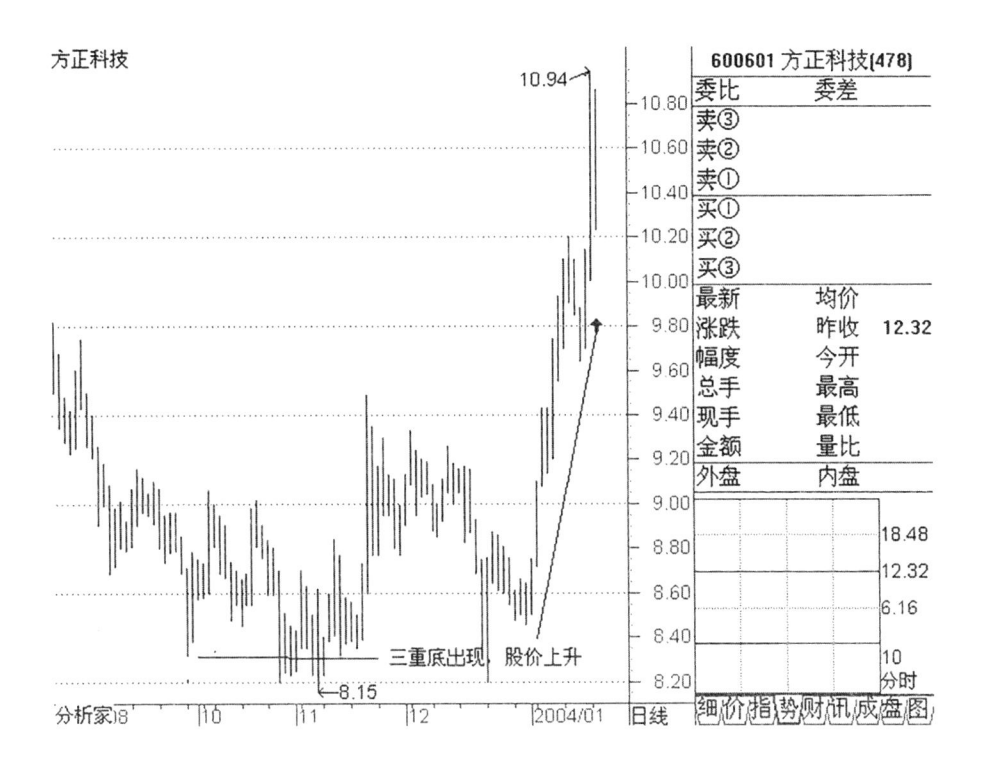

图 2-15　方正科技某年 9~11 月 K 线图中出现三重底

三重顶

三重顶是指 3 次出现冲顶的 K 线形态。一般认为，三重顶是股价顶部整固结果，是股价下跌的迹象。例如丰华股份（如图 2-16 所示），某年 1 月 21 日、2 月 2 日、3 月 4 日 3 次冲顶 10 元未果，上攻乏力，之后股价出现了下跌。

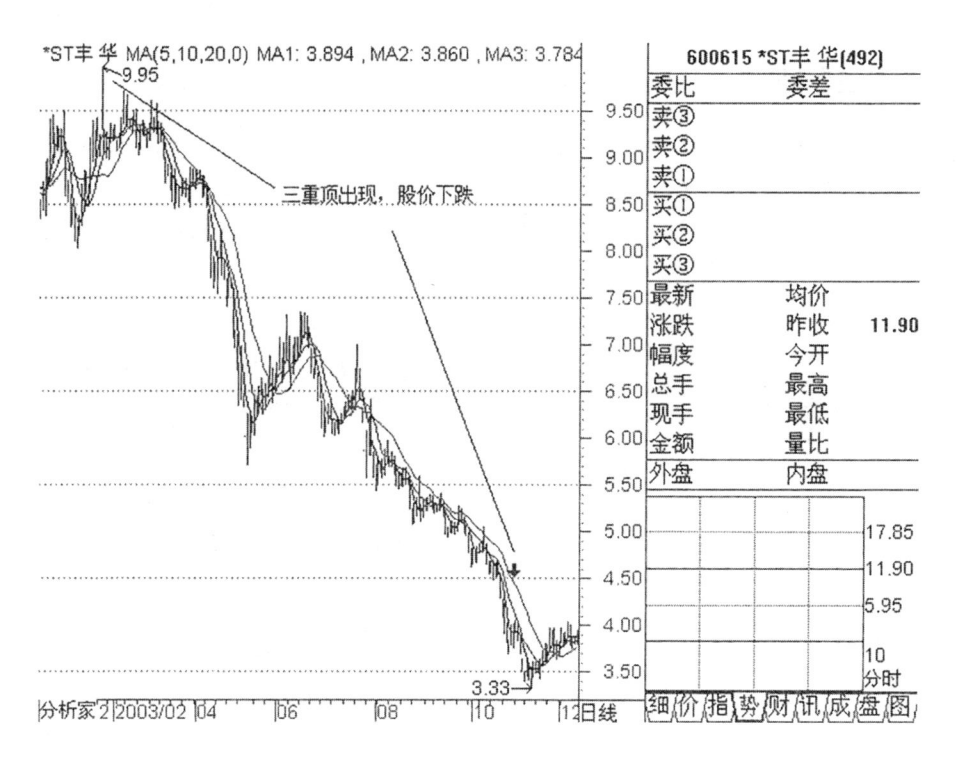

图 2-16　丰华股份某年 1~3 月 K 线图中出现三重顶

底部三连阴（阳）买进之招

股价在底部连续出现三阴线（四阴或更多，或者出现三连阳）时，可考虑买进。例如，某年 7 月 27 日新日恒力（600165）股价在底部连续出现三阴线，股价为 6 元左右，主力在平台拉阴震仓洗盘。此后主力开始拉抬，到 8 月 15 日，股价最高价为 7.08 元，如图 2-17 所示。

需注意的是，如在上升平台连续三阴时，不必惊慌，可持仓观察，争取更大收获。

顶部三连阴（阳）卖出之招

股价在顶部连续出现三阴线（四阴或更多，或者出现三连阳）时，可赶紧卖出。例如：某年 4 月 20 日和 4 月 26 日，华联综超（600361）股价为 6.80 元左右，但是这时股价连续出现两次三阴线，情况危急，显示主力

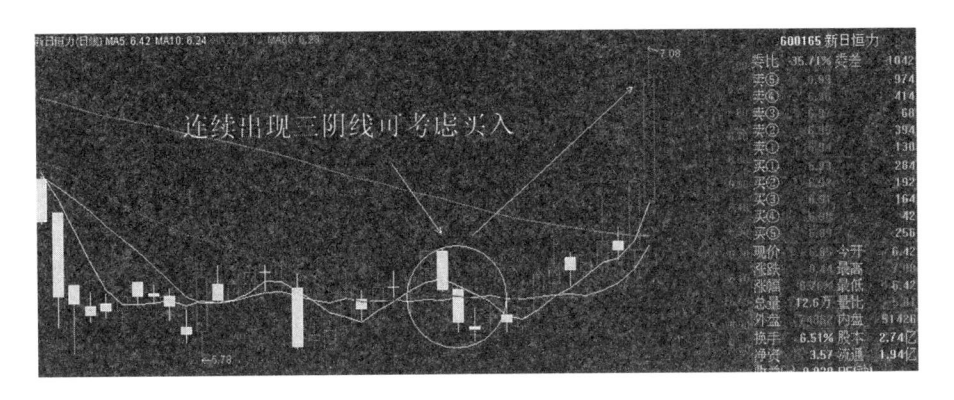

图 2-17　新日恒力股价连续出现三阴线

在出货，股民必须赶紧平仓。此后到 8 月 15 日，股价最低价跌到 5.25 元，如图 2-18 所示。

需注意的是，在上升到顶部后，不管是三连阴还是三连阳，不可恋战，赶紧平仓为妙。

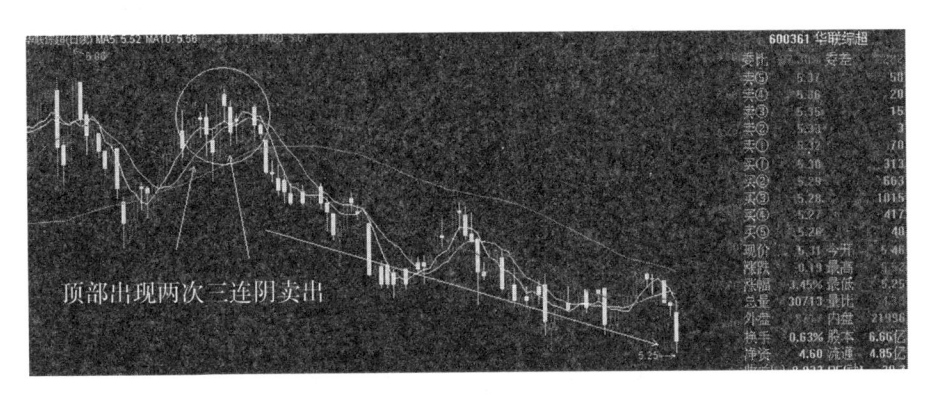

图 2-18　华联综超股价连续出现两次三阴线股民必须赶紧平仓

圆弧底

圆弧底是指 K 线在底部形成的圆弧形状。一般认为，圆弧底是股价上涨的迹象。例如梅雁股份（今梅雁吉祥），如图 2-19 所示，某年 3 中旬和 9 月中旬，K 线两次形成了圆弧底，之后股价出现了上涨。

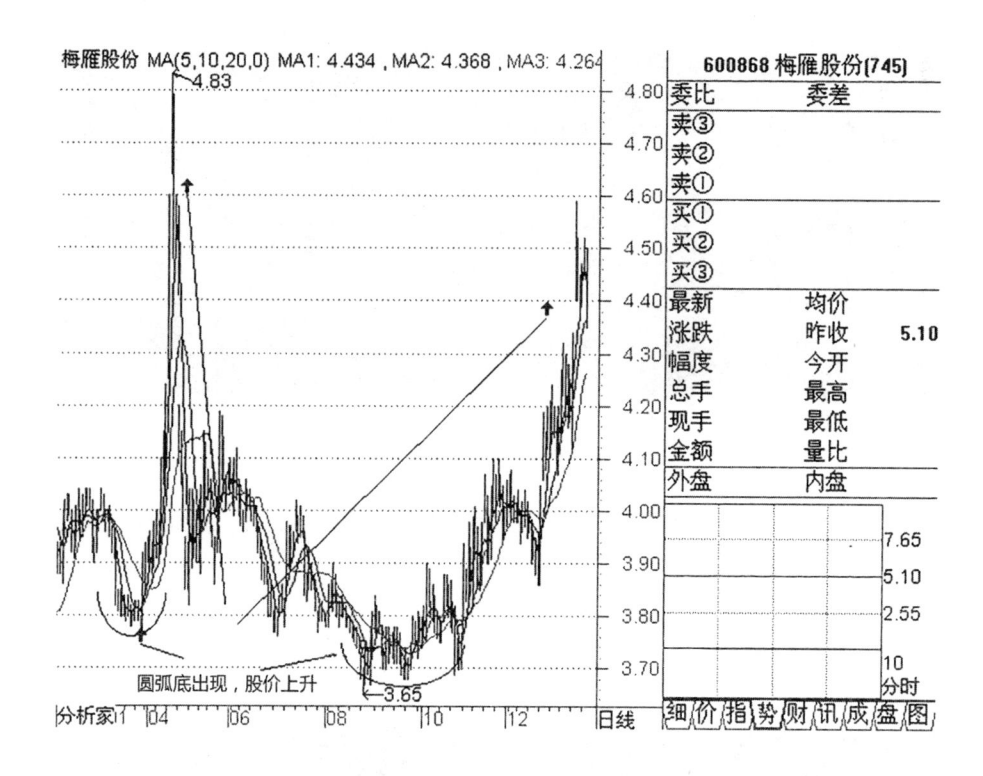

图 2-19　梅雁股份某年 3 月和 9 月 K 线图中出现两次圆弧底

圆弧顶

圆弧顶是指 K 线在顶部形成的圆弧形状。一般认为，圆弧顶是股价下跌的迹象。例如航天电子（原火箭股份），如图 2-20 所示，某年 3 月中下旬 K 线形成了圆弧顶，之后股价出现了下跌。

上升缺口

上升缺口是指开盘价格超过昨日最高价格的空间价位。一般认为，上升缺口发生在股价底部，是股价上涨的迹象。例如零七股份（今全新好），某年 5 月 4 日和 5 月 7 日连续出现两个跳空缺口，股价在 14 元左右，此时应该买进，尽管股价徘徊了几天，但是之后股价开始上涨。

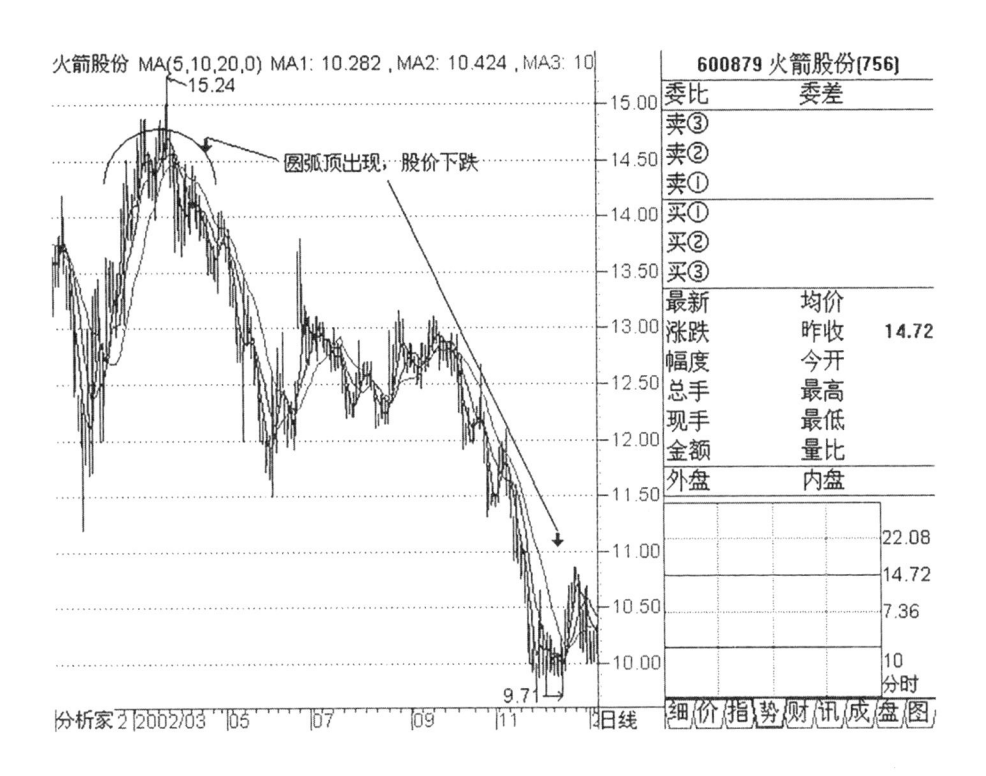

图 2-20　火箭股份某年 3 月 K 线图中形成圆弧顶

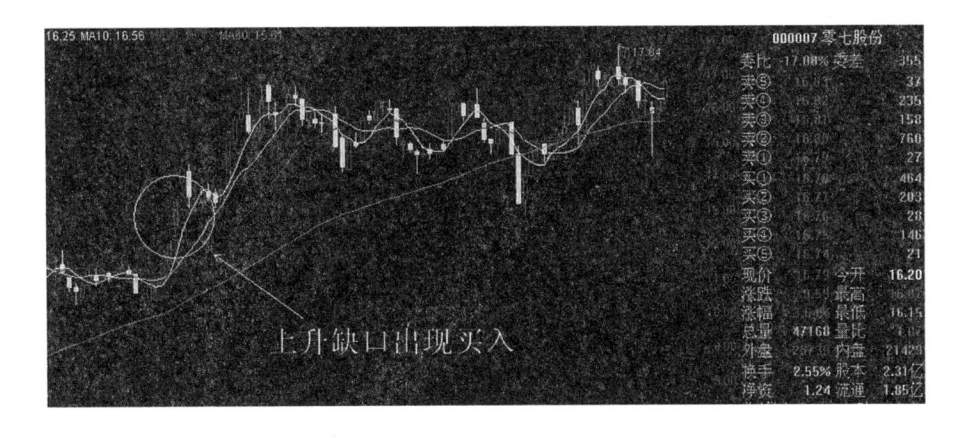

图 2-21　零七股份某年 5 月 4 日和 5 月 7 日 K 线图中出现上升缺口

下跌缺口

下跌缺口是指开盘价格低于昨日最低价格的空间价位。一般认为,下跌缺口发生在股价顶部,是股价下跌的迹象。例如大名城(原华源股份),某年 7 月 4 日最低价格为 7.28 元,第二个交易日一开盘,价格就低开为 7.22 元,跳空缺口空间价位为 0.06 元,如图 2-22 所示,之后股价开始下跌。股民一定要警惕下跌缺口。

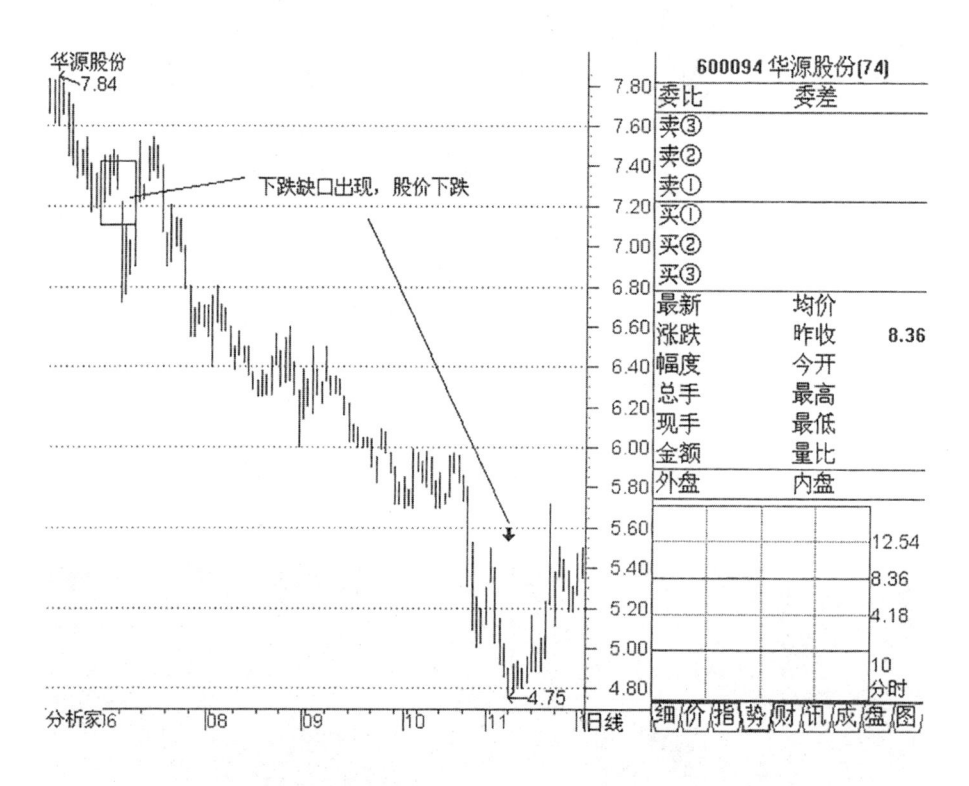

图 2-22　华源股份某年 7 月 4 日 K 线图中出现下跌缺口

V 形反转

V 形反转是指股价下跌过程中,突然出现上升拐点,K 线在底部形成了 V 字形状。一般认为,V 形反转突然发生在股价底部,是股价上涨的迹象。例如上汽集团（原上海汽车，如图 2-23 所示），某年 9 月，K 线在底部形成了 V 字形状，之后股价开始了上升。

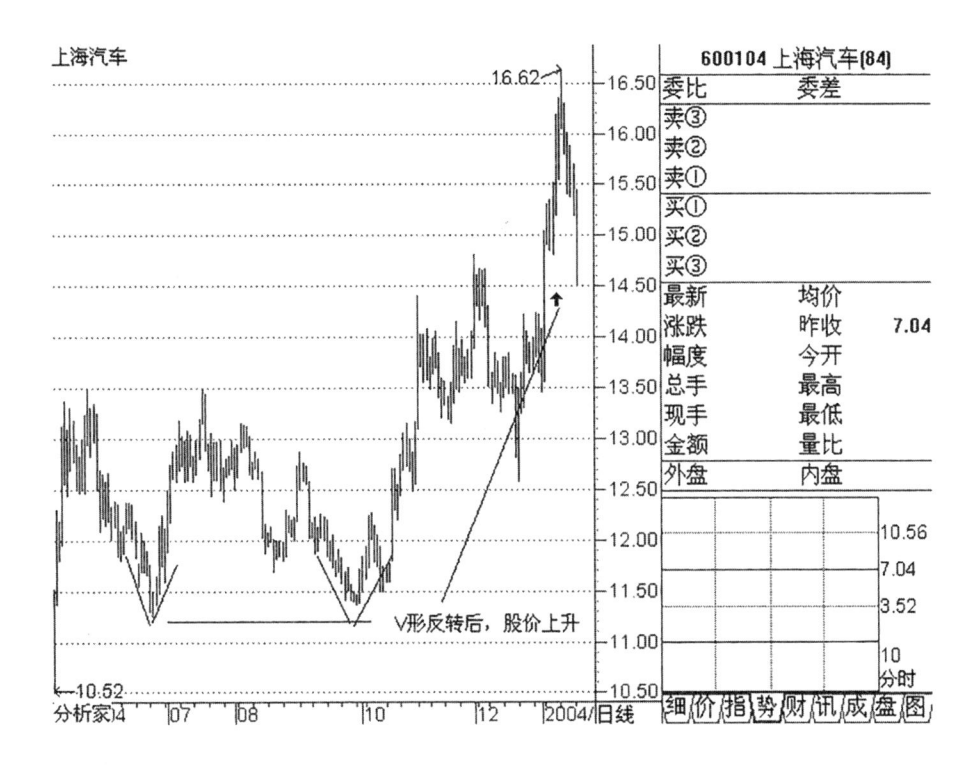

图 2-23　上海汽车某年 9 月 K 线图中出现 V 形反转

倒 V 形反转

倒 V 形反转是指股价上升过程中，突然出现下跌拐点，K 线在顶部形成了倒 V 字形状。一般认为，V 形反转突然发生在股价顶部，是股价下跌的迹象。例如弘业股份（如图 2-24 所示），某年 4 月突然出现下跌拐点，K 线在顶部形成了倒 V 字形状，之后股价开始了一轮下跌。股民一定要警惕倒 V 字形状。

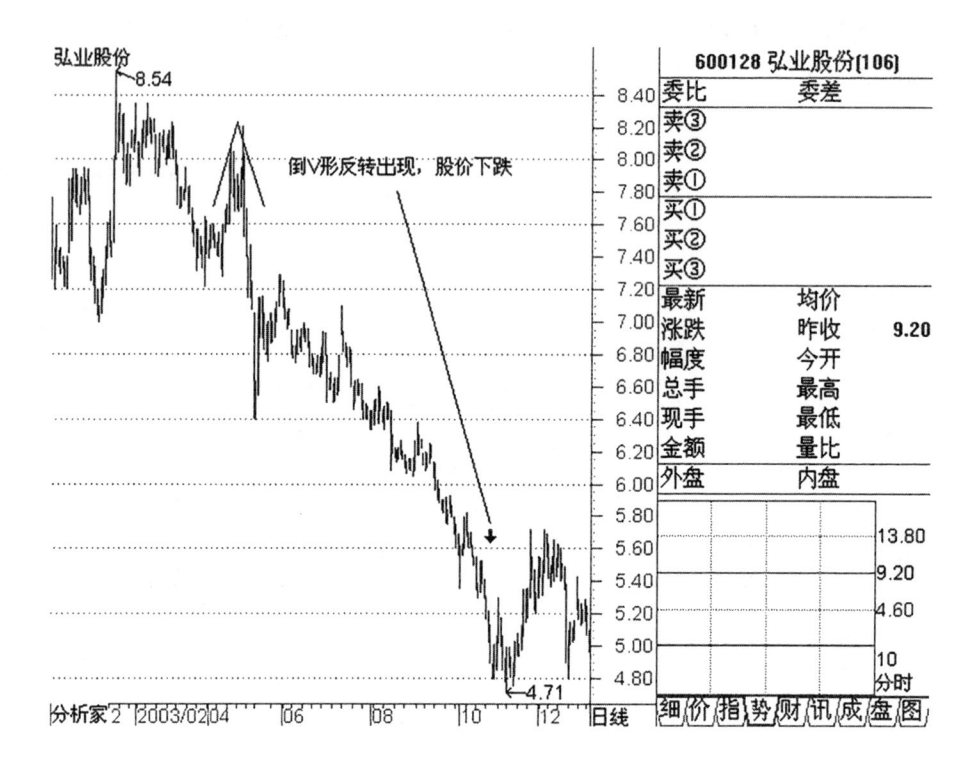

图 2-24　弘业股份某年 4 月 K 线图中出现倒 V 形反转

W 底

W 底是指股价下跌过程中，形成两次底部，K 线在底部形成了 W 字形状。一般认为，W 形发生在股价底部，是股价上涨的迹象。例如黑化股份（现安通控股），某年 9 月到 10 月 K 线在底部形成了 W 字形状（如图 2-25 所示），之后股价开始了上升。

M 头

M 头是指股价上升过程中，形成两次头部，K 线在头部形成了 M 字形状。一般认为，M 形发生在股价头部，是股价下跌的迹象。例如太原重工，某年 9~10 月 K 线在头部形成了 M 字形状（如图 2-26 所示），之后股价开始了下跌。

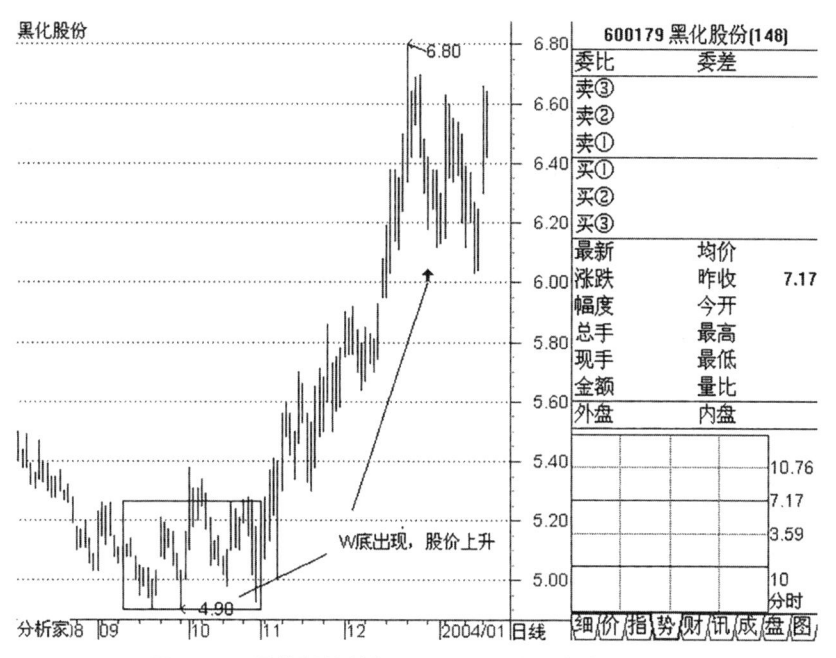

图 2-25　黑化股份某年 9~10 月 K 线图中出现 W 底

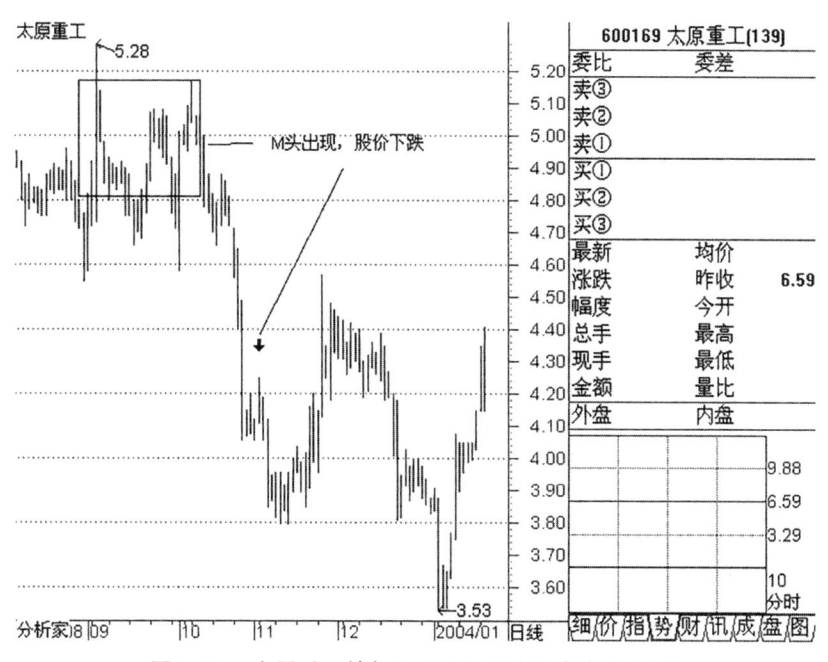

图 2-26　太原重工某年 9~10 月 K 线图中出现 M 头

二、K线实战综合运用

K线形态千姿百态，每一种都可以反映出股价的大体变化。但是，并不是说掌握了其中一个K线形态，如头肩顶、圆弧底等，就能百战百胜了。K线也有它的死角，有时甚至会导致失败。为尽量避免失败，综合运用K线炒股是非常重要的。例如，为更好地判断底部，就要综合找出反映底部K线的多种形态。

例如：2005年6月，沪指跌破1000点，其各种K线形态都反映出股市的底部特征，所以产生了一轮2006~2007年的大行情，沪指从998点涨到6124点方才罢休。

而从2007年底开始，其各种K线形态又都反映出股市的顶部特征，所以产生了一轮暴跌行情，沪指从6124点暴跌到1664点。

又如：中国联通某年1月初，K线出现了底部十字星、红三兵、穿头破脚等形态，说明股价有一轮行情。而新黄浦在某年6月24日暴涨后，顶部出现了黑三兵、M头、穿头破脚等形态，说明股价下跌的可能性很大，如图2-27和图2-28所示。

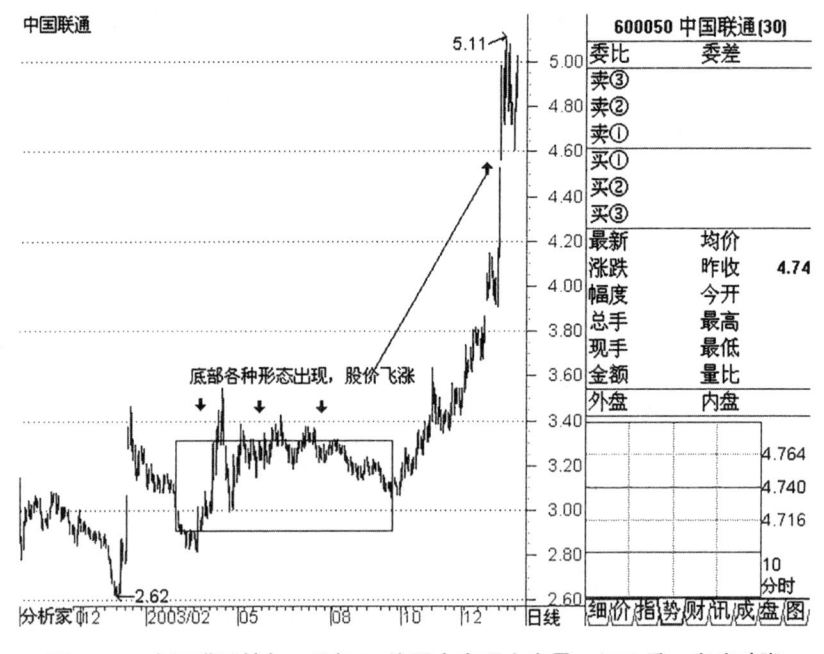

图2-27　中国联通某年1月初K线图中出现十字量、红三兵、穿头破脚

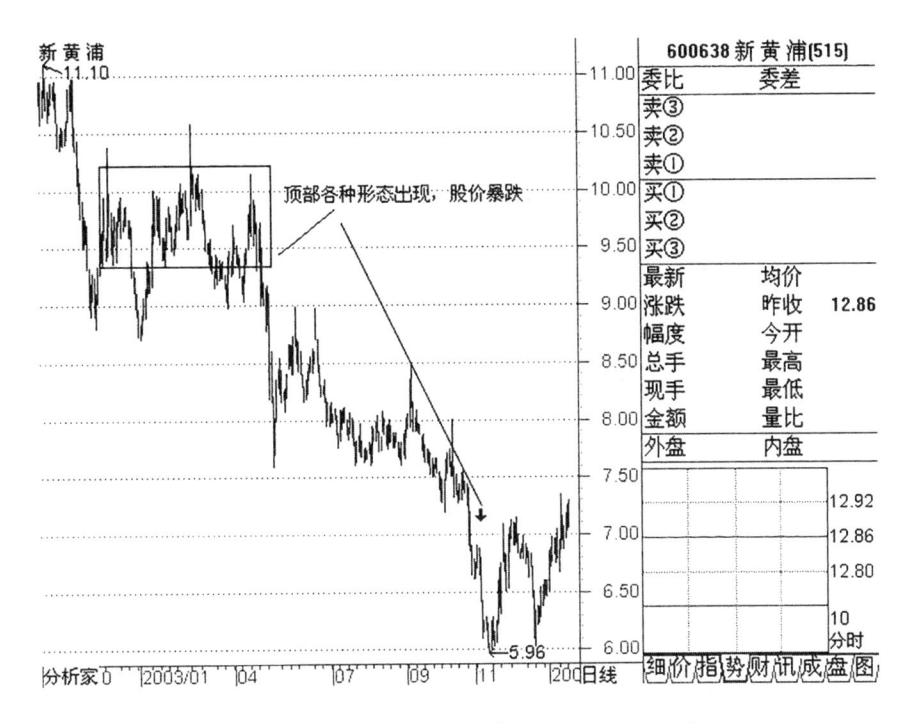

图 2-28 新黄浦 K 线图中出现黑三兵、M 头等

因此，在股市实战中，一定要综合运用 K 线的各种形态，同时还要参考其他因素，绝不能简单根据一根 K 线做出买卖的决定。

由于篇幅、字数限制，此板块的部分精彩招法和内容，只能忍痛删去。股民欲了解更全面、高级的招法，或者有什么问题，欢迎来信咨询，联系方式：cgjzjz@163.com。

第三节　常用技术指标

用于分析股价走势的技术指标多如牛毛，让人不知所措。我认为：首先，技术指标绝对不是万能的，有时甚至失灵，所以千万不可迷信之；其次，没必要自己计算画图，计算机都为您提供了现成的数据和图线；再次，少而精，掌握常用的几个即可；最后，一定要灵活综合运用，绝对不

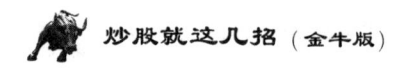

能根据一个指标就匆匆做出买卖决定。

一、中长期趋势（指数平滑异同移动平均线 MACD）

1. 什么是 MACD 指标

指数平滑异同移动平均线，英文为 Moving Average Convergence Divergence，简称 MACD。它是以快速及慢速移动平均线的交叉换位、合并分离的特性，来分析、研究股市中、长期趋势的指标，股民可依据要来判断股票买卖的时机。

2. 计算公式

（1）设置快速、慢速移动平均线。一般快速设置为 12 天（12EMA），慢速设置为 26 天（26EMA）。根据不同习惯，也可将快速、慢速设置为其他天数。

（2）今日 EMA＝昨日 EMA+平滑系数×(今日收盘价-昨日 EMA)。

（3）平滑系数：12EMA 平滑系数为 0.1538；26EMA 平滑系数为 0.0741。因此，12EMA＝昨日 12EMA+0.1538×(今日收盘价-昨日 12EMA)。26EMA＝昨日 26EMA+0.0741×(今日收盘价-昨日 26EMA)。

（4）计算离差值 DIF。DIF＝12EMA-26EMA。

（5）计算 MACD。一般以 9 日为周期，平滑系数设置为 0.2。则今日 MACD＝前 9 日 MACD+0.2×(今日 DIF-前 9 日 MACD)。

（6）离差柱线＝DIF-MACD。

3. 运用 MACD 一般原则

（1）需要配合其他技术指标和股市的其他因素共同研判从而决定投资行为。

（2）如果 DIF 为正值并向上接近 MACD 时，说明行情好转，可适当建仓。如果 DIF 为负值并向下接近 MACD 时，说明行情转空，可以考虑平仓。

（3）应将 MACD 和 DIF 配合起来观察股市。当 MACD 和 DIF 都即将向上越过 0 轴线时，说明行情好转，可适当建仓。当 MACD 和 DIF 都即将向下接近 0 轴线时，说明市场抛盘压力大，可以考虑平仓。

（4）如果 DIF 和 MACD 向上突破 0 轴线空间很大后，说明买盘很大，此时股民注意不要贪心，适当控制购股节奏。如果 DIF 和 MACD 向下跌破 0 轴线空间很大后，说明卖盘很大，股民要考虑股价底线可能来临了，应考虑低价购进些股票。

4. 应用之招

以通化东宝（如图 2-29 所示）为例。

某年 10 月底，股价开始下跌。DIF 向下即将穿破 MACD，此时应该考虑卖出。11 月 13 日，DIF 好转，向上接近 MACD（应买入）。该股股价由 5 元左右涨到 12 月中旬的 6 元左右。运用 MACD 时注意黏合状况。如果 DIF 与 MACD 在高位运行形成黏合情况，说明多头进一步上攻意愿不强。遇到黏合状况，一旦 DIF 向下，应立即出局。

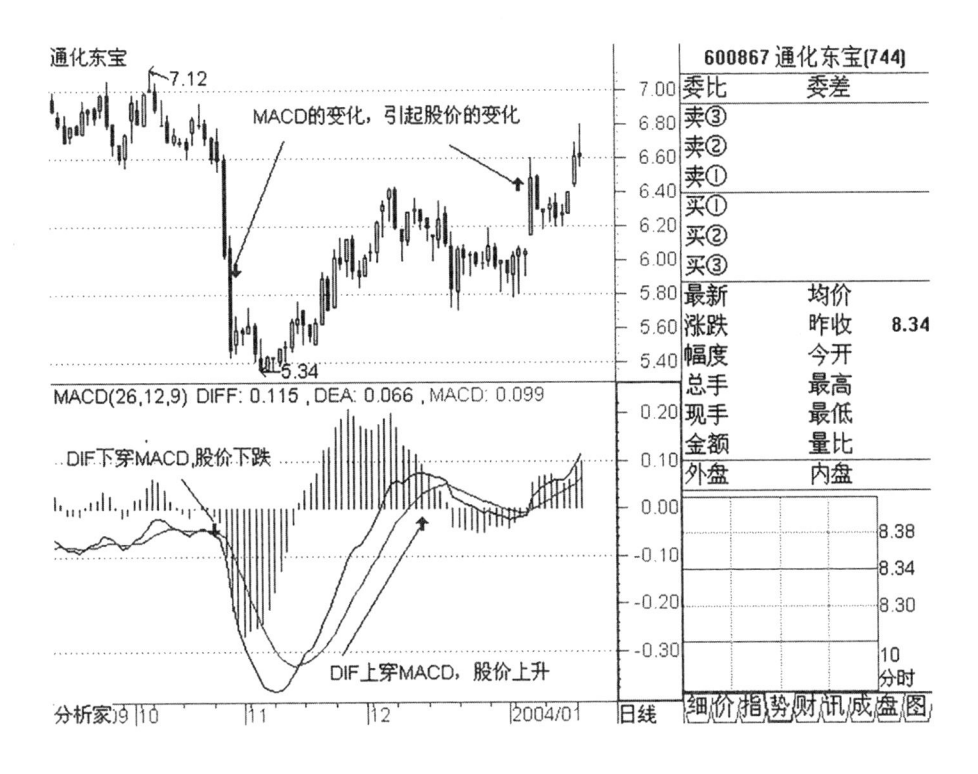

图 2-29　通化东宝某年 10~12 月 MACD 和 DLF

二、供求均衡（动向指数 DMI 应用之招）

1. 什么是 DMI 指标

动向指标（趋向指标）是研判股价在升跌之中供求的均衡点，即股价变化直接作用供求双方失衡到均衡再到失衡的循环过程，由此判定股市的态势，以决定投资行为。

在股市中，买卖双方的力量变化会影响股价指数变化，多方投入大量资金，希望创下新高股价，而空方拼命打压股价。因此，股票的最高价、收市价和最低价基本反映了多空双方的实力，DMI指标是力图反映这种趋向的一种实用技术指标。

2. 计算公式

（1）计算动向变化值（Directional Movement，DM）。

+DM：当日最高价比昨日最高价高并且当日最低价比昨日最低价高，即为上升动向+DM。上升幅度为当日最高价减去昨日最高价。

-DM：当日最高价比昨日最高价低并且当日最低价比昨日最低价低，即为下降动向-DM。下降幅度为昨日最低价减去今日最低价。

如果+DM 和-DM 相等，则 DM=0。

如果当日最高价比昨日最高价高，但是当日最低价比昨日最低价低，此时，+DM 和-DM 比较，取其最大值为动向变化值（+DM 或-DM）。

如果出现涨停板，+DM 上升幅度为当日收盘价减去昨日最高价。

如果出现跌停板，-DM 下降幅度为当日收盘价减去昨日最低价。

（2）计算真正波幅（True Range，TR）。当日最高价减去当日最低价（H-L）；当日最高价减去昨日收盘价（H-PC）；当日最低价减去昨日收盘价（L-PC）。

以上计算的3个差取绝对值，然后比较，取最大值为 TR。

（3）计算 DI。周期一般定为10天或14天，此处设天数为14，则：

$$+DI(14) = \frac{DM(14)}{TR(N)} \times 100\%$$

$$-DI(14) = \frac{-DM(N)}{TR(N)} \times 100\%$$

（4）计算动向指数 DX。+DI 和-DI 分别代表了多空双方的实力，但双方相互比较又如何判断谁的实力强呢？这需要对双方进行相对比较，即计算动向指数 DX。DX 指标就是+DI 与-DI 两者之差的绝对值除以两者之和的百分数。其计算公式如下：

$$DX = \left[\frac{+DI(14) - -DI(14)}{+DI(14) + -DI(14)} \right] \times 100\%$$

计算显示的数值越高，说明多头力量比较强大，股市处于上升趋势。反之，股市处于下降趋势。

（5）计算动向平均值ADX。DX虽然反映了多空双方的争斗，但如果对双方的争斗通过平滑计算，则可以大体对股市的未来走势做出基本判断。ADX＝DX÷14。

（6）如果要更加精细观察股市趋势，还可以计算平均动向指数的评级数，即ADXR。从21天起开始计算，计算公式是：

$$ADXR = \frac{ADX(1)+ADX(15)}{2}$$

式中，ADX（1）代表当天的ADX，即第21天的ADX；ADX（15）代表第15天的ADX。

3. 分析DMI要领

（1）DMI本身含有+DI、-DI、DX、ADX、ADXR几个指标，这几项指标一定要配合起来用，同时也要配合其他技术指标共同研判。

（2）DI上升、下降的幅度均为0～100。+DI值逐步放大，-DI值缩小，说明多头开始发力，股指可能会提高，股民可以建仓。反之，若空方实力强，-DI值逐步放大，+DI值逐步缩小，股指会下落，股民应该减仓。投资者可根据+DI、-DI的变化趋向，摸清多空双方的实力，择机而动。

（3）如果+DI大于-DI，在图形上则表现为+DI线从下向上穿破-DI线，这反映了股市中多方力量加强，股市开始上升。因此，买进时机来临。如果-DI大于+DI，在图形上则表现为-DI线从上向下穿透+DI线，反映股市中空头正在进场，股市有可能低走。因此，卖出的时机来临。如果+DI和-ID线交叉且幅度不宽时，表明股市进入盘整行情。股民可以观察一段，待机行事，不宜过早操作。

（4）ADX和ADXR也是股民要参考的指标。如果ADX和ADXR逐渐上行，说明多头开始发力，股民可顺其操作，即加入多头；反之，加入空头。但注意，ADX和ADXR变化慢，所以，买卖股票时要考虑提前量，长时间的跟风会造成损失。

4. 应用之招

以上海石化（如图2-30所示）为例。

某年9月，+DI开始上升，并在10月上穿-DI，ADX和ADXR也走稳，此时股价为4元左右，可以考虑建仓。果然，多头开始了一轮猛攻，次年1月，其股价上升到7元左右。可见，+DI上穿时可买进，反之应卖出。

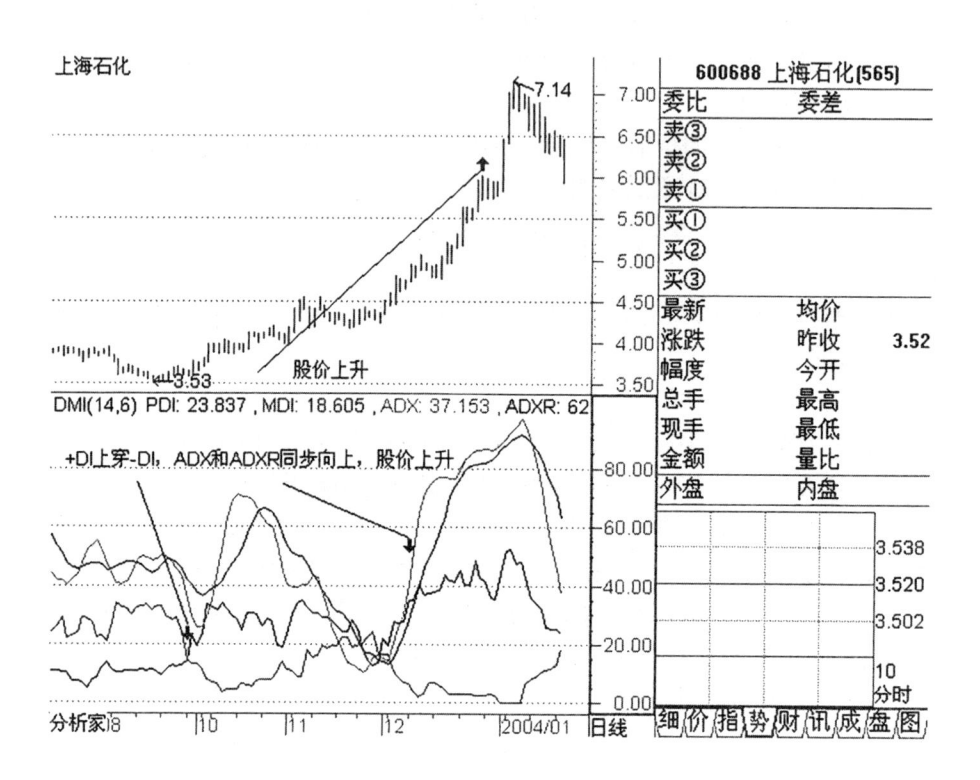

图2-30 上海石化某年DI、ADX和ADXR

三、短长分析（均线差指标DMA应用之招）

1. 什么是DMA指标

用短期和长期平均线的差值分析股价趋势。

2. 计算公式

DMA = 短期平均值 - 长期平均值；一般短期天数为10天，长期天数为50天。

AMA（均值）= DMA÷10

3. 分析 DMA 要领

（1）必须和其他技术指标配合分析。

（2）DMA 线上穿 AMA 线，可买进，下穿 AMA 线，应卖出。

（3）DMA 信号反应比 MACD 灵活些，因此应注意提前量，也要注意主力有意操纵的行为。

4. 应用之招

以上海机场（如图 2-31 所示）为例。

某年 7 月中旬，该股为 12 元左右。此时该股 DMA 开始下穿 AMA，发出了卖出信号。到 10 月左右，该股跌到 10 元左右。11 月，该股 DMA 有上穿 AMA 的要求，此时可以考虑建仓。12 月下旬，股价已升到 13 元左右。

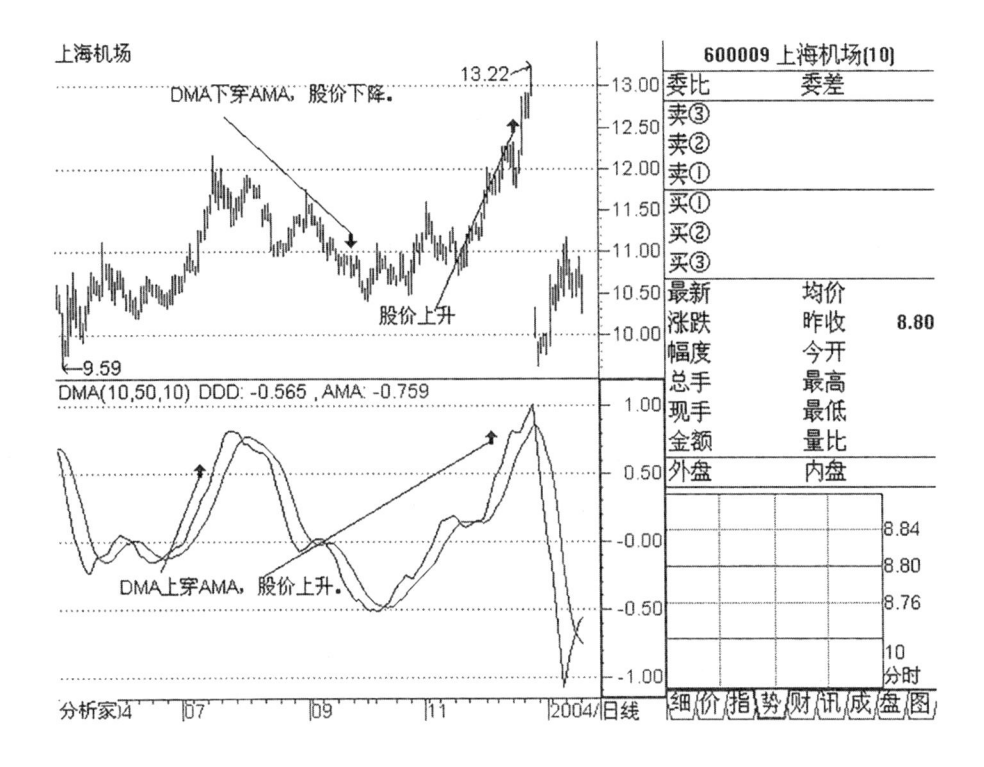

图 2-31　上海机场某年出现 DMA 下穿、上穿 AMA 及股价涨跌

四、三者差异（气势意愿指标 BRAR 应用之招）

1. 什么是 BRAR 指标

股市买卖气势是一个曲折震荡的过程，不仅当日的最高股价、最低股价、开盘股价之间的差异比值很重要，而且昨日的收盘股指与当日的最高股指、最低股指之间的差异比值也很重要。BR 指标反映的是昨日股价收盘价与今日最高股价和最低股价之间的强弱走势，从而反映股价意愿。AR 指标主要反映每日股价最高点、最低点及开市价的三者之间关系上。AR 指标是利用一定周期内三者的差异及比值反映出股市强弱买卖气势的指标，BRAR 又构成了综合气势意愿指标。

2. 计算公式

$$BR = \left\{ \sum_{i=1}^{n} (今日最高股价 - 昨日收盘股价) \div \sum_{i=1}^{n} (昨日收盘股价 - 今日最低股价) \right\} \times 100\%$$

其中，n 取 14 天或 26 天。

$$AR = \left\{ \sum_{i=1}^{n} (今日最高股价 - 今日开盘股价) \div \sum_{i=1}^{n} (今日开盘股价 - 今日最低股价) \right\} \times 100\%$$

其中，n 取 26 天。

3. 分析 BRAR 要领

（1）必须配合其他技术指标共同分析股市走势。

（2）BR 和 AR 处于同步上升态势，表明股市处于启动期，此时投资者应开始建仓。反之，投资者应该平仓。

（3）BR 值大大高于 AR 值时，特别注意风险，投资者不可再追涨。BR 值大大低于 AR 值时，股市反弹的可能性很大，投资者可逢低吸纳部分股票。

4. 应用之招

以人福医药（原人福科技，如图 2-32 所示）为例。

某年 11 月左右，股价跌到 7 元左右。BR 降到 50 左右，AR 降到 60 左右，BRAR 同时有上升的趋向，此时应买入。次年 1 月初，该股启动，到 3

月下旬，股价已达 11 元左右。但随后 BRAR 同步下跌，此时应考虑卖出。可见 BRAR 大体反映了股票的买卖气势和意愿。

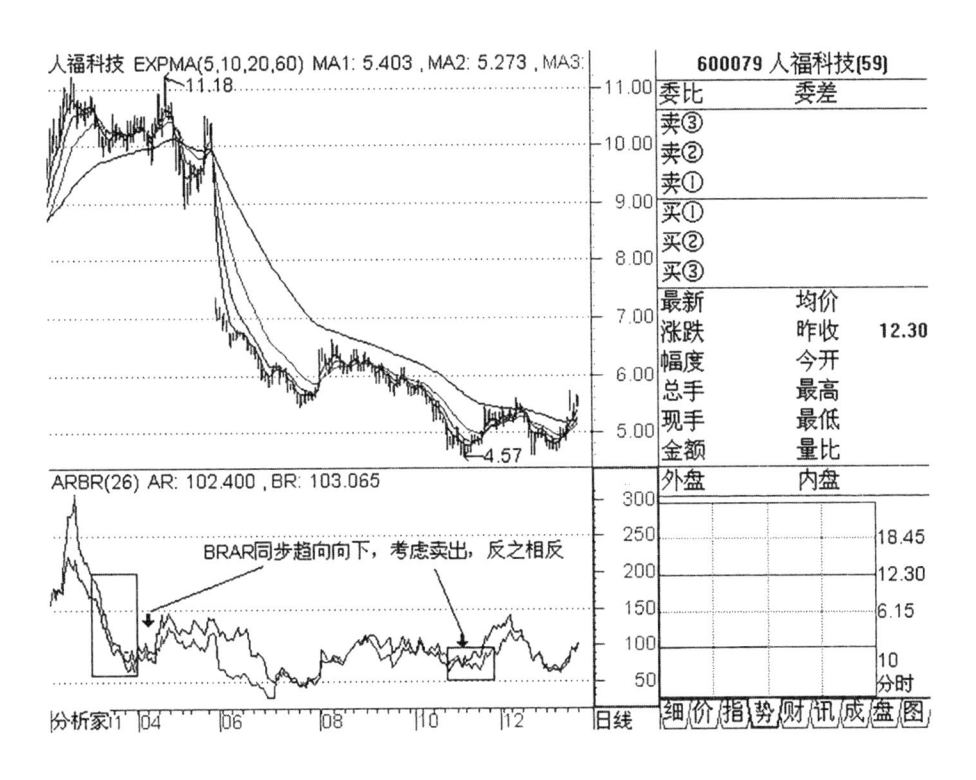

图 2-32　人福科技某年出现 BRAR 同步上升和同步下跌趋势

五、多空次战场（压力支撑指标 CR 应用之招）

1. 什么是 CR 指标

能够大体反映股价的压力带和支撑带的指标为压力支撑指标为 CR 指标。

2. 计算公式

首先计算中间价：中间价 =（最高价+最低价）÷2

然后计算上升值、下跌值：

上升值 = 当天的最高价 - 昨天的中间价（负值记 0）

下跌值 = 昨天的中间价 - 当天最低价（负值记 0）

再计算多、空方累计强度，天数定为 26 天：

多方强度＝26 天的上升值和

空方强度＝26 天的下跌值和

最后计算 CR：CR=（多方强度÷空方强度）×100%

或更简单的公式（由 BR 公式演化而来）：

$$CR = \left\{ \sum_{i=1}^{n} (今日最高股价 - 昨日中间价) \div \sum_{i=1}^{n} (昨日中间价 - 今日最低股价) \right\} \times 100\%$$

其中，n 取 26 天。

另外，CR 本身要与 10 日、20 日、40 日、62 日 4 条平均线配合，这 4 条线分为 a、b、c、d，其含义如下。

a，CR 的 10 天平均线后移 5 天；

b，CR 的 20 天平均线后移 9 天；

c，CR 的 40 天平均线后移 17 天；

d，CR 的 62 天平均线后移 28 天。

我们把 a、b 两线所合成的区域叫"多空次战场"，把 c、d 两线合成的区域叫"多空主战场"。

3. 分析 CR 指标要领

（1）必须与其他技术指标配合分析。

（2）当 CR 由下向上穿过多空次战场时，股价会受到空头次级阻力，此时可以排除阻力，考虑建仓。反之，当 CR 从上向下即将穿过多空次战场时，股价虽然会受到多头次级支撑的撑力，但是不能认为这是股价的底部，最好再等待一段时间，待股价下穿多空次战场企稳后，再择机而动。

（3）当 CR 由下向上穿过多空主战场时，股价相对会遇到空头强大压力。一旦越过此压力，股价还会维持高位态势，但是要注意风险的突然来临。反之，当 CR 由上自下穿过多空主战场时，股价相对会遇到多头强大的支撑力，虽然可以支撑股价一段时间，但最好不要恋战，考虑提前平仓。

4. 应用之招

以重庆港九（如图 2-33 所示）为例。

某年 5 月，该股价跌到 9 元左右。6 月初，CR 开始上行，上穿多空次战场，此时可建仓。不久 CR 又上穿了多空主战场。将空头甩下，股价由此展开大幅上攻。6 月中旬，股价已经达到 12 元左右。8 月，股价在空头的反击下，CR 几次探到多空次战场附近，多头支撑不足，此时应卖出。结果，到 11 月，股价跌到 7 元左右。

CR 指标运用中，还要注意它的上升提前期和下降提前期。如世贸股份（图略）。某年 12 月 4 日，CR 值已经高出多空主战场，股价达到 10.42 元。但 12 月 10 日，CR 值开始拐头下降。股价虽然到 12 月 18 日维持在 10 元左右，但是这种 CR 开始提前下降的情况，应引起投资者注意，应根据 CR 指标做提前平仓的准备。到次年 1 月 6 日，该股股价跌到 8.68 元。之后到 1 月下旬，CR 一直徘徊在多空次战场，此时应该注意上升的提前期，考虑建仓。到 3 月初，股价再次涨到 10 元左右。

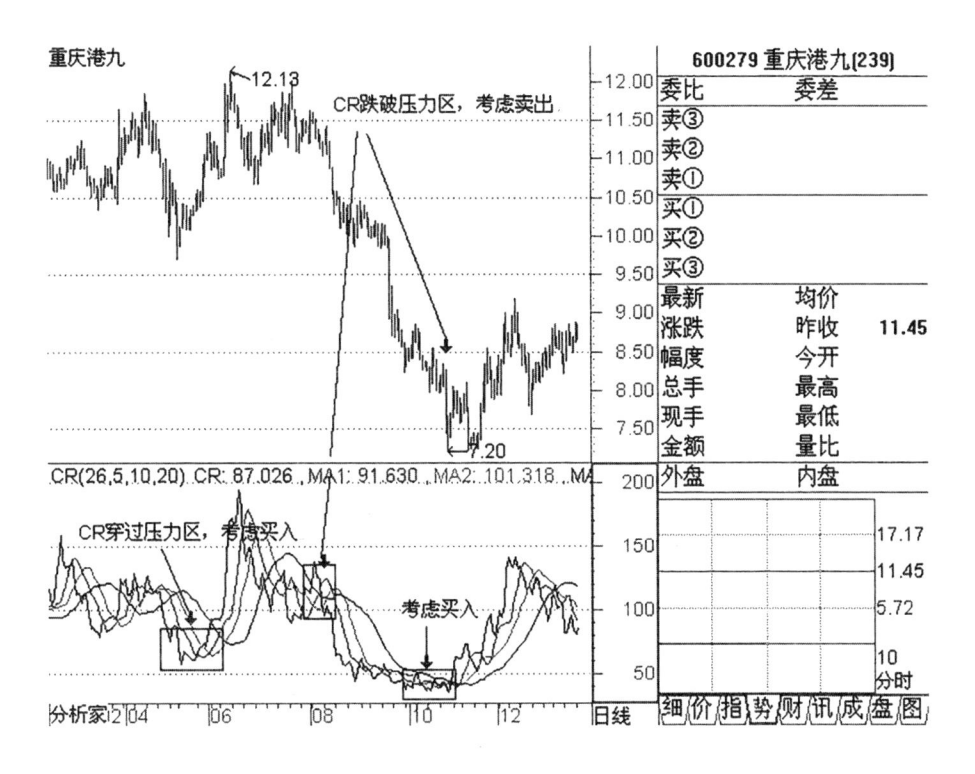

图 2-33　重庆港九某年 CR 变化及股价情况

六、资金气势（成交量指标 VR 应用之招）

1. 什么是 VR 指标

成交量指标（VR）是将某段时期内股价上升日的成交金额加上 1/2 日内股价不涨不跌成交总额总计与股价下降日的成交金额加上 1/2 日内股价不涨不跌成交总额总计相比，从而反映出股市成交量强弱的指标，亦叫容量比或数量指标。观测 VR，更可以掌握股市资金的走势，了解股市资金的气势。

2. 计算公式

$$VR = \frac{VR1}{VR2} \times 100\%$$

VR1，N 日内股价上升日交易金额总计+（1/2）N 日内股价不变交易金额总计；

VR2，N 日内股价下降日交易金额总计+（1/2）N 日内股价不变交易金额总计；

N 日一般取 10 日、24 日或 26 日。

3. 分析 VR 要领

（1）必须与其他技术指标共同配合分析。

（2）VR 如果波动范围小，表明股价变化小，投资者以观望为主，伺机而动（买或卖）。

（3）VR 值如果不断高升，表明股价已进入风险警戒区，应及时出货，万不可再追风买股或恋战。VR 值如果趋近低位时，说明股价风险释放，超卖区已形成，空方主力已减弱，投资者可借机入市购股。

（4）当股价下降，但 VR 值开始上升，表明成交额呈上升趋势，这时投资者可买入股票。当股价上升，但 VR 值开始下降，表明成交额呈下降趋势，这时投资者要考虑随时准备出售股票。

4. 应用之招

以广电网络（如图 2-34 所示）为例。

某年 11 月，该股 VR 值一直在低位运行，股价已跌到 15 元左右。到 12 月初，VR 开始上升，此时应买入。到次年 2 月下旬，VR 值连续上升，股价达到 18 元左右。到 8 月，股价达到 23 元左右。此时 VR 处于下跌整理态势，表明成交额的动力处于暂停状态。此时股民要密切注意，随时平仓，保住胜利果实。

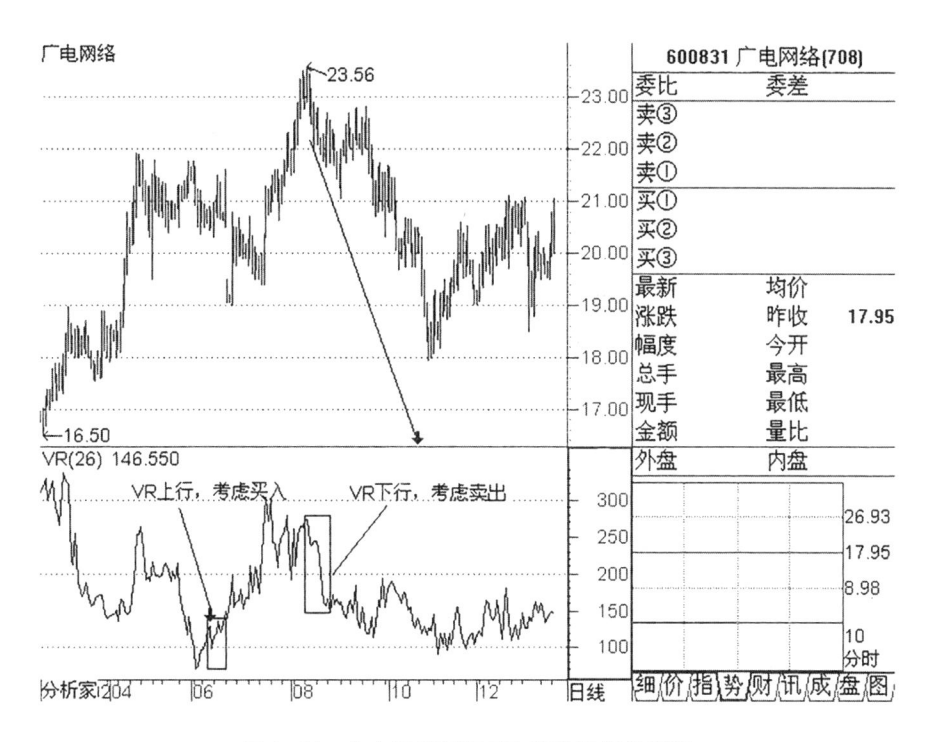

图 2-34　广电网络某年 VR 变化及股价情况

七、人气兴衰（人气指标 OBV 应用之招）

1. 什么是 OBV 指标

所谓股市人气，指投资者活跃在股市的程度。如果买卖双方交易热情高，股价、成交量就上升，股市气氛则热烈。因此，利用股价和股票成交量的指标来反映人气的兴衰，就形成了 OBV 指标。

2. 计算公式

OBV 的计算公式很特殊，纯属人为规定将成交量分为正、负值来勾描人气兴衰，即每天将股市收盘价与昨日股市收盘价相比，如今天收盘价高于昨日收盘价，则将今日成交量值列为正值，反之列为负值，经过一段时间的累计正负值，则形成了 OBV 值。

3. 分析 OBV 要领

（1）OBV 是技术指标人为化的人气指标，因此，非常需要配合其他技术指标来分析研判股市走势。

（2）一般情况下，OBV 上升，股价随之上升，说明人气集聚，股价还可能继续维持上升态势，股民可以建仓。反之则相反。

（3）如果 OBV 下滑，而股价上升，说明买方力量逐渐减弱，人气趋于清淡，投资者应考虑卖出股票；如果 OBV 线上升，而股价下跌，表明逢低有人接盘，股民可以适当买进。

（4）如果 OBV 累计值由正值转为负值，表明股市整体走势下滑，应卖出股票，反之则相反。如果 OBV 正负值转换频率高，投资者应注意观察股市此时的盘整行情，择机而动。

（5）OBV 体现了人气动向，可变量很大，人气维持周期难以精确计算，因此，投资者要用悟性参考该指标，不宜受 OBV 指标无序的影响。

4. 应用之招

以中国联通（如图 2-35 所示）为例。

某年 10 月 9 日，该股上市。股价为 2.87 元。之后 OBV 连续 20 个正值，但是股价仅升到 3 元左右，说明虽然有人气支持，但是力度不够。11 月下旬

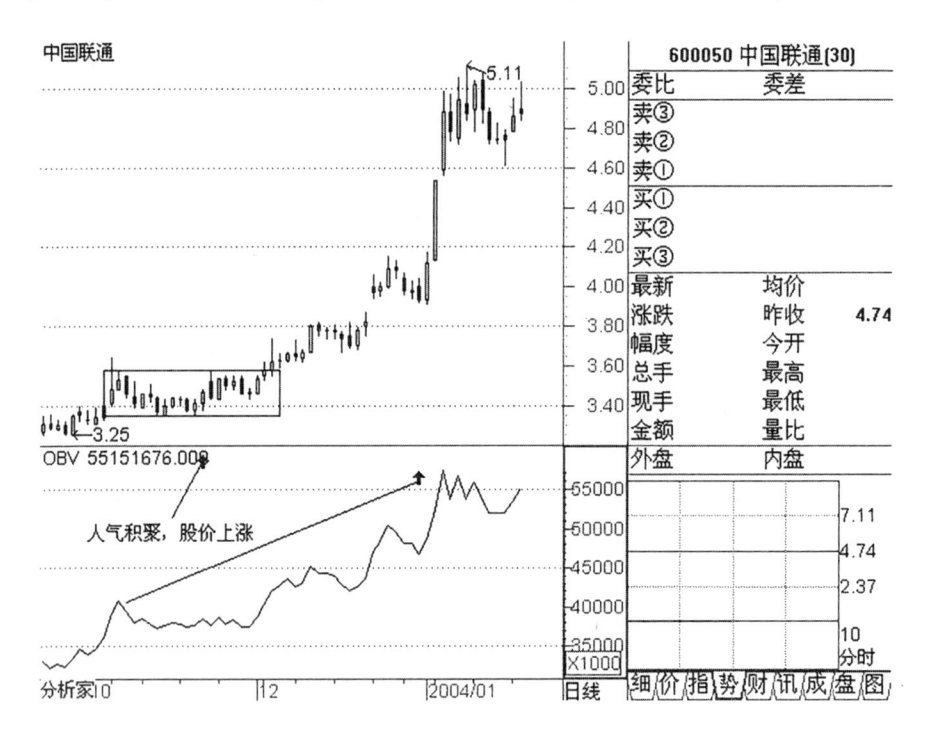

图 2-35　中国联通某年 OBV 变化及股价情况

到 12 月下旬，OBV 连续出现负值 30 多次，股价也步步下跌到 2.6 元左右。但是 OBV 的下跌力度逐渐减弱，说明外场的人气资金在慢慢集聚。次年初，OBV 开始上升，股价升到 3 元左右。虽然到 3 月底股价跌到了 2.85 元左右，但是 OBV 始终保持正值，说明人气不散，主力资金准备借该股 4 月 9 日 17.35 亿股战略股上市题材大炒一把。结果到 4 月中旬，该股涨到 3.36 元左右。之后，庄家再接再厉，借大炒蓝筹股的概念，一举将股价推到 5 元左右。

OBV 背离股价情况要注意。如长安汽车（图略），某年初从 6 元左右开始上升，到次年 5 月，股价涨到 19 元左右。但是 OBV 的力度逐渐减弱，与股价产生了背离，此种人气逐渐散去的情况要密切关注。

八、增减动量：振动指标 ASI 应用之招

1. 什么是 ASI 指标

用开盘价、最高价、最低价、收盘价之间的增减动量来分析股价走势的指标。

2. 计算公式

A = 今日最高价 – 昨日收盘价

B = 今日最低价 – 昨日收盘价

C = 今日最高价 – 昨日最低价

D = 昨日收盘价 – 昨日开盘价

（A、B、C、D 均取绝对值）

E = 今日收盘价 – 昨日收盘价

F = 今日收盘价 – 今日开盘价

G = 昨日收盘价 – 昨日开盘价

X = E+0.5F+G

K = A、B 比较，取最大值

比较 A、B、C：

若 A 最大，则 R = A+0.5B+0.25D

若 B 最大，则 R = B+0.5A+0.25D

若 C 最大，则 C = C+0.25D

L = 10

SI = 50×(X÷R)×(K÷L)

ASI = 累计每日的 SI 值

3. 分析 ASI 要领

（1）必须和其他指标共同研判。

（2）ASI 如果处于长期下跌中，股价此时也跌得较低，股民可以考虑建仓。如果 ASI 处于下跌阶段，此时股价也下降，应考虑出货，掌握提前量。

（3）股价创新高或新低，ASI 未创新高或新低，投资者要注意高点的风险和底部的再确认。

4. 应用之招

以上海电力（如图 2-36 所示）为例。

某年 10 月 29 日上市后，ASI 处于上升态势，股价 9 元左右。此时股民可以考虑建仓。次年 1 月，ASI 继续上升，股价已升到 13 元左右。

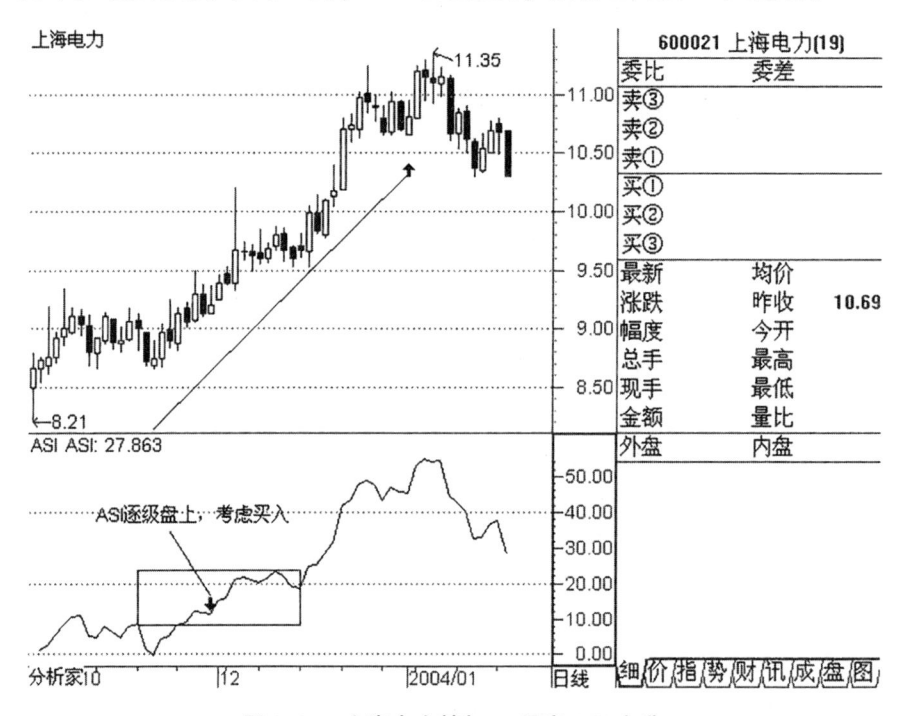

图 2-36　上海电力某年 10 月底 ASI 上升

九、比值累计量（量价能人气指标 EMV 应用之招）

1. 什么是 EMV 指标

成交量和股价是最常见的指标，所以用成交量及股价之差的比值累计量来反映人气强弱及股价升、跌的指标，为量价能人气指标。

2. 计算公式

A＝(今日最高价+今日最低价)÷2

B＝(昨日最高价+昨日最低价)÷2

C＝今日最高价-今日最低价

$EM(14) = \sum_{i=1}^{14} \{(A-B) \times C \div 今日成交额\}$（累计14天的值）

EMV＝EM(14)÷14

EMVMA（9日平均EMV）＝(EMV1+……EMV9)÷9

3. 分析EMV要领

（1）必须要配合其他指标共同分析。

（2）EMV向上穿过0轴线，考虑买进；向下穿破0线，考虑卖出。

（3）EMV向上穿过EMVMA线，可参考买入，向下穿破EMVMA线，应卖出。

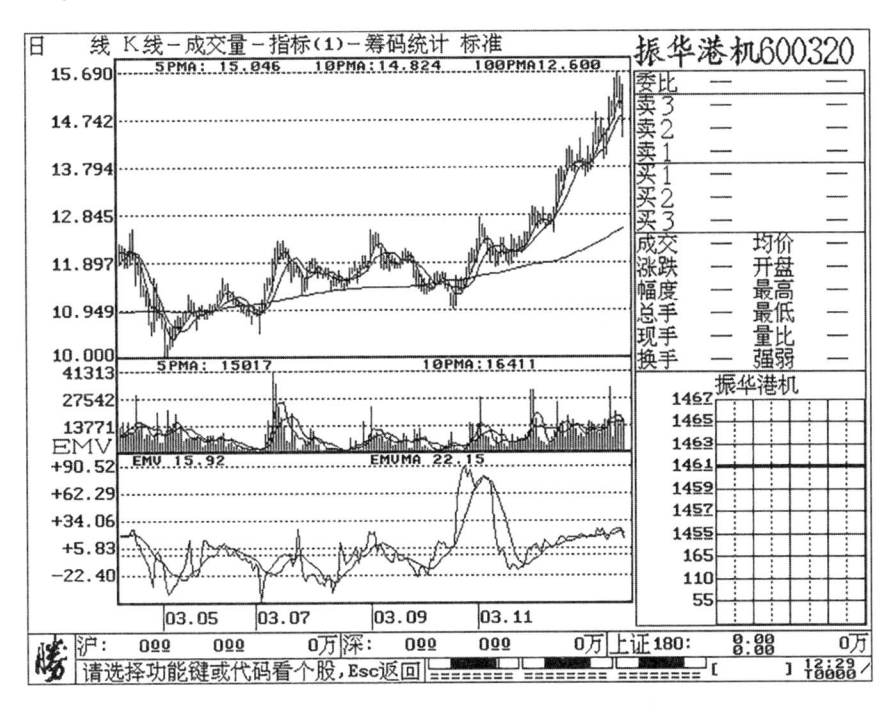

图2-37 振华港机某年EMV变化及股价情况

4. 应用之招

以振华重工（原振华港机，如图 2-37 所示）为例。

某年 7 月开始，该股价下跌，此时 EMV 屡次向下穿破 EMVMA，到 12 月初，该股的 EMV 开始上穿 EMVMA，股价为 10 元左右。此时可以考虑建仓。当年 12 月底，EMV 上穿 0 轴线，尽管次年初 EMV 下穿 0 轴线，但是很快收复失地。次年 2 月后，EMV 和 EMVMA 都上穿 0 线，到 4 月左右，股价达到 12 元左右。经过一段盘整后，第三年 1 月，股价达到 15.5 元左右。

十、买卖实力（价量变异指标 WVAD 应用之招）

1. 什么是 WVAD 指标

将当日收盘价、开盘价和成交量联系起来分析，测量买卖双方实力的指标。

2. 计算公式

A＝当日收盘价－当日开盘价

B＝当日最高价－当日最低价

V＝当日成交额

$$\text{WVAD} = \sum_{i=1}^{n} (A \div B \times V)$$

其中，n 取 6、12 或 24 天。

3. 分析 WVAD 要领

（1）必须结合其他指标共同分析。

（2）当 WVAD 指标处于上升初期时，可买进。当 WVAD 指标处于下降初期时，可考虑卖出。

（3）当 WVAD 长期为负值时，股价也处于下跌尾声，而某天出现正值，可以考虑建仓。当 WVAD 长期为正值时，股价也处于高位，而某天出现负值，可以考虑平仓。

4. 应用之招

以广州发展（原广州控股，如图 2-38 所示）为例。

某年 7 月，该股开始下跌，WVAD 到 11 月初始终为负值，股价跌到 10 元左右。11 月中旬，WVAD 开始上升，WVAD 也由负转正值，可考虑买进。此后到 2003 年初，WVAD 有下跌迹象，但始终为正值，所以可以继续持仓。到第二年1月16日，股价升到12元左右。此后到2月13日，股价继续维持高位。但WVAD开始下降，发生了背离，应考虑卖出。3月7~30日，WVAD一直为负值，股价跌到10元左右。到3月31日，WVAD由负值转为正值，有上升迹象，此时可以再次考虑建仓。到4月中旬，股价又涨到12元左右。但随后，该指标再次转为负值，此时应考虑卖出。8月，该股价跌到8元左右。此时，WVAD由负转正值，可考虑买进。第三年1月，股价再返到12元左右。

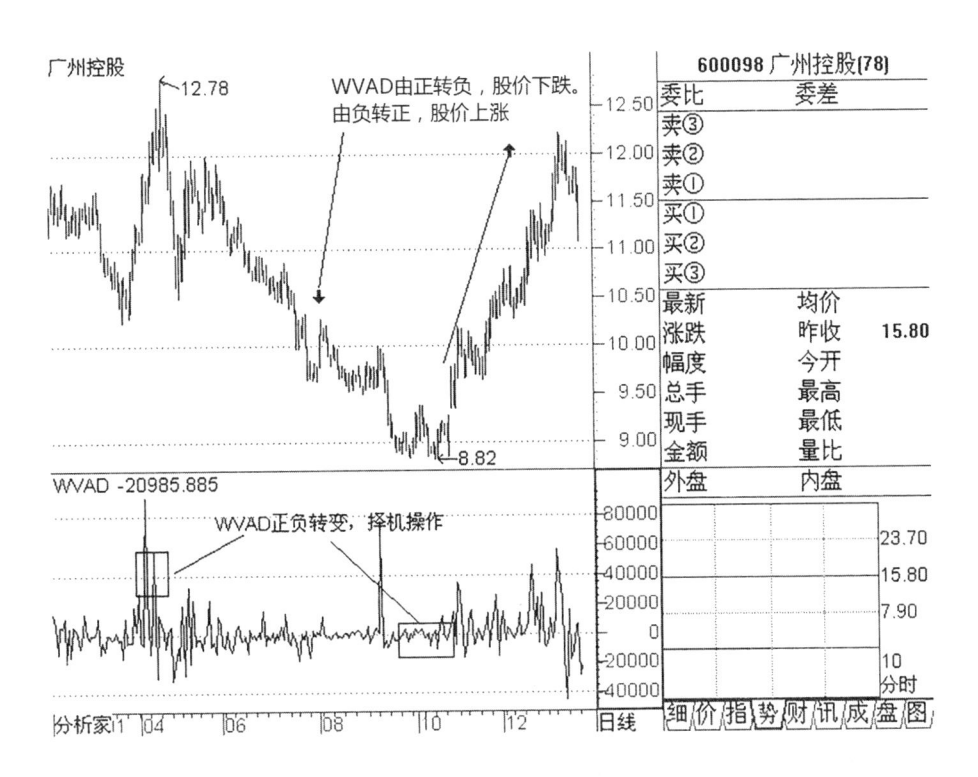

图2-38 广州控股某段时间WVAD反复变化情况

十一、收盘涨跌（强弱指标RSI应用之招）

1. 什么是RSI指标

强弱指标RSI（相对强弱指标）是利用一定时期内平均收盘涨数与平均收盘跌数的比值来反映股市走势。RSI选用天数可为5天、10天、14

天。一般来讲，天数选择短，易对起伏的股市产生动感，不易平衡长期投资的心理准备，做空做多的短期行为增多。天数选择长，对短期的投资机会不易把握。因此，参考 5 天、14 天的 RSI，是比较理想的。当然股民也可以自己设定天数。

2. 计算公式

$$RSI = 100 - \left(\frac{100}{1+RS}\right)$$

相对强度（RS）= 一定时期收盘指数涨数的平均值÷一定时期收盘指数跌数的平均值

3. 分析 RSI 要领

（1）必须配合其他技术指标共同研判股市走势。

（2）RSI 选取时间可长可短，但短时间（RSI1）应定为 5 天或 6 天，长时间（RSI2，RSI3）定为 10 天，24 天。通常短期 QRSI 值起伏大，长期 LRSI 值规律性强。

（3）RSI 值升到 70% 以上时，投资者追涨要小心，最好沽出股票。RSI 值降到 20% 以下时，投资者应调整心态，考虑适时进货。

（4）快速 QRSI 向上穿越慢速 LRSI，应买入；反之卖出。

（5）注意走势背离情况。股价升，RSI 弱，说明买力不强，应卖出。股价跌，RSI 强，说明买力强，可持仓。

4. 应用之招

以天津港（如图 2-39 所示）为例。

某年 6 月 27 日到 7 月 12 日，该股股价为 10 元左右，此时 QRSI 在 70% 以上，所以不要再追涨，观察 RSI 的变化。7 月底到 8 月中旬，QRSI 处于 40%~60% 区域，处于弱势，股价维持在 10 元左右，难以再升，此时可以考虑平仓。8 月下旬，QRSI 向下穿越 LRSI，表明股价要下跌。到 12 月左右，股价下跌到 8 元左右。12 月底，QRSI 已经跌到 30% 以下，此时可考虑建仓。次年初，QRSI 上穿 LRSI，LRSI 增大到 50% 以上，可继续持仓。到 7 月中旬，股价达到 13 元左右。之后，QRSI 向下穿越 LRSI，表明股价要下跌。到 10 月，股价下跌到 11 元左右，QRSI 已经跌到 23% 以下，此时又可考虑建仓。第三年 1 月，股价再次上到 13 元。

利用 RSI 还须注意指标与股价走势背离情况。如东软集团（600718，图略），某年 7 月初，股价到 19 元左右。之后到 7 月底，股价维持在 17 元左右，但 QRSI 和 LRSI 都在 40% 以下，此时发生了股价和 RSI 背离走势，说明上攻态势难以支撑。果然到 12 月下旬，股价跌到 13 元左右。可见，发生股价在高位背离时，投资者应获利了结。

反之，股价在上升整理中，股价略有下跌，但是强势指标未完全转弱，投资者可继续持股。如东方锅炉（已退市，原代码 600786），某年初股价由 7 元左右开始上升。到 1 月下旬，股价滞涨，但是 RSI 始终在 50% 以上，未见弱势，说明该股有潜力。另外 QRSI 始终未向下穿破 LRSI，说明可以继续持仓，到 3 月 6 日，该股最高升到 10.55 元。

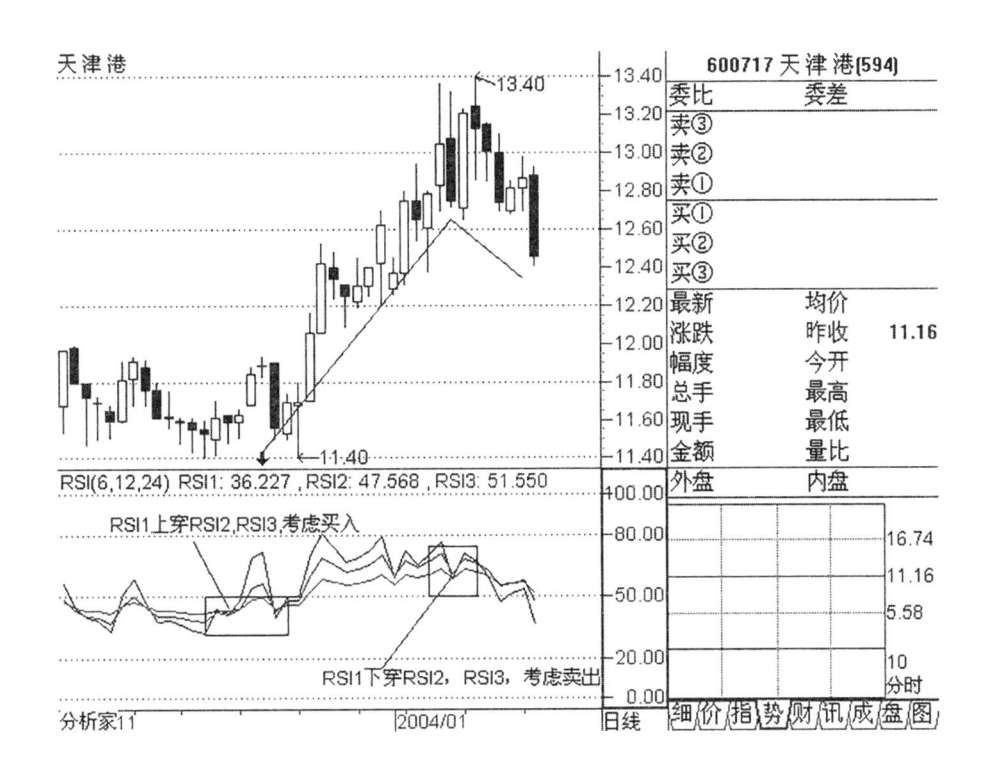

图 2-39　天津港某时期 QRSI 和 LRSI 变化情况

十二、超买超卖（威廉指标应用之招）

1. 什么是 W&R 指标

威廉指标是通过某一周期（一般定为 10 日或 14 日）内最高价与周期

内最后一天的收盘价之差再与周期内最高价和最低价之差进行比值计算，从而及时观测股市超买超卖信息的一种技术分析指标。

2. 计算公式

威廉价格指标 W&R，以股价为计算依据。

W&R=〔(14日内最高价-今日收盘价)÷(14日内最高价-14日内最低价)〕×100%

设定周期为 5 日、12 日或 14 日，此处设 14 日。您可以设一个短期 5 日的 W&R，配合 14 日的 W&R 共同分析。

3. 分析 W&R 要领

(1) 必须和其他技术指标配合研判，不得单一做决策。

(2) W&R 值的波动区间为 0～100。一般经验可证，当 W&R 值趋近 80%甚至超过 80%，说明股市处于超卖状态，有可能会见底反弹，因此，投资者可择机而动，适时买入部分股票。当 W&R 值趋近 20%甚至低过 20%，说明股市处于超买状态，有可能见顶下跌，因此，投资者不可再盲目追涨，应停止买入行为，适时卖出部分股票。

(3) 50 是 W&R 的中轴线。当 W&R 值从 80%向下穿破 50 后，说明股价处于上升阶段，一旦接近 20%以下时，应考虑卖出。反之，W&R 从 20%向上趋近 50 时，说明股价开始下跌，一旦穿过 50，接近 80%以上时，再建仓。

(4) 如果 W&R 值已进入超买区但却僵持不动时，说明行情仍有一段坚挺期，投资者可与其共同坚持，择机决定买卖行为。一旦发现 W&R 值掉头向上，应考虑卖出。同样，当 W&R 值在超卖区内僵持不动时，投资者也可适当坚持，择机而动。一旦发现 W&R 冲向下方，应考虑买入。根据经验，W&R 向上触顶四次，第四次是良好买点；向下触底四次，第四次是良好的卖点。

4. 应用之招

以均胜电子（原辽源得亨，如图 2-40 所示）为例。

某年 6 月 25 日到 7 月初，该股的 W&R3 次触底（此时不能机械理解"4 次触底"原则，一旦股势不好，应立即卖出），股价为 8.6 元左右，W&R 为 20%左右。7 月 5 日左右，W&R 开始上升，趋于 50，此时可考虑平仓。到 11 月底左右，股价已落到 5 元左右，W&R 此时连续发生 4 次触顶的情况，W&R 为 80%以上，表明进入超卖区，可建仓买入。次年初，该股开始上升。到 4 月中旬，股价升到 10 元左右。8 月，W&R 发生 4 次以上触底，考虑卖出。果然，到 11 月，股价跌到 5 元左右。此时，W&R 再次连续发生 4 次触顶的情况，W&R 为 80% 以上，表明进入超卖区，可建仓买入。12 月初，股价升到 6 元左右。

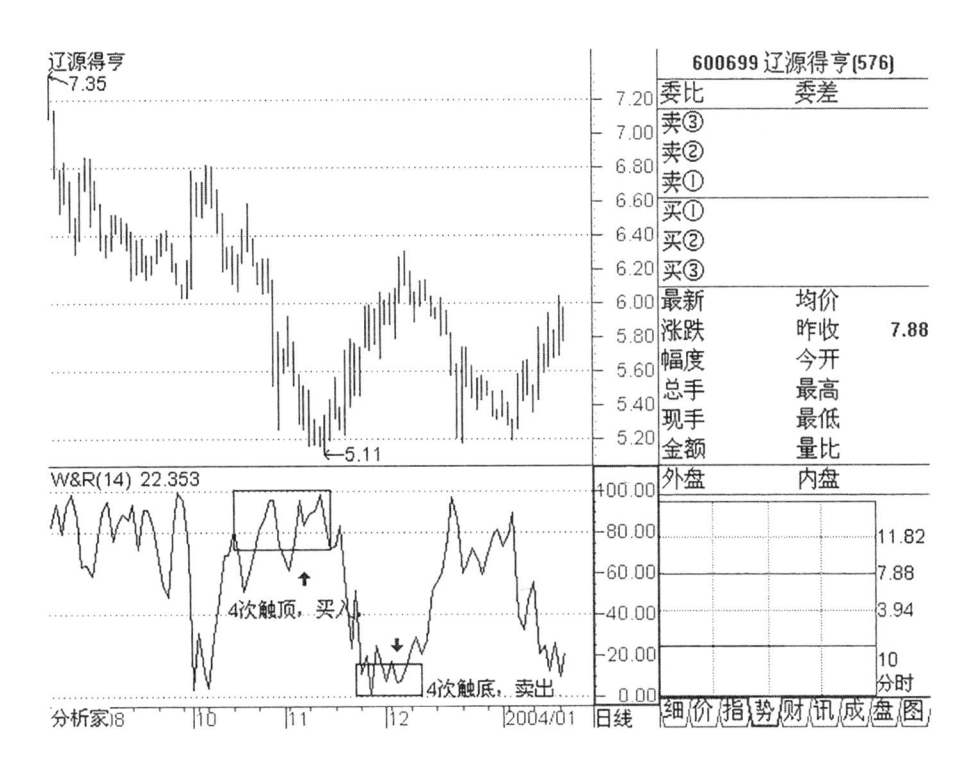

图 2-40　辽源得亨某时期 W&R 变化情况

十三、忍痛割肉（止损指标 SAR 应用之招）

1. 什么是 SAR 指标

先设一个极点值（4 日或 6 日内最高价或最低价），当极点值与行情价格交叉时，及时提醒投资者做出决策。该指标对止损有参考作用，所以叫止损指标。

2. 计算公式

如果您卖出股票后等待一段时间准备开始做多，那么将首日 SAR 确定为4天以来的最低点。此时的计算公式为：SAR（明天）= SAR(今天)+AF[今日最高股价-SAR(今天)]。

AF：调整系数，定为0.02。如果4天（或6天）中股价每天创新高或新低，AF则累进0.02，直到0.2为止。如无新高或新低，AF沿用前一天数值。

3. 分析 SAR 要领

（1）必须与其他指标共同分析。

（2）SAR 图中有红圆圈和绿圆圈。股价向上突破绿圆圈并出现红圆圈时，可考虑买入。股价向下突破红圆圈并出现绿圆圈时，可考虑卖出。

（3）红绿圆圈形成抛物线状时，再决定买或卖，刚形成1~2个圆圈时，不宜过早下结论。

4. 应用之招

以九鼎投资（原江西纸业、*ST 江纸、中江地产，如图 2-41 所示）为例。

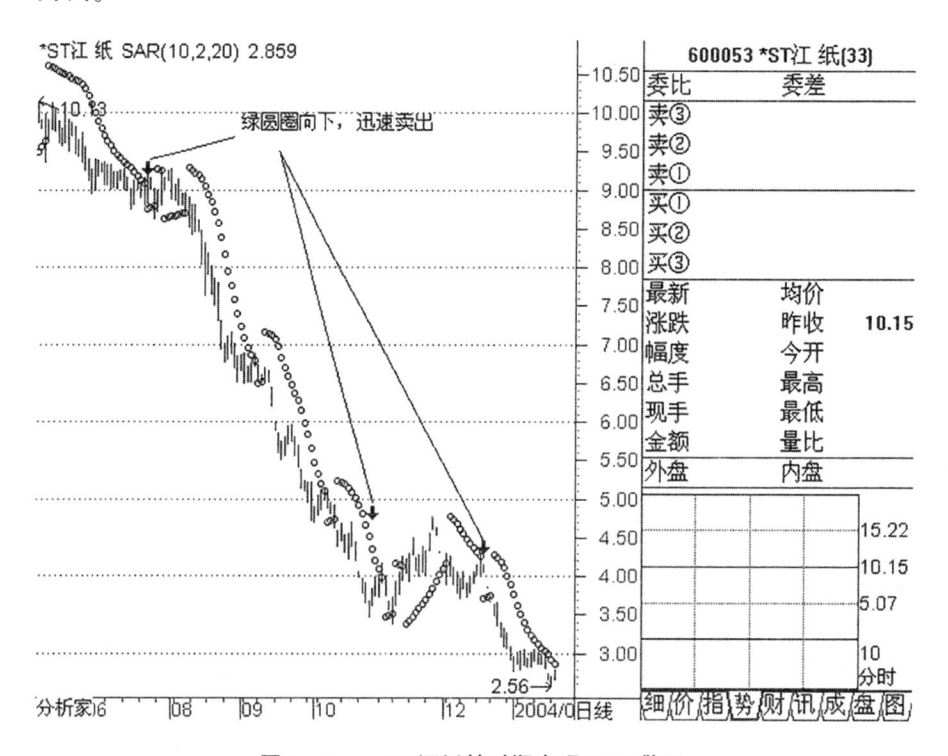

图 2-41　*ST 江纸某时期出现 SAR 警示

某年 6 月 25 日，该股股价从 9.6 元左右开始下跌。SAR 图中出现绿圆圈，此时提醒卖出股票。后来股价跌到 8 元左右。到 7 月底，出现了红圆圈，此时应该买进。股价又升到 9 元左右。之后再次出现绿圆圈，再次提醒卖出。到 11 月底，股价跌到 6 元左右。到 12 月左右，红圆圈出现，显示买盘强劲，此时可考虑建仓。次年 1~3 月，其间虽然有绿圆圈出现，但是基本以红圆圈为主，而且绿圆圈未构成抛物线状，显示可以持有，不宜轻易卖出。到 4 月中旬，股价上升到 10 元左右。此时红翻绿，绿圆圈构成抛物线状，是重要的卖出信号。果然，该股价一泻千里，到第三年 1 月，股价跌到 2.5 元左右。

由于篇幅、字数限制，此板块的其他技术指标如：随机指标 KDJ、收盘动态指标 ROC、布林线指标 BOLL、量价指标 TAPI 等十几个指标，只能忍痛删去。股民欲了解更全面、高级的招法，或者有什么问题，欢迎来信咨询，联系方式：cgjzjz@163.com。

第三大招　股市理论板块

（领会精髓　几招应用）

特别说明：股市流行许多理论和法则，对股民炒股应该有一定的参考价值。但是固定不变的理论对股市这个变幻莫测的战场来说，则有一定的局限性。尤其是国外的炒股理论和各种法则对中国股市并不完全适用，有些甚至相悖。所以，股民在运用这些炒股理论和法则时，一定要结合中国股市发展的实际，特别是变幻莫测的实际。我在介绍国外的这些炒股理论和各种法则时，紧密结合中国股市的实际，力求对您有所启示。

由于篇幅、字数限制，此板块的其他理论，如格伦维尔法则、西蒙理论、葛兰比法则、江恩理论、箍桶理论、巴菲特理论等，只能忍痛删去。股民欲了解更全面、高级的招法，或者有什么问题，欢迎来信咨询，联系方式：cgjzjz@163.com。

第一节　股市5浪：波浪理论

一、基本原理

波浪理论的发明人是美国的艾略特（1871~1948）。他将股市的上升、下降的波动趋势形象地表示为大海的波浪，一浪推一浪，潮起潮落。结合中国股市的实际，我将波浪理论加以概括，如图3-1所示。

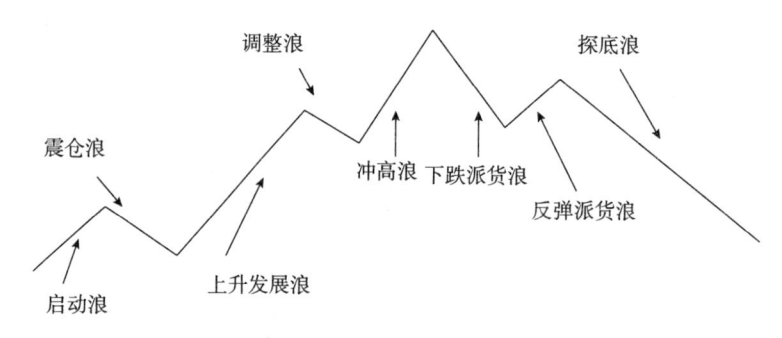

图 3-1　浪形构图

　　上升态势浪一般由五个浪形组成：第一浪为启动浪，第二浪为震仓浪，第三浪为上升发展浪，第四浪为调整浪，第五浪为冲高浪。

　　下跌态势浪一般由三浪组成：下跌派货浪（A 浪），反弹派货浪（B 浪），探底浪（C 浪）。

　　从浪形构图观察：全五浪的上升态势浪和全三浪的下跌态势浪完整构成一个股市潮起潮落的态势图。

　　浪形的运作实质和时间观察。

　　第一浪（启动浪）：一般认为是主力发动行情的试探行动，浪形平缓，持续的时间短暂，给人以短线行情的假象。

　　第二浪（震仓浪）：通过短线打压，主力目的是要将大部分股民震仓出局，以便轻装上阵。但由于主力不能丢失大量的廉价筹码（指股票），所以打压的时间也比较短暂。一般认为，第二浪的浪底不会跌穿第一浪的浪底，通常在第一浪的 38.2% 或 61.8% 区域处止跌。

　　第三浪（上升发展浪）：主力在锁定筹码的基础上，利用某些利多因素正式发动行情，以达到充分吸引踏空资金入市和调动人气的目的。一般认为，第三浪的浪形斜率增大，起码为 45 度角，而且时间持续最长，比第一浪和第五浪的时间都长。第三浪的浪顶会突破第一浪的浪顶，其浪形长度为第一浪的 1.618 倍，甚至 2.618 倍。

　　第四浪（调整浪）：经过第三浪长时间的运行，主力开始抛出部分筹码，所以股市为此下跌。一般认为，第四浪的浪底不会跌穿第一浪的浪顶，下跌的幅度为第三浪的 38.2% 或 61.8%。以此体现出第四浪的调整性。第四浪持续的时间比第二浪长，从而进一步引诱被震仓出局和观望的资金入市。

第五浪（冲高浪）：主力使出全部力量做最后的冲刺，对利空政策视为儿戏。一般认为，股指在第五浪中连续创新高，其浪顶突破第三浪顶，浪形斜率明显增大，同时主力开始大量抛出筹码，不愿在股市上久留，所以第五浪的猛烈程度大大超过第三浪，但持续时间比第三浪短，股市风险明显增大。

下跌派货浪（A浪）：这是主力出货表演的第一阶段。由于主力既定目标达到，所以开始大量抛出筹码，主力出货的意志坚决，不给散户任何机会，因此股市猛烈下跌。但由于多空的较量相当激烈，所以下跌的时间短暂。

反弹派货浪（B浪）：这是主力利用反弹再次出货的阶段。原因是：首先由于股市下跌猛烈必然反弹。其次主力为派货要借反弹之力拉高。另外是场外抱有侥幸心理的股民错误判断，认为股市下跌结束，从而盲目建仓形成了反弹的动力。最后是一部分短线客入市炒作带来了反弹资金。由于毕竟是反弹浪，所以B浪持续的时间不会很长。一般认为，B浪的反弹高度是A浪的38.2%，50%或61.8%。

探底浪（C浪）：这是主力完全出货的阶段。主力在B浪反弹中没有派货干净的话，则利用此阶段继续派货。由于主力出货的行为坚决持续，短线客也不再进场，割肉、止损的股民源源不断，什么利好的政策都无济于事，C浪中几乎没有像样的反弹，因此股市陷入了慢慢阴跌的态势中而且时间相当漫长。在这漫长的阴跌中，股市的底部也慢慢形成，主力开始慢慢搜集廉价的筹码，逐步建仓，为发动下一轮行情做长期准备。

二、误区矫正

第一，波浪理论根据大海的波浪起伏形象描述股市的升跌起落，只是为我们炒股提供一个参考工具而已。但这并不是说股市就固定不变地、机械地按波浪理论事先框定的浪形、浪顶、浪底、时间、斜率等按部就班地运作。实际运作中，股市会有其他非典型变化。因此，实际运用中绝对不能教条，一定要灵活。

第二，波浪理论的基本框架就是由上升五浪和下跌三浪构成。但是具体在每一个浪形中，可能存在子浪、孙浪、重孙浪……例如：第三浪中，可能也由上升子五浪和下跌子三浪构成。而上升子五浪和下跌子三浪中，又由孙五浪、孙三浪构成。而上升孙五浪、下跌孙三浪又由上升重孙五浪和下跌重孙三浪构成，但我认为，这种过分细化波浪的做法没有什么太大的意义，一大堆子浪、孙浪、重孙浪，反而把人搞得一头雾水，不知所措。我想，就连细化波浪的人也不一定搞得明白。作为一般股民，我认为只要大体能判断出大波浪的运行方向、态势、时间就可以了。

第三，波浪理论没有固定的划分起点的规定。但是股市波浪起点从哪计算这是一个实际问题。因为起点不同，浪形的划分会有很大的差异。我认为，从大的方面看，中国股市的大波浪起点应该从建立之年1990年算起，大体以10年为一个波浪周期。从中的方面看，中国股市的中波浪起点应该大体以一年为一个周期，从每年初算起到本年底结束。至于小的方面的小波浪，我认为没有必要计算。

三、应用之招

沪指1990~2001年运行轨迹浪最典型，因此以沪指1990~2001年运行为例。

第一浪——启动浪（试点浪）：1990年12月到1993年2月。1990年12月19日，上海成立了证券交易所。由于当时股市还处于试点阶段，所以只有8个股票上市交易，后来3年陆续增加了一些。但总体上处于试点阶段，所以叫试点浪也行。那时除少数人外，大部分人根本不知道股票是什么。所以股市处于初步启动态势，沪指只有100点左右。1992年邓小平南方谈话正式肯定股市后，1993年2月16日，沪指最高点达到1558.95点。这是沪市的第一浪——启动浪。

第二浪——震仓浪：经过第一浪（启动浪）之后，沪指1994~1995年处于第二浪——震仓浪之中。震仓的态势是沪指由1558点跌到1994年7月29日的最低点325点，中间虽然有子浪的反弹，但是沪指调整的幅度大体在61.8%，即在500点到700点之间浮动。

第三浪——上升发展浪：1996~1999年，沪市开始进入第三浪——发展浪通道。此间许多人开始进入股票市场，各种资金也在纷纷入市。《人民日报》特约评论员1996年12月16日发文章警告股市过度投机。1999年6月15日《人民日报》特约评论员发文章赞扬股市恢复性增长。《人民日报》特约评论员前后两篇文章的基调大相径庭，从而引发了上升发展浪的展开。1999年6月17日，沪指第一次突破了前9年的强大顶部1500点。6月30日，创造了沪指最高新纪录1756点。此发展浪可谓是波澜壮阔。请注意：此时不能机械理解第三浪形长度为第一浪的1.618倍，否则就会被短暂套牢。可见灵活运用波浪理论是多么重要。

第四浪——调整浪：经过波澜壮阔的发展浪后，沪市再次进入新的调整浪态势。其标志是沪指从1756点跌到1999年12月27日的最低点1341点。中间的小幅反弹无济于事。此时注意：按第四浪理论理解，第四浪的浪底一般不会跌穿第一浪的浪顶，下跌的幅度为第三浪的38.2%或61.8%。可是在实践中，第四浪的浪底1341点跌穿了第一浪的浪顶1558点。但调整的幅度没有达到38.2%或61.8%。如果机械理解第四浪理论，就会踏空股市。再次可见，灵活运用波浪理论是多么重要。

第五浪——冲高浪：2000年至2001年上半年。经过第四浪调整，沪指开始新的冲击，主力决心将第五浪——冲高浪做到极端。2000年开始，主力就启动行情。2月15日，中国股市首只100元股票出现，亿安科技股价冲上100元。2月17日，清华紫光股价也冲上100元。2月17日，沪指突破1756点，最高达到1770点。之后，沪指就开始一步一个脚印地屡创新高，直到2001年6月14日，创新高2245点后，才结束了第五浪——冲高浪的大戏。此时注意：按第五浪理论，其此浪持续时间应比第三浪短。但是股市的实践证明，第五浪整整运行了一年半。如果过早出局，就会踏空。2006~2007年跨年度牛市行情也证明了这点，由此再一次可见，灵活运用波浪理论是多么重要。

下跌派货浪（A浪）：天下没有不散的筵席。当沪指持续走牛长达一年半并创新高2245点后，下跌是必然的，由此A浪的特征开始出现。2001年7月16日，股市在一系列利空的发力下开始正式下跌。被众多股评家看好的铁底2000点、1900点、1800点、1700点、1600点相继跌穿，主力出货的意志坚决，不给散户任何机会。

反弹派货浪（B浪）：2001年10月22日，沪指最低点到1514点，1500点大关岌岌可危。10月23日，管理层宣布国有股减持暂停。股市闻讯暴涨2天，10月24日，沪指最高点到1744点。之后反弹夭折。11月8日，沪指最低到1550点，1500点再次受到威胁。11月16日，印花税降低，股市闻讯反弹到12月5日，沪指最高到1776点后就掉头向下。2002年1月14日，沪指1500点终于跌穿，最低到1484点。1月29日，沪指最低点到1339点。此时又开始小步反弹。到3月21日，沪指反弹到最高点1693点。之后再次下跌到6月6日的最低点1455点。6月24日，管理层决定彻底停止国有股减持，股市为此暴涨仅3天。6月25日，沪指最高点到1748点后就又开始下跌。B浪毕竟是反弹浪，所以每一次反弹，主力都借此出货，使反弹夭折并层层套住追反弹高点的股民。由此可见，中小股民 B 浪操作中的原则就是果断在每一次反弹中派货，这也是反弹派货浪的基本含义。

探底浪（C 浪）：B 浪之后，就是漫漫长途的 C 浪探底。6·24 行情后，股指开始以阴跌的方式下跌，此时主力则耐心吸筹，等待时机卷土重来，到 2005 年 6 月 6 日，沪指最低点跌到 998 点，标志着探底浪结束，之后掀起了 2006～2007 年新的一轮行情，沪指一举达到冲高浪 6124 点。2008～2009 年，股市走反弹派货浪后，就一直走探底浪，沪指在 2000 点附近拉锯夯实底部。2014 年下半年启动浪开始，2015 年上半年，冲高浪暴涨到 5178 点后，主力在 2015 年下半年大举出货，反弹派货浪非常明显，之后到 2017 年，股市大体在 3000 点附近游荡，等待下一次启动浪、上升浪、冲高浪的到来，然后再一次派货浪、探底浪，周而复始。

具体见沪指 1990～2001 年、2003～2013 年、2014～2017 年的五浪运行图。

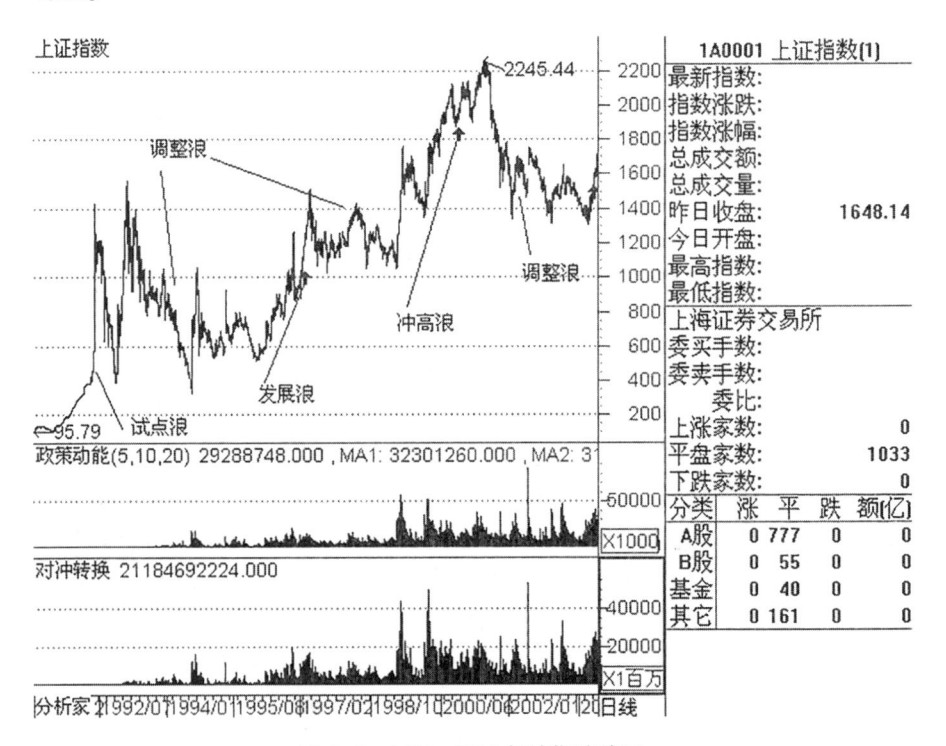

图 3-2　1990～2001 年沪指波浪图

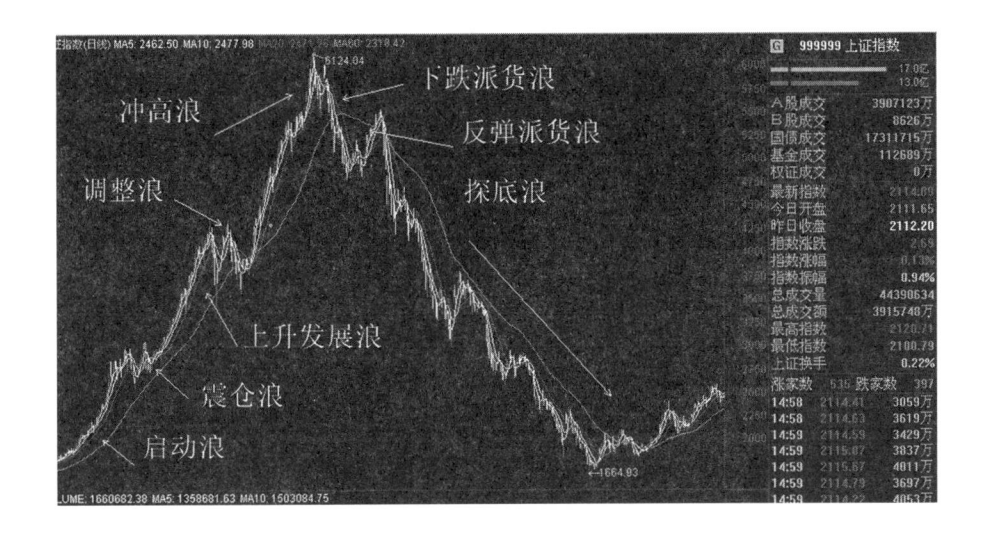

图 3-3 2003~2013 年沪指波浪图

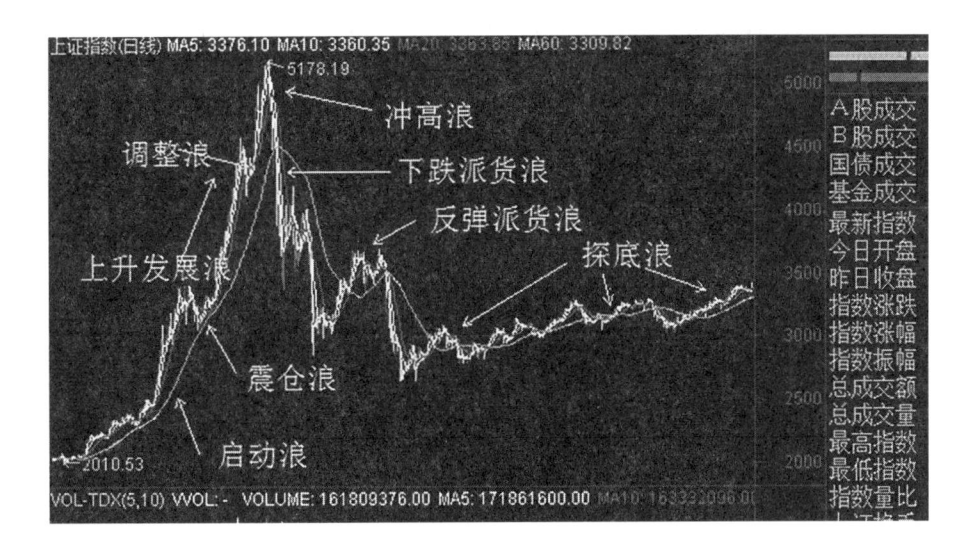

图 3-4 2014~2017 年沪指波浪图

第二节 神奇数字：黄金定律

一、神奇数字

13世纪意大利数学家斐波纳奇发现了神奇数字。即1，2，3，5，8，13，21，34，55，89，144，……这些数字的前两个之和等于后一个数字。如，1+2=3，2+3=5，……55+89=144……更神奇的是：前一个数字与后一个数字比，比率趋于0.618034；相隔两位的数字相比，比率接近0.382。

从以上计算可以看出，神奇数字基本是围绕0.382和0.618发生各种变化，从而衍生出其他的数字，如1.618、2.618、……因此，股市的涨跌也与神奇数字有一定关系。

二、黄金定律

黄金分割律认为，将任何长度的单位进行分割，0.618和0.382的神奇数字是一个分割点，在这分割点上会产生黄金效果，所以称为黄金定律。一般认为，如果股价上升或下跌到黄金分割区域，则发生变数的概率比较大。波浪理论的上升、下跌幅度，其基本计算依据就是黄金定律。

需要注意的是：黄金定律只是一个参考的工具，不能就此武断做出炒股决策，还要参考其他因素和指标。利用黄金定律计算股市上升或者下跌，肯定有误差，有时候计算结果受政策影响失去价值（如2001年国有股减持、2015年暴跌救市），所以黄金分割线的黄金定律不可能非常准确，它只是提供一个大概区域，仅供参考，不能机械理解。

三、应用之招

黄金定律用0.382和0.618为黄金系数匡算股价上升和下降幅度。当接近这一边界时，股价开始有新的动作（或上或下）。如果不设立区间，上下无限制，则股价计算无限延长。一般上升采用无限制直接计算和设置区间计算之，然后对比配合参考，而下跌一般采用设置区间计算之。如无特别说明，以下举例均为沪指点位。

黄金定律直接计算 1999 年沪指上升。

沪指 1999 年从 1047 点起步，它的上升第一目标位是 1047×0.382+1047＝1446.95 点。事实证明，1999 年 6 月 14 日，沪指 1999 年首次冲上 1400 点，以最高点报收在 1427 点，基本接近 1446.95 点（有一点误差是正常的）。

上升第二目标位是 1047×0.618+1047＝1694.05 点。6 月 25 日，沪指最高达 1705 点，接近 1694 点。

黄金定律设置区间计算 1999 年沪指上升目标位：

假如按设置区间算，则应将沪指设定在 1047～1422 点（1998 年 6 月 4 日最高点），这一区间点位是 1422-1047＝375 点。

第一目标位，375×0.382+1047＝1190.25 点；

第二目标位，375×0.618+1047＝1278.75 点；

第三目标位，375×1.382+1047＝1565.25 点。

以此类推第四目标、第 N 目标，但是实际中，如果股市不再上升了，就立即转入下跌的计算（下同，不特意计算过多目标，读者可以自行设置检验正确与否）。

黄金定律直接计算 1999 年沪指下跌。

如 1999 年最高点是 1756 点，则：

第一目标位，1756-(1756×0.382)＝1085.21 点；

第二目标位，1756-(1756×0.618)＝670.79 点。

1999 年 12 月 27 日，沪指最低点 1341.05 点，接近下跌第一目标位 1085.21 点，但没有实现下跌第二目标位 670.79 点。可见，黄金定律理论计算仅供参考。

如果没有跌穿第一目标位，跌穿第二目标位更不可能，这样股市开始上升的机会就来临了。后来证明，2000～2001 年上半年股市一直处于上升态势，一直到 2001 年 6 月 14 日，达到最高点 2245 点才结束这轮跨世纪牛市行情。

我当时就是根据这个黄金定律果断在 1999 年提出"2000 年股市涨一年，2001 年股市涨半年"的观点，事实证明基本正确。

黄金定律设置区间计算 1999 年沪指下跌。

如 1999 年沪指最高点是 1756 点，最低点是 1047 点，这一区间是 709 点。此区间下跌档级分别是：

第一目标，1756-709×0.382＝1485.16 点；

第二目标，1756-709×0.618＝1317.84 点。

事实证明，1999年7月19日，沪指收盘1479点，接近1485.16点。到12月27日，落到最低点1341点，比较接近。

黄金定律直接计算2000年沪指上升。

第一目标位，1341×0.382+1341=1853.26点。事实证明，2000年5月8日达到了1852.90点。

第二目标位，1341×0.618+1341=2169.74点。事实证明2000年8月22日到达2114.52点，仅差55.22点。

黄金定律设置区间计算2000年沪指下跌（2114-1341=773）。

第一目标位，2114-773×0.382=1818.71点。事实证明，沪指2000年9月25日最低点跌到1874点，差55点。

第二目标位，2114-773×0.618=1636.29点。

2000年股市事实证明，第一目标位基本兑现，第二目标位没有兑现，可见黄金定律计算存在一定误差。

黄金定律直接计算2001年沪指上升。

第一目标位，1874+1874×0.382=2589.87点。事实证明，2001年6月14日，沪指最高到2245点，上升的第一目标位没有达到。

第二目标位，1874+1874×0.618=3032.13点。上升的第二目标位没有兑现，其原因是当时的大环境利空（如国有股减持21个利空因素影响）。所以到2001年6月14日，沪指最高点到2245点就停止上升。所以，黄金定律计算的价位也有失误，必须要参考当时的其他各个因素，绝不能教条运用黄金定律。

黄金定律设置区间计算2001年沪指下跌（最高点2245-最低点1047=1198）。

第一目标，2245-1198×0.382=1787.36点；

第二目标，2245-1198×0.618=1504.64点。

事实证明，第一目标1787点跌破了，第二目标差一点跌破，到2002年最终跌破1500点大关。尽管当时管理层出台利好政策力保1500点大关不跌破（如当年出台降低印花税、暂停国有股减持等），但是沪指在B浪反弹中还是没戏。

2002~2004年，股市慢慢下跌，2005年6月6日，沪指跌到998点后，酝酿开始新一轮上升，黄金定律直接计算2005年、2006年、2007年沪指上升。

第一目标，998×0.382+998=1379.24 点；

第二目标，998×0.618+998=1614.76 点；

第三目标，998×1.382+998=2377.24 点；

第四目标，998×1.618+998=2612.76 点；

第五目标，998×2.382+998=3375.24 点；

……

第十一目标位：998×5.382+998=6369.24 点；

第十二目标位：998×5.618+998=6604.76 点。

6369~6605 点是一个理论计算的目标位，实际上主力在 2007 年 10 月 16 日最高点 6124 点就开始派货逃跑了。2007 年 10 月我就是这样提醒股民的，此时就应该立即转入下跌计算。

黄金定律设置区间计算 2008 年沪指下跌（2007 年最高点是 6124 点，2005 年最低点是 998 点，这一区间差是 5126 点），2008 年此区间下跌目标分别是：

第一目标，6124-5126×0.382=4165.87 点；

第二目标，6124-5126×0.618=2956.13 点；

第三目标，6124-5126×1.382=-960.13 点（不考虑正负号）。

事实证明，沪指先后跌破了第一目标、第二目标，2008 年 10 月 28 日，跌到最低点 1664.93 才止跌，虽然距离第三目标 960.13 点有差距，但当时也是比较恐怖的。可见计算的不一定准确，但是有的点位也差不多，所以股民可以参考底部大体在哪里。

2014 年 3 月 12 日，沪指最低点到 1974.38 点。此时股市低迷 6 年多了，股市新一轮启动在即。黄金定律 2015 年直接计算沪指上升：

第一目标，1974.38×0.382+1974.38=2728.59 点；

第二目标，1974.38×0.618+1974.38=3194.55 点；

第三目标，1974.38×1.382+1974.38=4702.97 点；

第四目标，1974.38×1.618+1974.38=5168.93 点；

第五目标，1974.38×2.382+1974.38=6677.35 点。

2014 年 3 月，我就据此计算 2014 年下半年到 2015 年上半年股市将要启动暴涨。事实证明，2014 年下半年到 2015 年上半年，沪指先后突破了第一目标到第四目标，6 月 12 日，达到最高点 5178.19 点，与第四目标 5168.93 点相差 9.26 点。

股民还可以以此类推第六目标、第 N 目标。我当时据此计算沪指的第九目标是突破万点，达到 10626.11 点。事实证明 2015 年第五目标没有实现，更不要说突破 1 万点的第九目标了。可见黄金定律计算沪指上升仅供参考，没有绝对的正确。

但是实际中，如果股市不再上升了，就立即结束对下一个上升目标的期待，马上清仓转而进入下跌的计算。

黄金定律设置区间计算 2015 年沪指下跌（2015 年最高点是 5178.19 点，2014 年沪指最低点是 1974.38 点这一区间差是 3203.81 点），此区间下跌目标分别是：

第一目标，$5178.19 - 3203.81 \times 0.382 = 3954.33$ 点；

第二目标，$5178.19 - 3203.81 \times 0.618 = 3198.24$ 点。

事实证明，第一目标和第二目标沪指都先后跌破。2015 年 8 月 26 日，沪指最低点跌到 2850.71 点才基本止跌。

以上可知，就中长期上升而言，可不设区域上限，短期要设。就下跌而言，不管短中长期，都以 5 年左右的大底部为区域下限计算更具有现实性。如 2001~2005 年，基本以 1000~1300 点为基点。

因为股市底部是逐步抬高的，5 年左右再修订区域下限。比如，2010~2014 年，沪指 2000 点左右基本是大底。

由此推断，2015 年下半年暴跌后，2016 年的 5 年后，2500~3200 点区间基本是大底，那么就以此计算今后股市上升空间。

将这个办法运用到个股上，原理一样，您可以寻找某个股底部和顶部，再结合大势分析，从而既赚指数又赚钱。当然一旦碰到贵州茅台这样一路上升的牛股，或者碰到欣泰电气这样一路暴跌的退市股，此方法失效。

第三节　周期因素：迪威周期理论

一、基本概念

爱德华·迪威经过对股市的深入研究，提出了周期理论。其基本内容包括八个方面。

(1) 不相关却相似。影响股市的因素很多，表面上看这些因素似乎彼此不相关，但它们都在相似的周期上运行。

(2) 同时同步。在大体相同的时间，这些相似的周期有同步的变化。

(3) 周期分类。可分为长周期（2年以上），中周期（1年），短周期（几周）。

(4) 周期叠加。两个不同周期产生的波幅（A波幅、B波幅）可以叠加构成另一个复合波幅C，从而更好地判断股价的走势。

(5) 周期比例。相邻的两个周期存在比例关系，一般认为是2。如果有一个1年的周期，则下一个短期周期应为半年，而下一个长期周期应为2年。

(6) 几乎同步。虽然不同周期的波幅不同，但是A波幅、B波幅几乎同时到达底部或顶部。

(7) 周期波幅比例。如果周期长度较长，则波幅宽度较宽。如果周期长度较短，则波幅宽度较窄。2倍是两个周期波幅的参考数，如100天的周期波幅大约是50天周期波幅的2倍。

(8) 左右转移。理论上计算，100天周期的波幅最高值应该发生在中间50天处。如果波幅最高值左移，即不到50天股价提前到达波幅最高值，则行情可能提前终结。如果波幅最高值右移，即超过50天股价未到达波幅最高值，则行情可能暂时延续。

二、应用之招

迪威周期理论总结了国外股市运行的一些规律。就中国股市看，有些理论也适合于中国股市，可以参考。

例如，不相关却相似。影响中国股市的因素也很多，涉及经济层面、政治层面、社会层面。表面上看这些因素似乎彼此不相关，但股市在相似的周期上运行都有它们的因素，特别是政治层面中的政策因素对股市影响很大。

又如，同时同步。中国股市在每年大体相同的时间，周期有同步的相似变化。而且周期分类也基本符合迪威周期，可分为长周期（2年以上），中周期（1年），短周期（几周）。另如周期波幅比例。2005年6月到2007年10月，周期长度很长，则波幅宽度达到5126点左右。而2015年周期长度较短。

再如，左右转移。中国股市按1年运行计算，周期的波幅最高值应该发生在中间6月左右处。实践证明，如果波幅最高值5月前发生，下半年则难创新高；如果波幅最高值 5 月前没有发生，则 6 月以后发生的可能性很大。如 2015 年上半年，行情就是前移；1996 年，行情就是后移。

但是迪威周期的周期叠加、周期比例、几乎同步、2 倍是两个周期波幅的参考数，在目前中国股市的实践中还没有得到更准确的验证，因此值得商榷。

第四节　与市俱进：道氏理论

一、基本概念

道氏理论由道·琼斯发明。理论基点是利用图表、图线等方法研判股市的基本趋势。其主要内容包括三个方面。

一是大部分股票的走势会随着股市大势的趋势运行，或说大部分股票的走势构成了股市大势的趋势，逆市运行的是少数，因此股票齐涨齐跌是必然的，所以炒股要紧随股市趋势而动，与市俱进，尤其是要观察大盘指数。所以道·琼斯编制了道·琼斯指数，就是为了给股民一个有关股市趋势的参考。如果趋势形成多头，您手中的股票尽管暂时没涨，也没关系，肯定有上升的时候；如果趋势形成空头，您手中的股票尽管暂时没跌，也要出局，因为逆市上升的概率很小。

二是基本趋势分为三种：长期主要趋势、中期调整趋势、短期波动趋势。

长期主要趋势：大盘全面上升（或下跌），时间起码一年以上，上升（下跌）幅度起码超过 20%。如果是处于上升趋势，此段可分为牛一期，股市处于底部，股民可以建仓；牛二期，股市开始上升，股民可以持仓；牛三期，股市猛烈暴涨，股民应该平仓。如果是处于下降趋势，此段可分为熊一期，股市有下跌预兆，股民应该迅速平仓，保住胜利果实；熊二期，股市开始下跌，股民应该保住微利，或止损、割肉出局，保存实力，不要有侥幸心理；熊三期，股市继续阴跌，但趋势缓和，还没有出局的股民最好不要再割肉了，等待新一轮的上升趋势。

中期调整趋势：贯穿于长期主要趋势之中的反向行情。因为在股市上升的过程中，总有短线客抛盘的压力，从而干扰股市运作的力度，时间大体在 2~3 个月，干扰的力度可以使股指回落 10% 左右，甚至更多。但是渡过干扰期，股市还会按既定的目标上升。所以股民在此时期，应该以持股为主。如果股市处于下跌的过程中，中期调整趋势表现在总有短线客进场抢反弹，短期缓解抛盘的压力，从而形成股市止跌的假象，时间大体在 1~2 个月，反弹可以使股指回升 10% 左右，甚至更多。但是渡过反弹期，股市还会按既定的目标下跌，所以股民在此时期应该以空仓为主。

短期波动趋势：贯穿于长期主要趋势之中的小幅波动行情。股市每天、每周、每月的波动非常正常，不管长期主要趋势是处于上升趋势阶段还是下降阶段，则短期相反波动趋势根本不理睬。

三是一旦趋势发生转变，就是大盘指数在长期的下降中突然转升，或大盘指数在长期的上升中突然转跌，股民则毫不迟疑地采取顺势而为的果断行动。

二、应用之招

结合中国股市观察，道氏理论有一定的参考价值。

例如 1996 年 10 月到 12 月 15 日的行情，1999 年 5·19 行情，2006~2007 年跨年度行情，2015 年上半年暴涨行情，股票几乎都是齐涨，大部分股票随着股市上升趋势运行，逆市运行的是少数。而 2001 年 7 月、2008 年初、2015 年下半年的下跌行情中，股票几乎都是齐跌，大部分股票随着股市下跌趋势运行，逆市运行的是少数。所以炒股要紧随股市趋势而动，尤其是要观察沪深大盘指数，与市俱进。

又如 1999 年 5·19 行情和 2006~2007 年跨年度行情，预示长期主要趋势形成，大盘全面上升的时间起码 1 年以上，上升幅度起码超过 20% 甚至更高，此时股民应该迅速进入多头角色。最终沪指分别涨到 2001 年 6 月的最高点 2245 点和 2007 年 10 月的 6124 点。

至于短期波动趋势可以忽略不计。此时股民可按牛一期、牛二期、牛三期的阶段炒作。但是 2001 年 7 月、2007 年底后以及 2015 年下半年，股市开始处于下降趋势，此段股民可按熊一期、熊二期、熊三期炒作。

再如贯穿于长期主要趋势之中的 1999 年 8 月到 12 月、2004~2005 年、2014 年的下跌调整趋势，如果过早出局，则面临踏空风险。因为在 5·19 行情和 2006~2007 年跨年度行情上升的过程中，大批短线客进行抛盘打压，从而干扰股市运作的力度，迷惑股民。如果股民没有渡过干扰期，则很遗憾。事实证明渡过干扰期，股民收获就很大，所以股民在此时期一定要持股为主。

当然，对道氏理论短期相反波动趋势根本不理睬，也存在误区。因为中国股市投机性比较强，所以热爱短线的股民为数不少。事实也证明，如果在2015年初果断进场，2015年下半年果断出场，则获利颇丰。因此，将道氏理论与中国股市特点有机结合是很重要的，如图3-5所示。

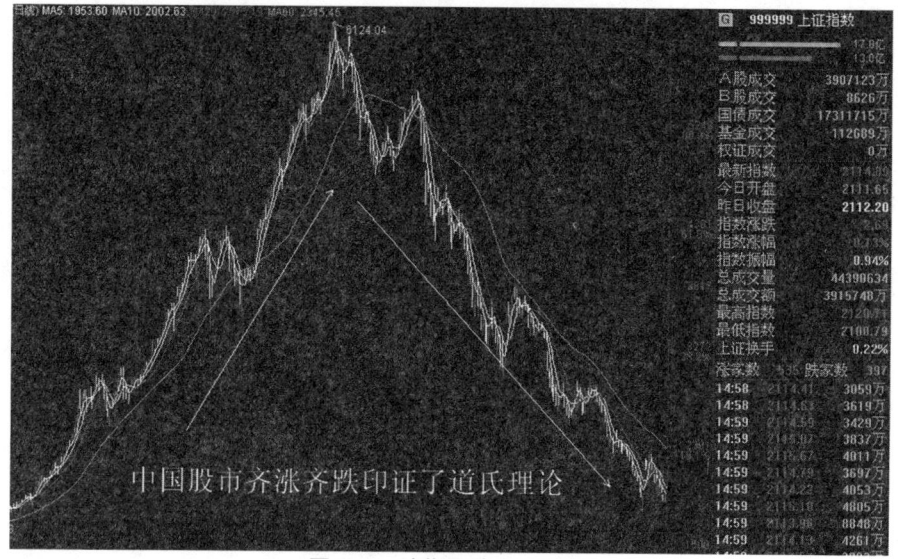

图3-5 沪指齐涨齐跌现象

第五节 人的运气：随机漫步理论

一、基本概念

当图表技术理论盛行时，1964年，奥斯本提出的随机漫步理论则成为其对立面。奥斯本认为股价是随机游走的，类似于化学分子的"布朗运动"（悬浮在液体或气体中的微粒所做的永不休止的、无秩序的运动），股价是市场对随机到来的事件信息做出的反应，股民的意志并不能主导事态的发展。随机漫步理论的主要内容有四方面。

（1）股市的信息全是公开的，例如价格、成交量、每股收益等。因此，根据理性的技术图表分析，大部分股民不会以20元去买一个价值仅为1元，甚至亏损的股票。当然也不会以低价卖出某价值高的绩优股票。而这些公开信息导致的理性分析，实际是无效的分析，结果往往事与愿违，比如ST股票最典型。

（2）影响股市变化的是那些突发的、随意的、看似不相关的信息，而且是以随机漫步，不经意方式影响股市。例如2007年5月30日，凌晨宣布上调印花税。

（3）正是如此，所以股市的未来趋势是无法预测的，图表技术的分析无法预知这些非公开的随机漫步信息。

（4）股票的价格遵循正态分布规律，即大部分股票升跌幅度很窄，为10%～30%，处于中间高端位置，暴涨100%以上和暴跌90%以上的股票是极少数，它们处于两头低端位置。所以买卖股票是否输赢很大程度上取决于人的运气。

二、应用之招

我认为随机漫步理论对中国股市目前状况有很重要的参考价值。

例如，目前的图表技术的分析基本是马后炮，谁也不敢根据图表技术的分析大胆做出股市走势的预测。股民戏说"高抛低吸"就是一例较好的讽刺。更为严重的是图表技术的分析经常导致严重错误的结论。典型的是2001年7月和2007年10月后，股市已经开始猛跌了，许多股评人根据图表技术的分析得出这只是暂时的下跌，沪指还会在2001年底以前涨到3000点，2008年底以前涨到1万点……还有股评人认为，3000点是世纪铁底，2000点是世纪银底，1800点是世纪金底。事实证明，这些严重错误的结论极大地误导了股民。

又如，根据公开的信息推断股票的价值是理性的，由此买卖双方也是理性的，股价也是理性的，不可能发生非理性的爆炒行为。那么为什么股价会暴涨暴跌呢？正是那些突发的、随意的、看似不相关的信息，而且是以随机漫步、不经意的方式，才导致股价暴涨暴跌。1996年的两次降息，1997年2月邓小平逝世和7月的香港回归，1999年5月美国轰炸中国驻南斯拉夫大使馆，2005年的全流通利空等，都直接导致了当年行情的爆发爆炒。而1996年12月16日

《人民日报》特约评论员文章、1998年的洪水灾害、2001年包括国有股减持在内的21个因素、2008年奥运会结束等，都直接导致了当年行情的暴跌。这些突发的因素，图表技术分析无法随机漫步计算。

再如，2000年亿安科技上升到100元造就了一位买了该股票就不懂也不动的老太太成为300万元的大富婆；2000年银广夏暴跌前逃顶的一位深圳股民也不是他判断得多么准确，而是他恰好准备结婚买房需要用钱，所以避免了世纪性灾难。而很多股评家却根据图表技术分析"吹嘘自己判断得如何准确"等，结果害人害己。从中国股市可见，这些极端的例子，即暴涨100%以上和暴跌90%以上的股票是极少数，买还是卖这些股票，很大程度上取决于人的运气，如图3-6所示。

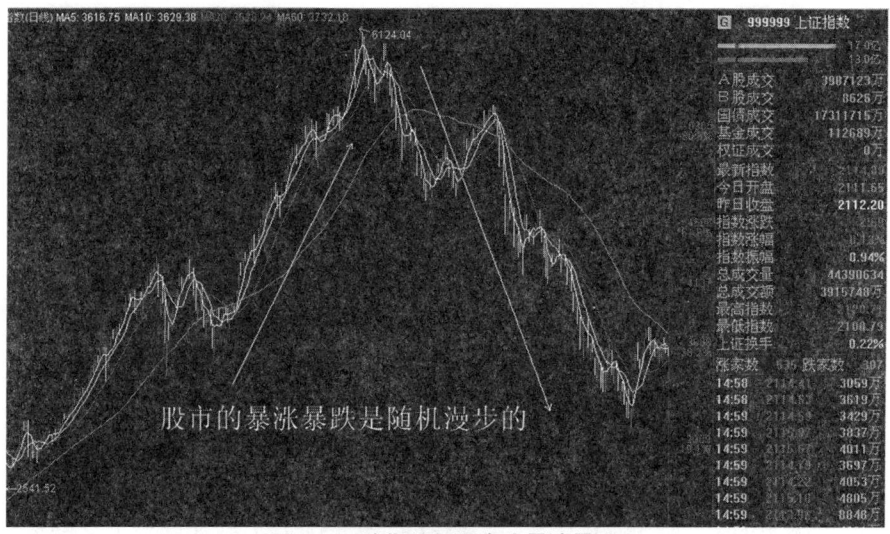

图3-6 沪指随机漫步式暴涨暴跌

第六节 否定自己：亚当理论

一、基本概念

RSI、SAR等技术指标的发明人是韦特，亚当理论的发明人也是韦特，而他自己的新发明否定自己的旧发明，即亚当理论否定了RSI、SAR等技术指标。亚当理论的基本内容是：

（1）任何技术分析都有缺陷，都无法准确预测股市。

（2）凭技术指标就能预测股市的话，掌握了RSI、SAR等技术指标工具的人就可以毫不费力地成为百万富翁。但实际上，正是掌握了RSI、SAR等技术指标工具的人，在炒股中往往亏得一塌糊涂。

（3）必须摒弃马后炮、主观的技术分析，炒股就是要顺势而行，不可逆势而行。只要是升势确立，哪怕已经升高也要坚决跟进，因为升高了还可以再升高。只要是跌势确立，哪怕亏损割肉也要坚决平仓。杜绝均价摊低越跌、越买的愚蠢买入法，因为跌深了还可以再跌深。

（4）及时认错，坚决出局。一旦判断失误，炒作方向错误，则应该认错改错，坚决果断出局，不要和股市较劲，摆出一副死猪不怕开水烫的架势。

（5）对资金要留有余额，全部投入则没有周转的空间。

二、应用之招

亚当理论对中国股市有一定的参考价值。

例如技术分析和随机漫步理论有相同之处。因为从中国股市的实践来看，技术分析无法准确预测股市，有时甚至还预测相反。随机漫步理论已经举出具体例子，这里不再重复。

又如有关股市的分析软件五花八门，而且价格不菲。如果凭技术指标分析软件就能准确掌握股市动态的话，这些软件推销人为何不用自己发明的软件去炒股？干吗出售软件让你成为股市的百万富翁？事实证明，在股市中赚钱的人，绝对不是炒股者本人，而是那些股市"边缘化的群体"，即中介机构（证券商、沪深两所、会计师事务所、律师事务所、保荐人）、卖证券书报的、卖证券分析软件的。

还如在中国炒股，更要顺势而行，与势俱进，不可逆势而行。只要是升势确立，如5·19行情启动哪怕一周，2006年行情哪怕上升半年了，也要坚决跟进。因为升高还可以再升高。但如果跌势确立，哪怕亏损割肉也要坚决平仓。如2015年下半年的行情，首先杜绝均价摊低越跌越买的愚蠢买入法，必须毫不犹豫地坚决出局。因为跌破4000点，还可以再跌破3000点。

再如 2015 年 6 月，一旦追进判断失误，则应该认错改错，坚决果断出局。而 2008 年 4000 点，3000 点抄底失败后，不要和股市较劲，及时止损是君子风度。

至于对资金是否要留有余额，我对这个亚当理论有不同看法。如果认为升势确立，就必须倾其全部资金杀入股市。

第七节　不做好友：好友理论

一、基本概念

好友理论是凯恩斯发明的。其主要内容是：经济只有越来越好，不会越来越坏，物价指数会越来越高，股市不断上升。尽管中间有反复，但长期而言，在股市上应该做好友，而不做淡友。

二、应用之招

（1）我认为，好友理论似乎不适合中国股市，国际股市上也没有足够的实践予以证明，参考意义不大。

（2）经济发展有周期性，有时经济周期进入低谷的期间还很长，因此股市不可能持续上升，持续性低迷有时也会很长。例如，中国股市 1997 年 6 月到 1999 年 5 月，2002～2005 年，2015 年下半年到 2017 年，都持续低迷达两三年。

（3）从物价指数越来越高看，倒是符合实际情况。但是"股市不断上升"的判断是错误的。

（4）如果提出"长期而言"，则长期的时间概念是多长？10 年，20 年……N 年？如果是无限长期，经济会越来越好，这谁都明白，用不着经济学家预测。因为事物总是向前发展，不可能倒退。股市也如此，沪指不可能退到 0 点。因此，"长期而言"的好友理论是废话，对现实没有任何意义。

（5）股市有升降周期，特别是在中国，基本以一个年度为周期。因此，炒作好每个年度周期波段很重要。例如，2017 年初我提出"撸起袖子加油干,卷起裤腿赶紧跑",就是做波段。所以,炒股不做好友,不做淡友,只做"波友"。

第八节 皆醉独醒:相反理论

一、基本概念

(1)相反理论非常好理解,主要内容就是大多数人都看好股市时,股市多头趋势就寿终正寝了;而大多数人都看空股市时,股市空头趋势就寿终正寝了;相反的含义就是如此简单。

(2)如何衡量大多数人的判断思维呢?如果股市处于上升高速阶段,此时几乎每人的股票账户上都赚得盘满钵溢,大多数股民兴高采烈,忘乎所以。此时的媒体、股评人更加激动,大肆渲染多头市场的发展趋势,为股民描绘一个又一个创新高的点位,连证券营业部门口的自行车都明显增多,场外资金也经不起诱惑而积极加入炒股大军,大有全民炒股的态势。这时就可以判断大多数人的思维处于什么态势。如果用相反理论思考,此时就要做到"众人皆醉我独醒",众人皆炒我走人。如果股市处于下跌高速阶段,此时几乎每人的股票账户上昨天还是赚得盘满钵溢,转瞬之间就烟消云散,严重套牢了,大多数股民垂头丧气,万念俱灰。此时的媒体、股评人更加悲观,大肆渲染空头市场的可怕发展趋势,为股民描绘一个又一个创新低的点位,证券营业部门口的自行车也明显减少,入场的资金和盈利的资金纷纷撤离,大有全民空仓的态势。这时就可以判断大多数人的思维处于什么态势。如果用相反理论思考,此时就要做到"众人皆醉我独醒",众人皆空我做多。

二、应用之招

相反理论对炒股有比较重要的参考价值。

例如,1996年10月到12月初,1997年2月到10月,沪深股市开始猛涨,当时几乎每人的股票账户上都赚得盘满钵溢,有人甚至提出"不怕套,套不怕,怕不套"的多头口号,管理层当时接连发十几个利空政策,但是大多数股民不听，结果后来套得很惨。2007年10月16日，沪指创新高6124点后，此时的媒体、股评人更加激动，大肆渲染多头市场的发展趋势，为股民描绘一个又一个创新高的点位，8000点、1万点……当时有人还高喊死了都不卖，结果2008年暴跌害了许多人。2015年上半年5178点时，大多数股民还处于多头思维中，场外资金源源不断进入股市，这时如果用相反理论思考，就要众人皆炒我走人，不玩了。

又如2013~2014年，股市处于下跌阶段，此时严重套牢的大多数股民垂头丧气，万念俱灰。而媒体、股评人更加悲观，大肆渲染空头市场的可怕创新低的点位，有人甚至提出沪指要跌到800点、400点。这时大多数人的思维处于空头悲观态势。如果用相反理论指导行动，就要做到众人皆空我做多，适当时机入市，完全可以在2015年上半年打一个漂亮的反弹仗。

第九节　谁比谁更傻：博傻理论

一、基本概念

一句话：股市博傻就是傻瓜（笨蛋）赢傻瓜（笨蛋）的游戏。为什么？股市中经常发生这种情况：当股价已经涨得很高马上就可能下跌，甚至已经开始下跌了，但是仍然有股民大胆买入，结果股价确实又上升了。这时会有人提出疑问：什么人还敢买股票？而当股价已经跌得很低马上就可能上升，甚至已经开始上升了，或是正在上升的途中，但是仍然有股民胆小怕事，急忙卖出股票。这时也会有人提出疑问：什么人还在卖股票？

这两个疑问就是博傻理论（笨蛋理论）的基础。博傻理论认为：

运用理性思维和理性工具去判断股价的升跌反而是不理性的。因为股价从1元升到2元，升幅达100%，不能再去追高了，但是股价越涨，股民就会像傻瓜一样认为股价还会涨。如果买入股票后股价确实上升了，买者必然要向其他踏空的股民炫耀他多么英明伟大。而踏空的股民此时也经不起诱惑，开始犯傻追高买入。假如这第一批"踏空的股民"犯傻追高买入股票后，股价确实又上升了，这第一批"踏空的股民"也必然要向第二批踏空的股民炫耀他们多么英明伟大。如此反复，结果一批接一批的犯傻股民越来越多，由于傻瓜买者增多，股价继续上升也是必然的。这就是为什么股价已经很高而仍有股民大胆买入股票的博傻道理。

反过来，如果股价从10元跌到8元，跌幅达20%，此时会有股民开始割肉卖出股票，结果卖出股票后股价又跌到6元，卖者必然要向其他套牢的股民炫耀他多么果断。而这些其他套牢的股民此时也抵抗不住，意志动摇，开始犯傻杀跌卖出。假如这第一批"其他套牢的股民"犯傻杀跌卖出股票后，股价确实又下跌了，这第一批"其他套牢的股民"也必然要向第二批其他还未割肉的股民炫耀他们多么果断。如此反复，结果一批接一批犯傻杀跌的股民越来越多，由于傻瓜卖者增多，股价继续下跌也是必然的。这就是为什么股价已经很低而仍有股民卖出股票的博傻道理。

博傻造就了一批又一批前仆后继的博傻者纷纷追高或纷纷杀跌。股价总有上升（下跌）的终结，结果谁更傻，谁就被在高位深度套牢（底部杀跌卖出地板价）。

经济学家凯恩斯就是博傻理论的实践者。他先后炒股、炒汇、炒期货、发现了笨蛋赢笨蛋就是博傻。凯恩斯曾举例说明：从100张照片中选出你认为最漂亮的脸，选中的有大奖，谁是最漂亮的脸，最后由大家投票来决定。于是，投票者为了得大奖，并不选自己认为最漂亮的那张脸，而是猜多数人会选谁，我就投谁一票，哪怕丑得不堪入目也无所谓。可见，投票者的行为是建立在对大众心理猜测的基础上而并非是本人的真实想法。即投票变成了猜测别人的想法，猜测对了你就能获胜，猜错了，则不能获奖。1720年，一个无名氏创建了一家莫须有的公司，无人知道这是一家什么公司，但认购时近千名笨蛋股民都认为该股价会上涨，结果蜂拥而至把大门都挤倒了。科学家牛顿也经不住诱惑，参与了博傻，结果他成了最大的笨蛋。为此他承认，我能计算出天体运行，但人们的疯狂实在难以计算。

中国股民炒股也是一样，许多中小股民整天就是猜测哪只股票有庄家，有题材，而不管股票的真实价值。因此，当ST股价暴涨时，就会出现一个个笨蛋去博傻。

二、应用之招

博傻理论对中国股民是一个启迪。

例如：2005年6月，行情沪指跌破1000点后开始发动。当时很多人认为沪指要跌到800点，但是股市却出乎意料地连续两年猛涨，一大批踏空者叫苦不迭。此时股市中非理性的博傻行为开始显现，胆大博傻的第一批股民像傻瓜一样买入了股票后股价确实上升了，于是2006年第一批博傻买者向其他踏空的股民炫耀说："撑死胆大的，饿死胆小的……谁说炒股有风险？我昨天刚买，今天就赚了一年的工资。"

于是那些踏空的股民经不起诱惑，开始犯傻追高买入，结果2007年沪指确实又上升了。于是第二批股民向另外其他踏空还在观望的股民炫耀他们多么英明伟大。当时有一句典型的博傻口号：不怕套，套不怕，怕不套。结果2007年10月后，犯傻追高的股民越来越多，最后的结果当然是惨不忍睹。类似博傻追高的情况在1996年10月初、2001年6月也发生过。

又如：2002~2005年，股市持续下跌。当沪指跌破1300点时，有股民开始割肉卖出股票，结果卖出股票后沪指确实又跌破1200点。此时卖者向其他套牢的犹豫股民炫耀他多么英勇，敢于壮士断臂。而这些第二批套牢的股民此时也抵抗不住，意志动摇，开始犯傻杀跌卖出。结果卖出股票后，沪指确实又跌破1100点。于是这批股民也向其他还未割肉的股民宣传"敢于壮士断臂"多么重要。再加上当时有人认为沪指要跌到400点，于是犯傻杀跌的股民越来越多，1000点割肉出局，结果却卖出了地板价，失去了2005年6月抄底的最好时机。类似博傻杀跌的情况在2014年底也发生过。

根据博傻理论总结中国股市的情况，我认为，如果说体育是一个比较公平的竞技游戏，运动员之间的比赛是比谁更高、更快、更强的话，则股市就是一个博傻的游戏场所，股民之间的比赛就是比谁傻、谁更傻、谁最傻。因此从这个意义上来讲，炒股的输赢不是看谁比谁聪明，而是看谁比谁更傻。当然聪明反被聪明误，傻人也有傻福气，这种运气有时候也能碰上。

第十节 买卖时机：亚力过滤理论

一、基本概念

买卖股票的时机很重要，亚历山大的过滤理论试图解决这个问题，其主要内容是：

当股票收市价上升到10%，说明多头基本将空头过滤，股民可以建仓。此后就耐心等待股票继续上升。如果股票收市价上升了5%~30%后开始下跌，跌幅达到10%，说明空头基本将多头过滤，股民可以平仓。因此10%成为买卖股票的过滤器。

二、应用之招

从相对固定的箱体看，用10%（或者20%）过滤器理论炒股可以参考。

例如：2005年的股市，沪指跌破1000点后，您可以再观察一段，一旦沪指上升10%（或者20%）左右，即1100点到1200点附近，股民就可以建仓，然后等待行情的继续上升。一旦沪指从6124点下跌10%（或者20%）左右，即5500点到4800点附近，股民就可以平仓，然后等待行情的继续下跌。

不过该理论也存在致命的缺陷。由于股市变幻莫测，如果机械地将10%（或者20%）作为过滤器，肯定会发生失误。特别是在大牛市中必将踏空，在大熊市中必将套牢。

例如：2006~2007年，沪深股市产生了一轮跨世纪牛市行情。在此大行情的过程中，经常发生上升（下跌）途中10%震荡假跌（假升）的空头（多头）陷阱。如果按亚历山大10%过滤理论，岂不发生跨世纪踏空或套牢！

又如：2015年下半年股市暴跌，沪指跌幅超过10%、20%，如果按亚历山大10%过滤理论去建仓，股民岂不发生套牢！

由于篇幅、字数限制，此板块的其他理论，如格伦维尔法则、西蒙理论、葛兰比法则、江恩理论、箍桶理论、巴菲特理论等几个理论，只能忍痛割爱删去。股民欲了解更全面、高级的招法，或者有什么问题，欢迎来信咨询，联系方式：cgjzjz@163.com。

第四大招　财务指标板块

(精确计算　几招洞察)

特别说明：上市公司每年都要按时公布年度报告、半年度报告、季度报告。但是只有2%的中小股民能够读懂上市公司披露的财务信息，80%的股民不会分析财务数据，由此造成亏损的股民比例高达47%，这说明分析财务数据的重要性。股民通过财务数据分析，可以大体了解上市公司的"身体状况"，从而制定投资还是投机的战略战术。需要提醒的是：个别上市公司提供的财务数据有水分，所以您不能全信，但又不能不信，只能参考。

第一节　主要会计报表的基本概念

按有关规定，股份公司主要披露的会计报表是资产负债表、利润表（也叫损益表）、现金流量表。现以某股份公司为例，给出这3张表的具体格式并对表中每一项目逐一解释。

一、资产负债表

资产负债表（见表4-1）是上市公司的资产、负债和股东权益三者在一定时期（年度、半年、季度）的财务状况，该表部分项目（不同企业的会计科目不一样）解释如下：

流动资产指可以在1年或者超过1年的1个营业周期内变现或者耗用

的资产，主要包括货币资金、存货、应收票据、应收账款等。

货币资金指反映企业各项货币资金（现金、银行存款、发行新股收到的募集资金等）期末余额的合计数。此公司某年12月31日的货币资金为70360386元（以下如无特指，时间均为某年12月31日）。

短期投资指各种能够随时变现并持有时间不准备超过1年（含1年）的投资，包括股票、债券、基金等有价证券。本科目期末借方余额，反映企业持有的各种股票、债券、基金等短期投资的成本。此公司无短期投资。

由于篇幅、字数限制，此资产负债表其他项目解释如应收补贴款、存货、待摊费用、长期股权投资、固定资产净值、流动负债、长期借款、股东权益、资本公积、负债及股东权益合计等，只能忍痛删去。股民欲了解其他指标，欢迎来信咨询，联系方式：cgjzjz@163.com。

表 4-1 资产负债表

某年12月31日

编制单位：某公司　　　　　　　　　　　　　　　　　　　单位：元

项　　目	当年12月31日	去年12月31日	负债及股东权益	当年12月31日	去年12月31日
流动资产：			流动负债：		
货币资金	70360386	137170385	短期借款	238900000	355000000
短期投资			应付票据		
应收票据	102393670	30167768	应付账款	99525953	94083724
应收股利			预收账款	11252608	9761522
应收利息			应付工资	269175	355019
应收账款	16357605	34611318	应付福利费	13977564	12627203
其他应收款	272430143	260693619	应付股利		
预付账款	1961801	2458850	应交税金	18514757	3005699
应收补贴款			其他应交款		
存货	60182638	80867475	其他应付款	45797642	88851571
待摊费用	7777239	9363189	预提费用	818169	335354

续表

项　　目	当年12月31日	去年12月31日	负债及股东权益	当年12月31日	去年12月31日
一年内到期长期债权投资			预计负债		
其他流动资产			一年内到期长期负债	99370281	99370281
流动资产合计	531463482	555332604	其他流动负债		
长期投资：			流动负债合计	528426149	663390373
长期股权投资	60688576	63648678	长期负债：		
长期债权投资			长期借款	80000000	80000000
长期投资合计	60688576	63648678	应付债券		
固定资产：			长期应付款		
固定资产原价	1759842197	1753665629	专项应付款		
减：累计折旧	847711903	743174474	其他长期负债		
固定资产净值	912130294	101049·1155	长期负债合计	80000000	80000000
减：固定资产减值准备			递延税项：		
固定资产净额	912130294	101049·1155	递延税款贷项		
工程物资	18457912	13129749	负债合计	608426149	743390373
在建工程	4342882	15916319	股东权益：		
固定资产清理			股本	345210000	345210000
固定资产合计	934931088	1039537223	减：已归还投资		
无形资产及其他资产：			股本净额	345210000	345210000
无形资产			资本公积	674547732	674255657
长期待摊费用			盈余公积	27377041	27377041
其他长期资产			其中：法定公益金	13688521	13688521

续表

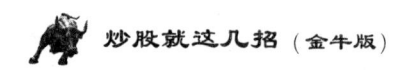

项目	当年12月31日	去年12月31日	负债及股东权益	当年12月31日	去年12月31日
无形资产及其他资产合计			未分配利润	-128477776	-131714566
递延税项：			股东权益合计	918656997	915128132
递延税款借项					
资产总计	1527083146	1658518505	负债及股东权益合计	1527083146	1658518505

资产负债表中的左、右应是相等的，即资产=负债+股东权益，如果将等式一换，即资产-负债=股东权益，从而看出所有人究竟持有企业多少净资产。

上市公司通常会公布简化的资产负债表。作为一般的股民，如果实在看不懂资产负债表，也可以看如下简化的资产负债表（见表4-2）。

表4-2 资产负债简化表

某年12月31日

编制单位：某公司　　　　　　　　　　　　　　　　　　　单位：元

项目	当年12月31日	去年12月31日
流动资产合计	531463482	555332604
非流动资产合计	995619664	1103185901
资产总计	1527083146	1658518505
流动负债合计	528426149	663390373
非流动负债合计	80000000	80000000
负债合计	608426149	743390373
股东权益合计	918656997	915128132
负债及股东权益合计	1527083146	1658518505

二、利润表

利润表是反映公司在一定期间内（每季、每年度、半年度）利润的盈亏情况。利润表（见表4-3）部分项目解释如下：

主营业务收入：反映企业经营主要业务所取得的收入总额。此公司某年主营业务收入总额为816994822元。以下无特指，均为某年的数字。

主营业务成本：反映企业经营主要业务发生的实际成本。此公司主营业务成本为739157195元。

其他业务利润：反映企业除主营业务以外取得的收入，减去所发生的相关成本、费用，以及相关税金及附加等的支出后的净额。亏损则以负号表示。此公司其他业务利润为-13777085元。

由于篇幅、字数限制，此利润表其他项目解释如营业费用、管理费用、财务费用、投资收益、营业外收入、利润总额、可供分配的利润等，只能忍痛删去。股民欲了解其他指标，欢迎来信咨询，联系方式：cgjzjz@163.com。

表4-3 利润表

某年度

编制单位：某公司　　　　　　　　　　　　　　　　　　　　　单位：元

项　　目	当年12月31日	去年12月31日
一、主营业务收入	816994822	753404229
减：主营业务成本	739157195	808419923
主营业务税金及附加	3630381	437036
二、主营业务利润	74207246	-55452730
加：其他业务利润	-1377085	-2848678
减：营业费用	1141555	1509380
管理费用	40967233	81500315
财务费用	24687141	31630327
三、营业利润	6034232	-172941430
加：投资收益	-2960102	4305669

续表

项　　目	当年12月31日	去年12月31日
补贴收入		
营业外收入	2966727	1422420
减：营业外支出	2804067	4000
四、利润总额	3236790	-167217341
减：所得税		
五、净利润	3236790	-167217341
加：年初未分配利润	-131714566	35502775
其他转入		
六、可供分配的利润	-128477776	-131714566
减：提取法定盈余公积		
提取法定公益金		
提取职工奖励及福利基金		
提取储备基金		
提取企业发展基金		
利润归还投资		
七、可供股东分配的利润	-128477776	-131714566
减：应付优先股股利		
提取任意盈余公积		
应付普通股股利		
转作资本（股本）的普通股股利		
八、未分配的利润	-128477776	-131714566

　　上市公司通常会公布简化的利润表。作为一般的股民，如果实在看不懂利润表，也可以看简化的利润表，见表4-4。

表 4-4　利润简化表

某年度

编制单位：某公司　　　　　　　　　　　　　　　　　　　单位：元

项　　目	当年 12 月 31 日	去年 12 月 31 日
营业收入	816994822	753404229
营业利润	6034232	−172941430
利润总额	3236790	−167217341
净利润	3236790	−167217341
可供股东分配的利润	−128477776	−131714566
未分配的利润	−128477776	−131714566

三、现金流量表

该表反映企业一定会计期间有关现金和现金等价物的流入和流出的信息。该表（见表 4-5）现金是指企业库存现金以及可以随时用于支付的存款，包括现金、可以随时用于支付的银行存款和其他货币资金。该现金等价物是指企业持有的期限短、流动性强、易于转换为已知金额现金、价值变动很小的投资（除特别说明外，以下所指的现金均含现金等价物）。该现金流量是指现金的流入和流出。现金流量表一般应按现金的流入和流出总额反映。下面对现金流量表的部分项目解释。

销售商品、提供劳务收到的现金：反映企业销售商品、提供劳务实际收到的现金。其包括销售收入和应向购买者收取的增值税额。此公司该现金为 909126125 元。

收到的税费返还：反映企业收到返还的各种税费，如增值税、消费税、营业税、所得税、教育费附加返还等。此公司该现金为 0。

收到的其他与经营活动有关的现金：反映企业除以上项目外，收到的其他与经营活动有关的现金流入，如罚款收入等。此公司该现金为 0。

由于篇幅、字数限制，此表其他项目解释如现金流入、现金流出、支付给职工以及为职工支付的现金、取得投资收益所收到的现金等，只能忍痛删去。股民欲了解其他指标，欢迎来信咨询，联系方式：cgjzjz@163.com。

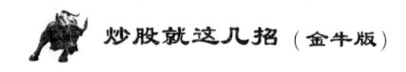

表4-5 现金流量表
某年度

编制单位：某公司　　　　　　　　　　　　　　　　　　　　单位：元

项　目	金　额
一、经营活动产生的现金流量：	
销售商品、提供劳务收到的现金	909126125
收到的税费返还	
收到的其他与经营活动有关的现金	
现金流入小计	909126125
购买商品、接受劳务支付的现金	691184107
支付给职工以及为职工支付的现金	70607993
支付的各项税费	40080936
支付的其他与经营活动有关的现金	2996421
现金流出小计	804869457
经营活动产生的现金流量净额	104256668
二、投资活动产生的现金流量：	
收回投资所收到的现金	
取得投资收益所收到的现金	
处置固定资产、无形资产和其他长期资产所收回的现金净额	4289988
收到的其他与投资活动有关的现金	1580600
现金流入小计	5870588
购建固定资产、无形资产和其他长期资产所支付的现金	29337960
投资所支付的现金	
支付的其他与投资活动有关的现金	
关联公司借款支付的现金	714369
现金流出小计	30052329
投资活动产生的现金流量净额	-24181741
三、筹资活动产生的现金流量：	
吸收投资所收到的现金	
借款所收到的现金	328900000

续表

项　目	金　额
收到的其他与筹资活动有关的现金	
现金流入小计	328900000
偿还债务所支付的现金	450000000
分配股利、利润或偿付利息所支付的现金	25784926
支付的其他与筹资活动有关的现金	
现金流出小计	475784926
筹资活动产生的现金流量净额	-146884926
四、汇率变动对现金的影响	
五、现金及现金等价物净增加额	-66809999

上市公司通常会公布简化的现金流量表。作为一般的股民，如果实在看不懂现金流量表，也可以看简化的现金流量表，见表4-6。

表4-6　现金流量简化表
某年度

编制单位：某公司　　　　　　　　　　　　　　　　　　　　单位：元

项　目	金　额
经营活动产生的现金流量净额	104256668
投资活动产生的现金流量净额	-24181741
筹资活动产生的现金流量净额	-146884926
现金及现金等价物净增加额	-66809999

第二节　主要财务指标计算

一、每股收益

每股收益是指每一普通股份究竟含有多少净利润（税后利润）。上市公司在定期报告中应同时披露基本每股收益（取代全面摊薄法）和稀释每股收益。理论上认为，该指标越高越好。其计算公式是：

基本每股收益＝P0÷S

S＝S0+S1+Si×Mi÷M0-Sj×Mj÷M0-Sk

其中：P0 为归属于公司普通股股东的净利润或扣除非经常性损益后归属于普通股股东的净利润；S 为发行在外的普通股加权平均数；S0 为期初股份总数；S1 为报告期因公积金转增股本或股票股利分配等增加股份数；Si 为报告期因发行新股或债转股等增加股份数；Sj 为报告期因回购等减少股份数；Sk 为报告期缩股数；M0 报告期月份数；Mi 为增加股份次月起至报告期期末的累计月数；Mj 为减少股份次月起至报告期期末的累计月数。

将上表中有关数字（下同）代入每股收益计算公式，基本每股收益＝3236790÷345210000＝0.009（元）。

计算显示：该公司每股收益属于一般。

二、每股净资产

每股净资产是指每一普通股份究竟含有多少股东权益或说含有多少公司的净资产。理论上认为，该指标越高越好。其计算公式是：

每股净资产＝年度末股东权益÷年度末总股本。

将上表中有关数字代入每股净资产计算公式，每股净资产＝918656997÷345210000＝2.66（元）。

计算显示：该公司每股净资产还可以。

三、每股经营活动产生的现金流量净额

每股经营活动产生的现金流量净额是指每一普通股份究竟含有多少因经营活动产生的现金流量净额。理论上认为，该指标越高越好。其计算公式是：

每股经营活动产生的现金流量净额＝经营活动产生的现金流量净额÷年度末普通股股份总数。

将上表中有关数字代入每股经营活动产生的现金流量净额计算公式，每股经营活动产生的现金流量净额＝104256668÷345210000＝0.302（元）。

计算显示：该公司每股经营活动产生的现金流量净额属于一般。

由于篇幅、字数限制，此板块其他指标计算如净资产收益率、资产负债比率、流动比率、速动比率等，只能忍痛割爱删去。股民欲了解其他指

标,欢迎来信咨询,联系方式:cgjzjz@163.com。

第三节 主要财务指标分析

对上市公司财务指标计算后,只是获得了单一的数字,要决定投资,则必须对其指标进行分析。俗话说,"不怕不识货,就怕货比货",通过指标对比分析,买卖股票就有了一定感觉。下面以前面计算的(简称 A 公司)财务指标为例说明(B 公司为假设),见表 4-7。

表 4-7 财务指标对比分析表

项 目	A 公司	B 公司	比较
基本每股收益(元/股)	0.009	0.101	B 公司好
每股净资产(元/股)	2.66	2.68	B 公司好
每股经营活动产生的现金流量净额(元/股)	0.302	0.320	B 公司好
平均净资产收益率(ROE)	0.35%	0.37%	B 公司好
资产负债率	39.84%	35.13%	B 公司好
流动比率	100.57%	100.63%	B 公司好
速动比率	89.19%	80.54%	A 公司好
存货周转率(次/年)	12.34	10.96	A 公司好
应收账款周转率(次/年)	0.37	0.40	B 公司好
净利率	0.396%	0.411%	B 公司好
资本报酬率	0.21%	0.18%	A 公司好
净值报酬率	0.35%	0.25%	A 公司好
净利润现金保障率	32.21 倍	30.14 倍	A 公司好
流动负债现金流量比率	19.73%	18.23%	A 公司好
全部负债现金流量比率	17.14%	17.94%	B 公司好
每股现金流量比率	30.20%	25.92%	A 公司好
营业利润率	0.74%	0.75%	B 公司好

一、纵向分析法

纵向分析法就是在财务指标计算的基础上，从时间的、历史的角度对指标进行互相对比的分析方法。主要看本期实际（计划）完成的财务指标与上期实际（计划）完成的财务指标的情况。例如，A 公司的存货周转天数本期实际是 29 天，B 公司的存货周转天数本期实际是 32 天，而假如计划都是规定 60 天，一般认为，就可以初步考虑购买 A 公司的股票。

又如，A 公司的净利润现金保障率为 32.21 倍，每百元净利润中，现金保障高达 3220 元，比较理想。因此，就可以初步考虑购买 A 公司的股票。

再如，A 公司净资产收益率为 0.35%，计算显示 A 公司净资产收益率不理想。所以，还要进一步斟酌购买 A 公司的股票。

二、横向分析法

横向分析法就是在财务指标计算的基础上，从空间、行业的角度对指标进行互相对比的分析方法。例如，A 公司本年度各项财务指标都超额完成了计划数，同时与上期和历史最好时期的财务指标对比，也是令人满意的。但与 B 公司的每股收益、每股净资产、营业利润率等相比，也有差距。而 A 公司的资本报酬率、速动比率比较好。所以，买哪个公司的股票，需要更综合考虑。

三、交叉分析法

交叉分析法（立体分析法）是在纵向分析法和横向分析法的基础上，从交叉、立体的角度出发，由浅入深、由低级到高级的一种分析方法。这种方法虽然复杂，但它弥补了"各自为政"分析方法所带来的偏差，给购买股票以正确的思路。

例如，A 公司的各项主要财务指标与 B 公司的各项主要财务指标横向对比较为逊色。但如果进行纵向对比分析，发现 A 公司的各项财务指标是逐年上升的，而 B 公司的各项财务指标是停滞不前或缓慢上升的，甚至有下降的兆头。因此，股票购买者应保持清醒头脑，适当考虑一下是否要"改换门庭"，购买 A 公司的股票。

当我们面面俱到地分析了公司的各项指标后，是否意味着买卖股票就万无一失了？绝对不是！中国的股市往往不按常规出牌，例如，2013年10月30日晚间，伊利股份（600887）发布2013年前三季度业绩公告显示，前三季度净利润同比增长82.7%，业绩不错；而当晚天利高新（600399）公布2013年前三季度主要财务指标显示，其基本每股收益亏损了0.0444元，可是第二天开盘，业绩好的伊利股份股票跌停，天利高新股票却涨停，这样的业绩和股价的反差表现，令人无语。

所以，在中国买卖股票，还需要天时、地利、人和、运气，这是后话。

由于篇幅、字数限制，此板块的部分精彩招法和其他内容，只能忍痛删去。股民欲了解其他指标和分析方法，欢迎来信咨询，联系方式：cgjzjz@163.com。

第五大招　识破打败庄家板块

（与庄共舞　几招制胜）

股市无庄，股价不活，庄家招法再变，它最终也要将股价拉高。因此，熟悉庄家老招法，再时刻观察庄家的新招法，一定能看出破绽，然后紧紧跟上，与庄共舞，您一定能享受坐庄轿的喜悦和胜利果实。

由于篇幅、字数限制，此板块的部分打败庄家的精彩招法，例如，长线金"阴"；庄家给您画饼充饥、庄家逃命；我也逃命、跟庄失败；及时止损、跟庄到底；别一跟到"底"、巧用 K 线；克敌制胜打败庄家等，只能忍痛割爱删去。股民欲了解更全面、高级的招法，或者有什么问题，欢迎来信咨询，联系方式：cgjzjz@163.com。

第一节　吸拉派落：庄家运作四部曲

狡猾的庄家的确很多，但不管他们如何操作，其手法万变不离其宗，即必须经过吸筹、拉升、派货、回落（简称吸拉派落）的四部曲全过程。

第一曲：吸筹。庄家要拉抬某个股票，必须控制足够的筹码。简单地说，假设有 1000 股流通的股份，如果庄家控制了 900 股，剩下的 100 股，庄家无论是拉抬还是打压，都是举手之劳的轻易之事。所以，庄家要跳的第一曲就是吸筹。

例如，曾经被查处的康达尔，其庄家从 1998 年 12 月至 2001 年 1 月 3 年期间，先后在北京、上海、浙江等 120 余家营业部吸筹。类似的案例还有亿安科技、银广夏等，可见庄家吸筹的手法和过程。

第二曲：拉升。庄家控制筹码完成后，就开始跳第二曲，进入拉升阶段。此特征是庄家开始制造朦胧的题材概念，个别股评人配合吹多，大肆忽悠：中科创业要启动什么高科技工程，亿安科技要制造什么电动车，银广夏要制造什么萃取项目等，实际上是子虚乌有，纯属骗人。但总体股价表现出稳步上行特点。

第三曲：派货。拉升阶段完成后，庄家一定要落袋为安。此阶段的特征是：利用大盘总体上升趋势，以迅雷不及掩耳之势，立即狂拉股价，给人以轰轰烈烈、极度兴奋的感觉，以吸引跟风股民。例如，中科创业股价到2000年2月21日，股价已升到84元。然后庄家就开始不客气地大举派货，股价开始连续10个跌停。

第四曲：回落。派货阶段结束后，股价开始回落是自然的。此阶段的特征是：庄家采取震荡出货法，慢慢出尽手中筹码，甚至不惜血本坚决出货。

由上分析可知，庄家操作股票的基本程序就是这四部曲，见中科创业（原康达尔），如图5-1所示。我们只要踏准庄家的四部舞曲节奏，任何庄家操纵的股票都会成为我们的战利品、掘金库。

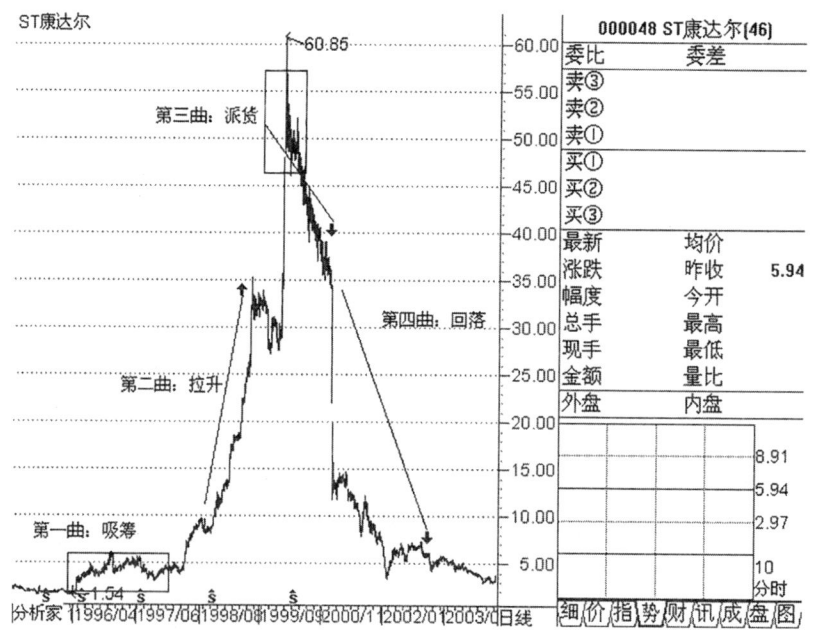

图5-1 ST康达尔的庄家操作过程

第二节 成交量突变：迅速跟庄

股市里流行一句话：成交量无法骗人。这句话有一定道理。庄家在吸筹、拉高、出货等阶段，可以用多种技术指标蒙骗股民，但成交量是无法蒙骗人的。这里股友们要掌握一个基本原则，即一只股票横盘半年、1年、2年左右，突然有一天成交量放大，您必须及时杀进，因为庄家很可能开始行动了。中小股民今后在此方面一定注意股价在底部放量甚至震荡都要敢于进货，耐心持股。**而股价一旦大幅拉升，成交量放大受阻，甚至股价破位，则必须走人，千万不能久留。**

例如，京东方（如图5-2所示）2015年下半年暴跌后，一直在筑底，2016年11月，成交量突然放大，显然庄家开始行动，2017年该股票态势不错。因此根据这个经验，一旦发现长期横盘中有放量的个股，可考虑跟上，与庄共舞。

但提醒股民的是：股市有涨有跌，庄家迟早出货也是必然的，庄舞不可能总跳个没完没了，我们需要提前撤出舞池，把那首舞会中常见的最后一曲"友谊地久天长"的美妙旋律留给庄家。

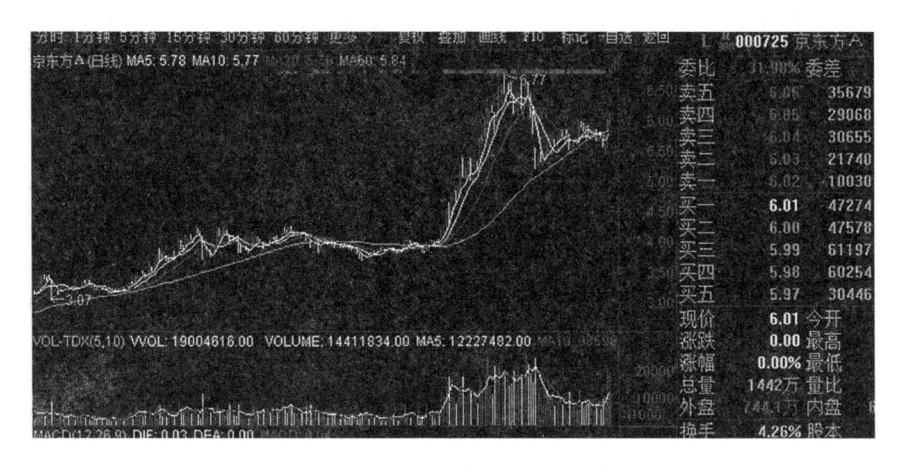

图5-2 京东方成交量突然放大

第三节　创百元：强悍庄家风险跟庄

亿安科技（代码 000008，原深锦兴，现在更名为神州高铁）在 1999 年及 2000 年给人的印象最深。这只不起眼的"破股"居然能连闯 80 元、90 元、100 元大关，**还使深圳一位 70 岁的老太太成了拥有股市资产 300 万元的富翁。**

自 1998 年 10 月 5 日起，广东欣盛投资顾问有限公司、广东中百投资顾问有限公司、广东百源投资顾问有限公司、广东金易投资顾问有限公司违反证券法规，集中资金，利用 627 个个人股票账户及 3 个法人股票账户，大量买入深锦兴（亿安科技）股票。持仓量从 1998 年 10 月 5 日的 53 万股，占流通股的 1.52%，增加到最高时 2000 年 1 月 12 日的 3001 万股，占流通股的 85%。可见庄家吸筹的手法和过程。

2000 年一开市，该股庄家终于显示强悍的特征，在公众面前毫不畏惧，你不跟，我就天天拉，使股价连连翻跟头，使众人目瞪口呆。2000 年 2 月 15 日上午 10 点 15 分，亿安科技终于站到 100 元上方；2 月 17 日再创 126.31 元新高，首次创了中国股市绝对价位最高（同一天，清华紫光也冲到 106.57 元）。2000 年 3 月以后，该股再无行情，再加上管理层对其查处，股价连连跌停并被 ST，如图 5-3 所示。

通过亿安科技的坐庄过程，我们要认识到，今后遇到这样凶悍的庄家要改变思维，不以股价翻番为准，而应以庄家实力为准，关键时刻敢于追高，这才能取得跟庄的胜利。但跟凶悍的庄家一定要有高风险的准备，对股评也要保持清醒，比如亿安科技，2000 年 2 月 15 日该股价超过 100 元，此时，有个别股评人士大吹"还有 100 多只股票价格将超过 100 元，甚至 200 元"，搅得股市乌烟瘴气。

另外，亿安科技一突破 100 元，应该果断出货，再跟下去，很危险，到时跑不了，损失极大。而且我一贯不提倡长期持有这种所谓的绩优股，您看股价已跌到 3 元了，那位曾身价 300 万元没有卖掉该股的老太太岂不可惜！

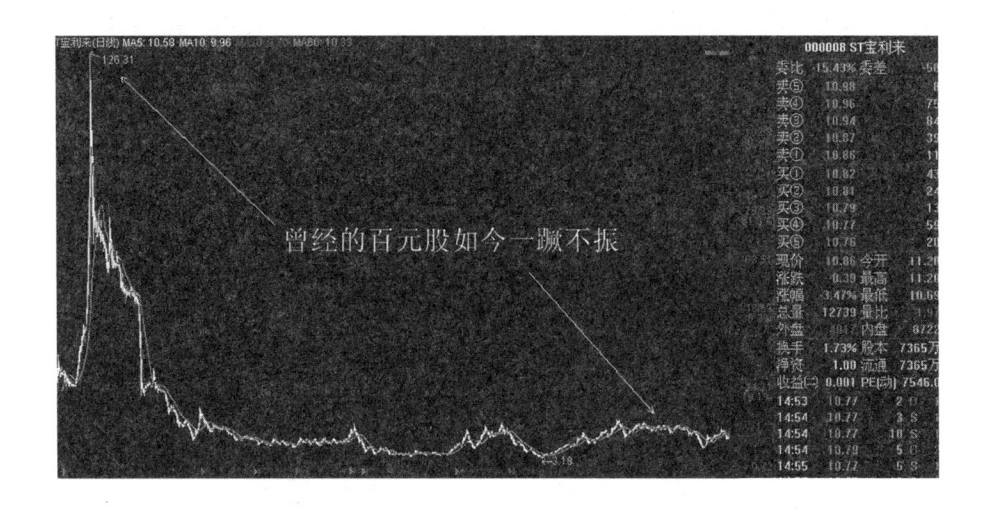

图 5-3　ST 宝利来股份一泻千里

第四节　题材概念：借题发挥与庄共舞

要达到某种目的就要有个理由，通常讲就是借题发挥。股市炒作也必须要有题材概念，否则主力不可能"无题发挥"。中国股市每天、每周、每月都存在各种短期即时、个性化的题材概念炒作。如 2013 年 2 月 17 日，李双江的儿子李天一犯法，与其不相干的 ST 天一股票被殃及，有人炒作什么 "ST 天一" 股票，使该股票连续暴跌。

正是题材极大地挑逗了庄家借题发挥，舞枪弄剑的兴趣。所以投资者跟庄，先分析哪类题材潜力大，能引起庄家兴趣，然后及时介入（或半途介入），与庄家、题材共舞。

例如，2013 年大牛股之一外高桥（如图 5-4 所示）就是典型的利用上海自贸区概念题材大幅拉高的股票。难道这个公司有什么变化吗？在外高桥股价暴涨的时候，有网友去外高桥公司做了实地探访，回来在微博披露，那个地方什么都没有改变，但股票还是匪夷所思地涨停收盘。所以，后来外高桥暴跌也就不足为奇了。

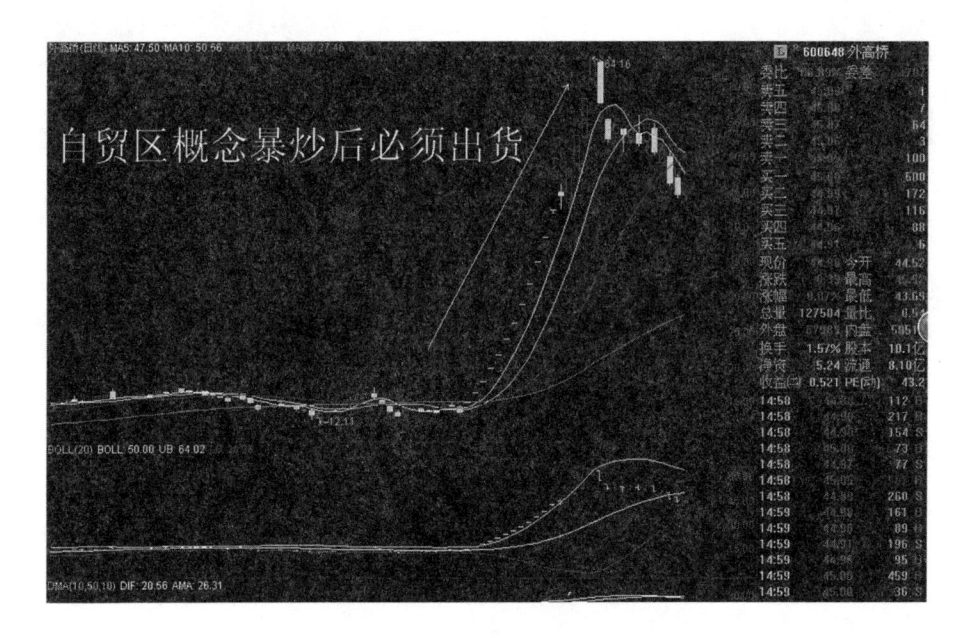

图5-4 外高桥被借题炒作股价暴涨

第五节　寂寞是金：稳坐庄轿

　　炒股中，看着别人的股票猛涨，而自己买的股票一直横盘不涨的确叫人着急。但炒股中获利最大的往往是能耐住寂寞的人。如果您要跟住庄家，就必须学会另一招，即耐住寂寞，忍受煎熬，这样才能稳坐庄轿。

　　最典型的就是贵州茅台（如图5-5所示），庄家见其业绩优良，长期驻守该股，其股价从2001年8月上市之初的34元左右一直涨到2017年的700元以上，复权价已经达到了1500元。

　　其坐庄手法是：

　　（1）耐心洗盘。贵州茅台上市之初并不理想，其股价在30元左右，但是庄家在此过程中不断洗筹，可见庄家的洗盘耐心。

　　（2）突破阻力位。50元、100元是贵州茅台的阻力位，一旦突破，股价就一发不可收拾，继续挺进。

（3）温和拉升。贵州茅台从来没有暴涨过，涨停几乎很少，虽然有时会有下跌震荡，但是主力就是以温和手法拉升股价。2015年下半年该股票也暴跌，但是之后不断创新高，2017年达到700元，让人目瞪口呆。而且我当时预测，贵州茅台2018年或者2019年，很可能上升到1000元。

从这只个股拉升过程可见股民要跟庄学习，学什么？学耐心，学大胆。突破200元，高了，不敢买；突破300元，高了，不敢买；突破500元，高了，不敢买；700元还是不敢买……茅台酒越来越高，到了1000元，一览众山小，你就傻眼了。

以上启示：如果您不是个急性的人，又没时间天天看盘，那您就记住，寂寞是金，稳坐庄轿这一绝招吧！

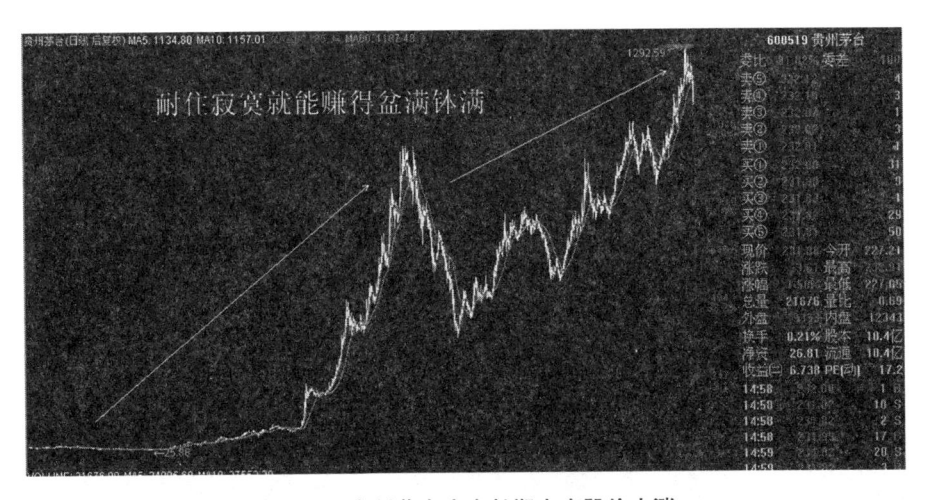

图 5-5　贵州茅台庄家长期坐庄股价大涨

第六节　含权股：庄家必炒

庄家特别愿意上市公司采用送、转股分红形式，因为能够送、转股的上市公司一般是小盘公司，这类上市公司送、转股前，庄家便于炒作。从中国股市历年的几个大牛股中可以看出，它们基本上都是高比例送转股炒作后形成的牛股。股史上有深发展、四川长虹，就是多次送、转股后炒作为牛股的。这几年中小企业板和创业板更是庄家炒作的对象，因为中小企业板和创业板股票股本都很小，上市不久就送转股，提供了炒作的题材。如卫星石化（002648）、东宝生物（300239）等。

在含权股的背后必含实力雄厚的庄家，而含权股浮出水面前，庄家采取强行突击战术，不给中小股民跟进的机会。大比例送、转股炒作后，庄家就迅速撤退，一大批跟风盘悲惨套牢。

至于含权股是走出填权行情，还是贴权行情，这需要结合当时情况分析。一般而言，除权后在短时间内要走出填权行情不太容易。庄家要顶着巨大的含权盘压力及翻番资金炒作的压力，风险极大，因此一般庄家不愿在短期冒险，而尽快出逃是其主要目的。所以，含权股除权后在较长时间内走出的是横盘甚至是贴权行情。

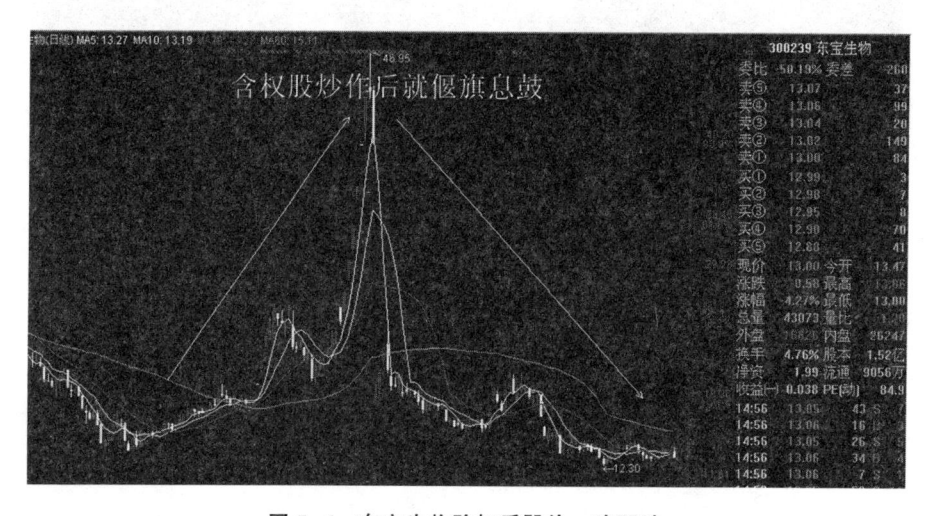

图 5-6　东宝生物除权后股价一路下跌

不过注意：情况是千变万化的，没有统一不变的规律。如果当时大盘的背景好，人气极旺，庄家就会借此再冒风险，在短期内迅速填权，争取再赚一轮钱。如1999年5·19行情前，英豪科教（原名四川广华）4月10送6转4并除权，2004年中储股份（600787）每10股转增10股并完成除权，如果没有5·19行情，如果没有大牛市，它们短期内很难填权。但刚一除权，就分别赶上5·19行情和2006年行情的大爆发，他们都胜利完成填权，庄家满载而归，成为"含双权"庄家。

第五大招　识破打败庄家板块

个别股票如爱尔眼科在 2017 年 5 月每 10 股派 1.8 元送 5 股，2018 年也完成了填权。但是 2015 年下半年暴跌后股市一直不景气，许多送转股的股票到 2017 年一蹶不振，因为整个大环境不好。

因此，投资者在预测除权后的股价走势时，重点不在含权股本身，而是在当时的"大盘庄家"本身了。这招很重要。

总体上讲，庄家会利用人们的心理，佯装上次填补除权缺口。但是大多数股票往往一除权，就陷入了低迷状态，一直横盘，而庄家在此拉拉打打，逐渐出货。中小股民想在短期内在赚个填权收益不容易，因此最好出货，再寻找新的含权股。

以上经典案例告诫我们，成熟的股民不要太贪，非赚个盆满钵溢没必要，也不可能，我们要在接近填权价之前派货，顺利出局是关键。例如，英豪科教在完成双涨权后（如图 5-7 所示）庄家一路派货。该公司后来更名为华圣科技，因为连续 3 年亏损，于 2005 年 8 月 5 日起退市了，如果中小股民不及时出货，就悲惨了。

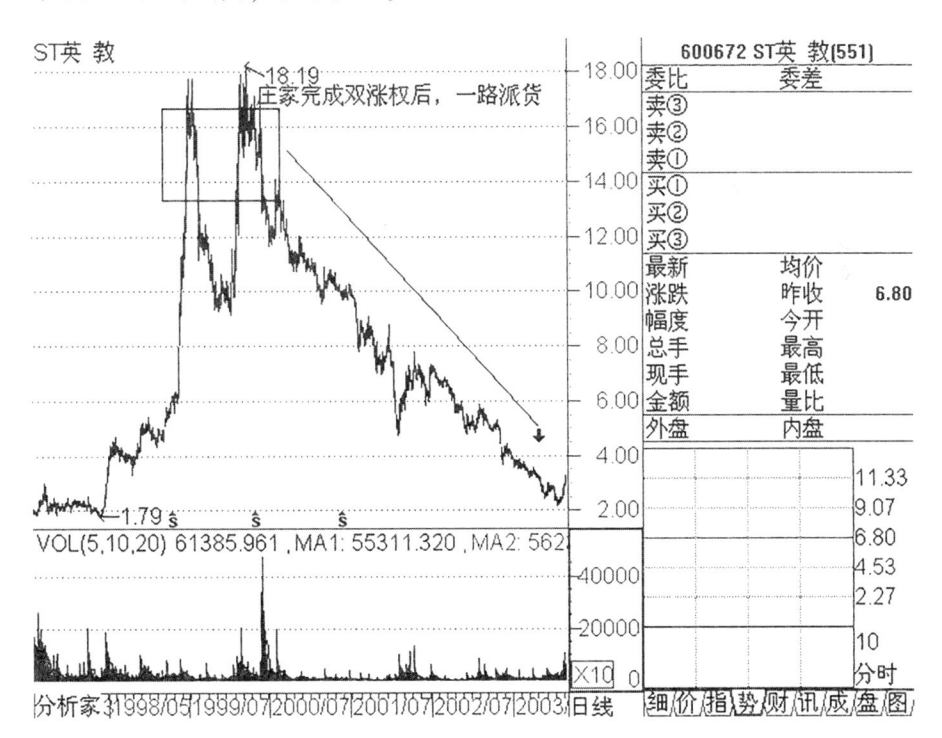

图 5-7　英豪科教在完成双涨权后庄家一路派货

第七节　绩优股炒作：庄家金蝉脱壳

　　理论上讲，投资绩优股是对的，主流媒体极力弘扬绩优理念，管理层也积极为绩优理念制定多种有利政策，因此股民一入市就受到要买绩优股的理念教育。可是中国股市实践与理论有些脱节，如2000年有关专家、机构评出的绩优50强、潜力50强等类似的上市公司，其中不乏银广夏、东方电子、蓝田股份以及最早的四川长虹、深发展等。但问题也恰恰出在它们身上，**而且股民套牢在"绩优股"身上的最多，最惨**。这正是庄家充分利用绩优股概念炒作，然后金蝉脱壳的结果。

　　综观中国股市20多年发展的历程，每当大市下跌时，这些绩优股并没有表现出绩优股的风范，也没体现出什么跌时看质的情况，有些绩优股跌得比ST股还惨，根本就不抗跌。而每年上涨排名前十名的股票90%是ST股，几乎不见绩优股的身影（见作者每年出版的《中国股市发展报告》），这使股民不断对绩优股究竟优在哪里表示怀疑。

　　此外，95%的绩优股都很少分红，即使分一次红，跟着再来一次配股或增发，或先配股、增发之后再分红。总之，羊毛出在羊身上，绩优股本身是一毛不拔，这叫什么绩优股？如果再碰上那些地雷股、弄虚作假的绩优股，如银广夏等，股民岂不更遭殃？

　　所以，我始终认为，类似贵州茅台这样的绩优股凤毛麟角，目前中国没有真正的绩优股，而且今年是绩优，明年就亏损的例子比比皆是（深康佳、湖北兴化、银广夏等），如图5-8所示。因此，树立正确的绩优理念是应该的，但在实际炒作中，应与庄家一样适当投机，有效保护自己，抢先一步金蝉脱壳更重要，绝不上庄家炒作绩优股的大当。

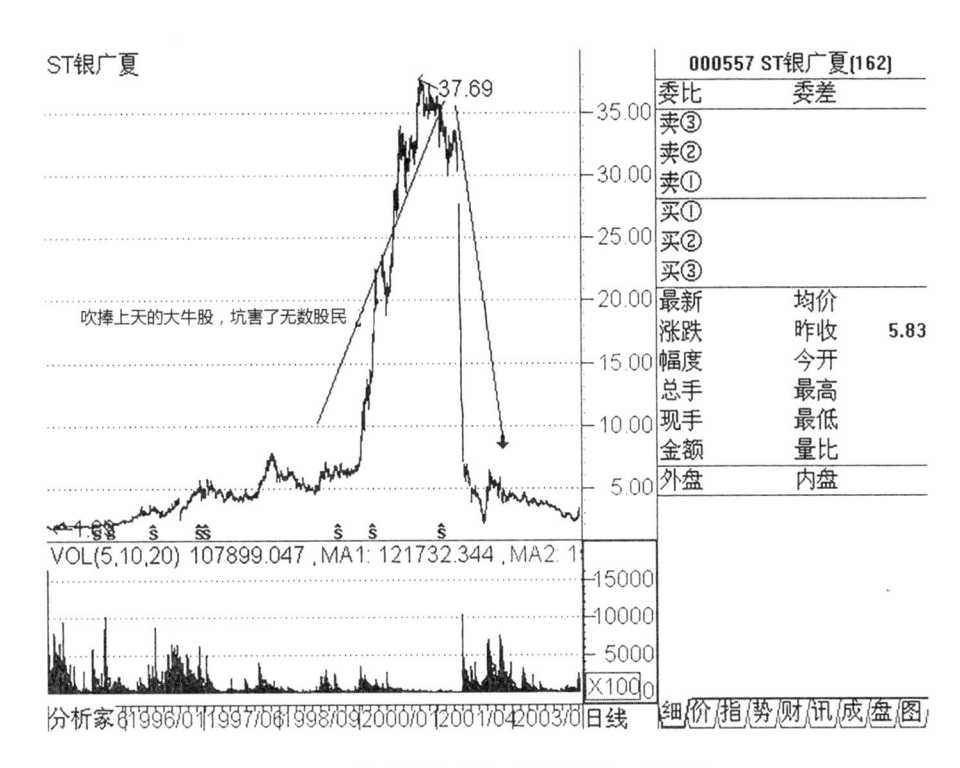

图 5-8　银广夏被炒作到高价之后一泻千里

第八节　庄家派货：不抢反弹

中国股市建立以来，出现了许多问题股，比如亿安科技、银广夏、中科创业等。这些股票的价位都被主力大肆炒高，而一旦利空袭来则一路猛跌，如股价 100 元以上的亿安科技和被吹捧为 21 世纪大牛股的银广夏更是如此。面对这种庄家大举派货、一路猛跌的股票是否参与反弹呢？我认为还是冷眼旁观为好。

以银广夏（如图 5-9 所示）为例，该股头上光环被捅破后，股价从 2001 年 8 月 2 日的收盘价 30.79 元开始猛跌。到 9 月 25 日已跌了 11 个跌停板，9 月 27 日到 10 月 9 日，每个交易日中都处于跌停、打开、再跌停、再打开的反复循环中,成交量极大。从此可以断定许多人在纷纷抢反弹,赌博一把。

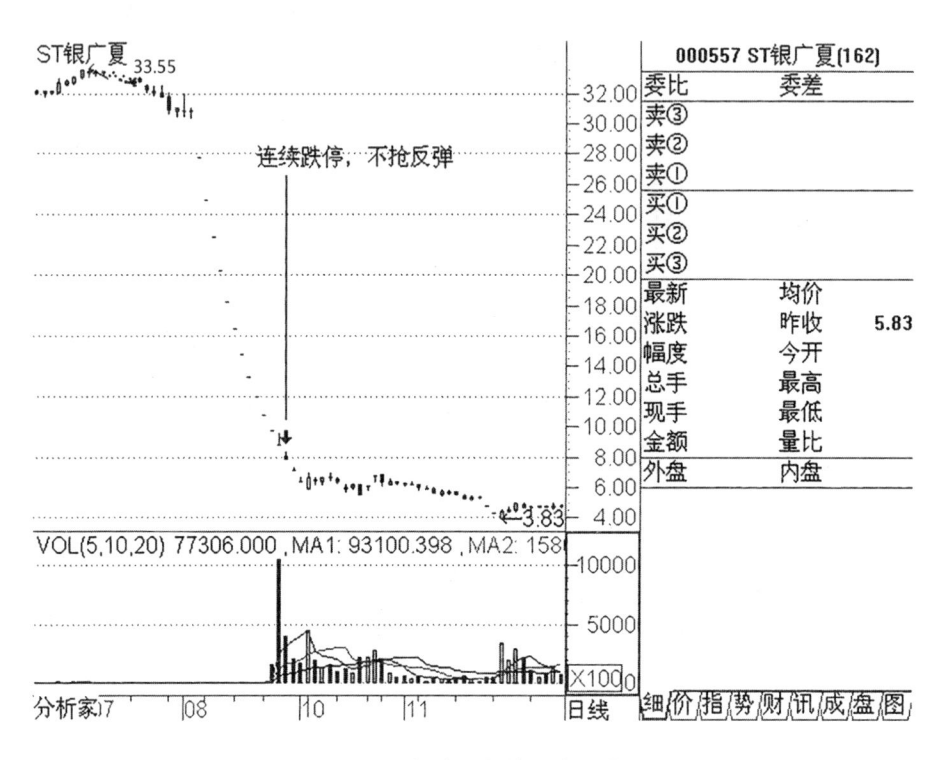

图 5-9 银广夏股价一路猛跌

主力都血淋淋地割肉出局,我们中小股民短期最好不要参与这种问题股的反弹,除非确有实质性的利好(如资产重组)。

而且一般这种高价股一旦跌下来,就很难再现往日的高价,如中国船舶炒高到 300 元,亿安科技和用友软件炒高到 100 元,四川长虹炒高到 66 元,现在这些股价都跌得惨不忍睹,要想再涨到它们原来的股价,可能永远没戏了,何况这些问题股呢?

因此,对问题股的策略:一是不参与抢反弹;二是实在忍不住诱惑,抱着赌一把的心态去参与,就要做好牺牲的准备;三是头天抢进去,比如银广夏,2001 年 9 月 26 日 8.7 元您抢进去,过二三天没实质性反弹动静,则必须割肉出来,否则越套越深;四是一旦抢进去,第二天有微利,也必须及时了结,绝不可恋战。

可谓：上涨踏空不会死人，下跌抢反弹会死在里面。

由于篇幅、字数限制，此板块的部分打败庄家的精彩招法，例如：长线金"阴"，庄家给您画饼充饥、庄家逃命，我也逃命、跟庄失败，及时止损、跟庄到底，别一跟到"底"、巧用K线，克敌制胜打败庄家等，只能忍痛删去。股民欲了解更全面、高级的招法，或者有什么问题，欢迎来信咨询，联系方式：cgjzjz@163.com。

第六大招　李几招经典技巧板块

（实战真经　几招奉献）

买卖股票是一个实践性极强的博弈，是一个积累经验、教训的反思活动，是一个积累技巧、增长学问的活动。可以说，**炒股学问无止境，炒到老，学到老**。因此，我在这个板块中费了一定的精力，设法总结出经典操作技巧绝招供朋友们参考。

我总结归纳的这些经典之招可能对您终身炒股有用。因为操作要领是共性共存的，一些特殊的、新兴的技巧之招我也会在实践中随时捕捉、总结，并在每年新版的书中奉献，这样招上加招，助您在股市中立于不败之地。

第一节　综合因素分析之招

我在有关章节为读者介绍了上市公司财务指标的分析方法。但是仅凭此就买卖股票是绝对不行的，因为买卖股票是一个难度相当大的智慧工程。说它难度大，因为股票走势绝不是几个财务指标所决定的。典型的是一些亏损的公司，财务指标非常垃圾，其股票走势却令人出乎意料，因为影响股票走势的还有许多其他因素。

一、政治因素

政治是经济的集中反映，并反作用于经济的发展，会使股票市场发生波动。其主要包括：最高领导层的动态、外交形势、国际局势、局部战争；国内外领导人的讲话、行踪、更替、风格、背景，证券管理层的领导风格、更替背景等。政治因素变化对股市影响很大。例如，2008年美国发生金融危机后，整个世界的股市都产生了很大的震动，美国的道·琼斯指数、中国的股指都出现暴跌。

二、政策性因素

中国股市由于特殊原因，受政策的影响比较大，被股民称为政策市。但我认为，政策市也没什么不好。无论如何，"涨也政策，跌也政策"是股市的特点（外国也一样）。具体因素的政策，主要有：国家颁布的各种法律、法规、条例、规则及其出台背景，国务院各个机构的变化整合，主流媒体动向，内幕信息证实等。政策的变化对股市的影响更直接，如1996年12月16日，《人民日报》特约评论员文章《正确认识当前股票市场》，就导致股市猛烈暴跌3天。2004年2月1日，温家宝同志主导国务院颁布了《关于推进资本市场改革开放和稳定发展的若干意见》，股市由此展开了2006~2007年的牛市行情，沪指从998点冲到6124点。2007年5月30日印花税上调又造成股市5·30暴跌。2015年上半年暴涨，下半年暴跌，可见政策对股市的影响多么巨大。

三、经济因素

股市是经济发展的晴雨表，其因素包括：国民生产总值、固定资产投资、物价、就业、外贸、金融、保险、企业效益、能源、旅游、科技、内幕经济信息的分析等。股市和经济有更紧密的联系。1933年，世界资本主义经济发生了严重的危机，因此股票价格猛跌。2008年，国务院启动了4万亿元的投资，2009年股市反弹。

四、股市层面因素

股市层面的因素主要包括：有关证券的各种法律、法规、条例、规则、指引的出台背景，上市公司动向和经济效益，主力内幕运作动向和力度，资金内幕流动的意愿，多空人气的内部较量，其他内幕的信息证实和分析等。这些因素会对股市产生直接的影响，如2001年6月14日颁布的有关国有股减持的利空消息导致股市暴跌。

五、利率因素

银行利率最直接影响股票价格的变化。一般认为，股市的升跌和银行利率高低有密切关系。提高银行利率就会导致资金流入银行，流出股市，所以股市就会相应做出下跌的反应，下调利率则产生相反的结果。如我国1993年连续两次提高利率，导致当时股市下跌。而1996~2002年连续8次下调利率，股市为此走出了大牛市。2010~2011年，央行5次上调利率，股市为此下跌。

不过也有特殊的情况。如2007年央行6次上调利率，股市不跌反涨；2008年，央行5次下调利率，股市不涨反跌。这也说明了中国股市的炒作特点。

由于篇幅、字数限制，此节的其他几个因素，如供求因素、心理因素、投机因素、综合因素分析法等，只能忍痛删去。股民欲了解更全面、高级的招法，或者有什么问题，欢迎来信咨询，联系方式：cgjzjz@163.com。

第二节　政策面分析之招

中国股市被股民称为政策市，所以我们必须了解政策面。要充分利用政策面的信息，把握每一次机会。

但是许多股民朋友在炒股当中最困惑的是：第一，不知道政策；第二，即使知道了，也不了解更深入的背景；第三，面对洋洋千字、万字的大政策无法理解或理解中不得要领；第四，无法正确判断政策对股市的支持走向；第五，不能有机地将大政策的作用与盘体技术的作用力结合，而导致相反的操作结果等。政策面是软性的，难以定量分析，但任何事物发展都有内在规律可循，因此政策面分析也有技巧。

一、事先预兆

1994年7月前，股市连连走低，管理层反复强调"国有股不会流通"及"三不"政策，这就是个信号，表明政府不会任股指下滑。7月底，两市跌到最低点，8月初，管理层出台利好举措，即暂停新股发行及研究"三大政策",结果股市持续3个月暴涨。细心者则在7月前即可分析得知这一利好政策,因为那时管理层的频频安民告示未奏效,所以肯定会有新举措出台。

1995年5·18行情。1995年4月起,国债期货市场屡次犯规,管理层先后处理了几宗违规机构(如"341"事件、"319"事件,上证所暂停国债期货交易4天),这也是事先有预兆。但国债期货多头攻势不减,结果万国公司发生严重犯规。5月17日,管理层暂停国债期货交易,引发了5·18股市大行情。如果期货投资者对证监会接连处罚违规者有警觉,就应洗手不干,避免损失。而股民应分析股市正处于低点,处理期货市场违规,不久将有期货资金流进股市,所以5·18之前应大胆建仓,坐等获利。

1996年12·16行情。1996年10月以后,管理层先后有10多次预警,《人民日报》11月15日也发特约评论员文章,这预示着政策面迟早有一个大动作。洞察到这点,就不会遭到12·16回调所造成的损失。

2001年下半年的暴跌。例如,2001年6月14日国务院公开发布了有关国有股减持的暂行办法。但之后一个月,即7月13日前股市却没有下跌,但是这个再明确不过的政策信号您必须充分理解。否则损失惨重。

2004年2月1日,国务院出台了关于推进资本市场改革开放和稳定发展的若干意见后,必须认识到,这是一个特大利好,结果发生了2006年和2007年的牛市行情。

可见,任何一项政策出台,不是突然的,事先都有预兆,这是分析政策面重要的技巧。

二、文字讲究

1994年9月初,市场传言1995年实行T+1交易制度。当时有两大证券报纸回答说:"近期取消T+0属市场传言,迄今为止,未收到上级有关取消T+0的文件指示。"事实证明,1995年初正式实行了T+1。但两大证券报纸用词讲究,也不能说明其错,因为讲了"近期""迄今为止""未收到"等词。股民应从这些词中分析:"近期"不代表以后;"迄今为止"不代表1995年;"未收到"不代表以后收到。因为这些词不是肯定语,且弹性很大,您如果分析透彻,就能够理解这些词的真正含义,提前做好准备。

三、全方位学习

由于证券类报纸版面有限,不可能全部刊登各类政治、经济、社会等多方面信息，这需要股民通过自身努力，多听多看各种媒体的有关报道。股民应把花在计算机前分析技术指标的时间拿出一半用于分析政策面，灵活理解微妙的变化，深刻领会并分析哪些个股会受政策刺激上升或下降，掌握分析政策面的技巧，您才能胜多输少。如2013年的上海自贸区板块和2017年雄安新区板块暴涨，就是最好的证明。

当然任何股票在高位时，或说题材出尽后，您必须平仓走人，上海自贸区板块和雄安新区板块后来都出现了暴跌。

第三节　李几招经典技巧之招

一、分析软信息之招

一般来讲，确认无误的信息为硬信息。如2004年2月1日，国务院出台了《关于推进资本市场改革开放和稳定发展的若干意见》，2007年5月30日印花税上调等，类似这样的信息是硬信息，股民不必分析，只需根据此信息调整自己的投资行为。

但股市中还流传着大量没被证实、有待研究、未形成正式公告的信息，此类信息即为软信息。例如，1994年8月，媒体报道有关股市的"三大政策"。但仔细推敲这条信息，发现管理层根本就没有发布"三大政策"这样的硬信息。当时真正的硬信息就是两条，即中国证监会在媒体上正式公告"……暂停各种新股的发行和上市……"和对今后新上市公司实行辅导期制度。而所谓"三大政策"就是："发展投资共同基金，培育机构投资者；试办中外合资的基金管理公司，逐步地吸引外国基金投入国内A股市场；有选择地对资信和管理好的证券机构进行融资，活跃交易，稳定股市。"这完全是一条软信息，是以会议报道形式披露的，不是正式的公告。是"与会同志共商，认为……"的，至于能否得到权威部门的认可，是个未知数。而且这三条只是个"措施"，不是正式政策。直到1998年，发展投资共同基金，培育机构投资者，试办中外合资的基金管理公司，逐步吸引外国基金投入国内A股市场，有选择地对资信和管理好的证券机构进行融资才有了眉目。

另外，谣言和传言，一字之差，却有本质区别。谣言乃是凭空捏造纯属骗人的话，不应相信。如股市一跌，就传出几大利空云云。而传言不是凭空捏造但未被证实却又广为散布的消息。谣言和传言都会直接影响股市。

以上分析表明，股民们今后不仅应学会分析公司的财务信息，还应学会分析"软信息"，仔细琢磨媒体字里行间的含义，如果您把软信息琢磨一番，您就提前掌握了潜在的信息，心中有数了。

二、不听消息炒股之招

很多朋友炒股总爱打听消息，并举出某某人听了某种消息赚了多少钱云云。我的观点很明确，坚决不信道听途说的消息。一个普通炒股人（99%都是普通人）要想打听消息是很困难的，连一个高级干部都不可能打听到准确消息。如1996年12月管理层发布的"后三大政策"，我认识的相当一级的领导也是从《新闻联播》中得知"后三大政策"的。还有我认识的一位更高级的干部子女，其父亲的名字如雷贯耳，按理说最先知道消息吧，可是该高级干部子女炒股炒得一塌糊涂。可见，一个高级的干部子女打听消息都如此困难，何况一个老百姓，还是老老实实炒股为好。

有些消息可能是真的，但全国有1亿多股民，消息传到您耳朵里恐怕早已成旧闻并有各种版本了，主力正等着您去跟风抬轿呢，您再建仓风险极大。如2012年的有关ST股政策，反复变化，股价也是瞬间跌停、涨停，您想买也晚了。

再者，股市有时与消息背道而驰。如2005年，全流通开始启动，按理说这是重大利空，可是股市却走出了2006~2007年的牛市行情。

有时候仔细想想，也对，股市往往不按大多数人的愿望行走，特别是有消息市之称的中国股市，屡屡走出相反行情，主力才能赚中小股民的钱。

另外有一个值得牢记的教训：消息朦朦胧胧时，股价一直上升，消息一兑现，股价立即下跌。如香港回归后、《证券法》出台、奥运会结束等，这些题材从理论上讲应是支持股市上升的，但消息兑现后，主力立即派货，股市为此下跌，这是主力恶炒所致。

作为普通人，一定要做老实人，炒老实股，挣老实钱，这样绝对没错。您只要积极贯彻这一理念，不听消息，您一定比那些爱听消息的人赚得多。

三、阅读收听股评之招

阅读收听股评，是一些股民乐此不疲的事情。但现在的股评鱼龙混杂，水平参差不齐，所以需要掌握一些技巧。

（1）事先自评。在阅读或者收听他人股评的时候，应该自己先做一个基本判断，然后再读再听他人股评，对照一下，您自评的结论和股评的结论有何相同，有何不同，观点的主要差异在哪，然后分析归纳，做出最后的决策。

（2）事后检查。经过在实践中运作之后，股民最好检查一下是自评的结论对，还是股评的结论对？是自评对的多，还是股评对的多？为什么自评这次对了或这次错了，为什么股评这次错了或这次对了？

（3）听话听声。股评一般在公开媒体上发表，有些话不能够直说，因此在读听股评时，要听话听声。一是从说话语气上判断他说的话哪些是"官话"，哪些是"实话"；二是从文字上看哪些是"虚词"，哪些是"实词"。如某股评说："现在大市喜人，人气旺盛，连拉大阳。但是，务必请<u>股民注意回调的来临</u>。"这加着重号的话，是"实话"，股民完整听完这句话时，要"听声"，这很重要。

（4）广泛读听。股民读听股评时，不宜总读听某几个人的，否则易陷入片面。现在证券类报纸、广播、电视、网络等很多，有条件的应多听多读，或与本地、外地间的朋友打电话交流各媒体的信息。其好处是：①信息获取更全面；②筛选的余地更大；③有些"实话"地方类报刊更敢刊登，分析得更加透彻。

（5）了解背景。现在股评人士很多，由于股评人士背景不同，获取信息的程度不同，分析的深度不一，所以看大势的观点也不同。一般来讲，在国家政府部门工作的股评人士对大势、对信息掌握得准，对大势判断准；在证券公司工作的股评人士对本公司自营资金动向掌握得准确；本地的股评人士对当地个股的信息了解全面；证券媒体的编辑记者了解各类信息多而快；自由撰稿的股评人士比较了解散户人气，谈论的自由度大。

由于以上原因，股评各有特点及盲点，这要求股民应了解股评人的背景，从而在读听股评时有侧重、有筛选，把握大势及精选个股，心中有数。

四、精确计算平均股价之招

在大市回调中，很多股民为摊低自己的购股成本，采用逐级建仓的方法。但当建仓完毕时，您购股的平均价究竟是多少呢？许多股民简单地将每次购股价相加后除以总购股次数，如某股民分3次买入某股票，即19元、16元、14元，然后得出平均价是16.33元，即（19+16+14）÷3。此算法虽省事，但却可能出错，因为它没考虑成交量，假如每次成交量相同，这个算法有效，但如果19元和14元买入的股数不同，尤其是数量差异很大时，**此计算法就扭曲了您的投资成本**，所以应按加权计算法来精确计算购股平均价，具体公式是：

购股平均价=（第1次买价×成交股数+第2次买价×成交股数……+第n次买价×成交股数）÷总成交股数

例如某股民分3次买入某股票，19元买入9800股，16元买入5500股，14元买入2000股，将数字代入购股平均价公式计算：

该股购股平均价=（19×9800+16×5500+14×2000）÷（9800+5500+2000）=17.47（元）

计算可知，该股民实际购买的平均价格为17.47元，和前边粗略计算的16.33元平均价相比，差1.14元。假设您按简单平均法算出的16.33元设定您的卖出行为，那么该股票刚涨到16.33元（暂不考虑手续费等），您马上全部一次卖掉岂不吃亏了。而加权计算法精确告诉您购股平均价是17.47元，这样您在17.47元再加上规定的费用后卖出股票才可赢利。

五、股价持平保本（卖出价）计算之招

股民买卖股票，一般而言，其成本就是佣金，单边征收印花税（买入股票不收印花税，卖出股票按1‰收印花税）。此外，沪市还有一个成交量每1000股收取1元过户费的规定，深市无此规定。

当股民买入股票后，股价涨到多少才持平保本呢？现以沪市为例，佣金按1‰算；印花税按1‰单边计算，过户费每1000股收取1元，则：

股价持平保本价=买入价×成交量+买入价×成交量×1‰（佣金）+成交量×1‰（过户费沪市规定）=卖出价×成交量-卖出价×成交量×1‰（佣金）-卖出价×成交量×1‰（印花税）-成交量×1‰（过户费沪市规定）；将此算式整理后则：

股价持平保本价=（1.002×买入价+0.002）÷0.998

例如，某股民以26.84元买入某股票3000股，总费用为：26.84×3000+

26.84×3000×1‰+3000×1‰=80603.52（元）。

如果股民想以保本股价卖出3000股，则：股价持平保本价（卖出价）=（1.002×26.84+0.002）÷0.998≈26.95（元），即股价涨到26.95元就保本了，如果超过26.95元，股民就获利了。

深市没有成交量每1000股收取1元的过户费，因此，股价持平保本价（卖出价）=1.003×买入价。

为更快捷计算股价持平保本价（卖出价），可以粗略提高一点系数，即股价持平保本价（卖出价）=1.006×买入价（换为1.007更保险）。

六、系列迹象缺口技巧分析之招

股价在上升、下跌周期内一般出现6个缺口（或少或多）：启动缺口、上升缺口、拉高缺口、派货缺口、杀跌缺口、止跌缺口。通过这些缺口特征，大致可以揣摩主力的动作迹象。

（1）启动缺口：股市经过至少半年以上的盘整后，主力突然借机发力，股指（股价）从长期盘整的底部一跃而起，成交量放大。此时K线图上留下主力开始做多的第一个迹象缺口，即启动缺口。股民此时应该考虑跟进建仓。例如，1999年5月20日，沪指5个点的启动缺口就发生了波澜壮阔的5·19行情。

（2）上升缺口：主力完成启动缺口后，还要经过一段上升途中的必要整理，其目的就是将浮筹清洗出局，以便轻装前进。之后，主力再次发力，股指（股价）冲破启动缺口平台，发力向上，此时K线图上留下主力开始做多的第二个迹象缺口，即上升缺口。股民此时应该考虑继续持仓。千万不能被震仓下马。例如：1999年5月20日沪指5个点的启动缺口发生后，经过上升途中的必要整理，5月27日，沪指产生了11个点的上升缺口。由此拉开了股市上升的连续动作。

（3）拉高缺口：主力完成上升途中的必要整理后，边打边拉，快速推进，其目的是吸引外场资金和被震仓出局的资金入市烘托抬轿，为脱身做准备。此时的主力发力凶狠，成交量更加放大，**甚至不顾管理层的警告和各种利空消息，一副坚决做多的嘴脸，给人以舍我其谁的架势。此时股指（股价）更是气势如虹，连创新高，连续涨停。**营业部人气沸腾，人头攒动，股评家们也配合主力大放做多的厥词。此时K线图上留下主力持续做多的第三个迹象缺口，即拉高缺口。股民此时应该冷静，时刻考虑平仓。

千万不能再追高，如果从见好就收的理念看，最好提前平仓。例如，1999年5月27日，沪指产生了11个点的上升缺口后，6月14日，沪指产生了11个点的拉高缺口后，6月24日再产生了9个点的拉高缺口。此时的沪指彻底冲破了6年零4个月的1558点，并向新的高度冲击。

（4）派货缺口：此时的主力既定目标完成，可以说赚得盆满钵溢，于是采取边出货边反弹，其目的是吸引场内资金继续留驻，维持人气。而此时的主力积极为脱身大量出货，出货发力凶狠，成交量放大，股评家们还在信誓旦旦、大谈什么第几上升大浪。但此时股指（股价）不再连创新高，K线图上留下主力开始做空的第一个迹象缺口，即派货缺口。股民此时应该迅速平仓。千万不能优柔寡断。例如，1999年6月14日和24日沪指产生2次拉高缺口后，沪指不断创新高，6月30日，沪指最高点到1756点。此为1999年沪指的最高点。但是7月1日沪指就产生了11个点的派货缺口，显示主力开始准备撤退。

（5）杀跌缺口：此时主力的出货意图彻底暴露，其本身也不掩饰做空的行为，因为只有充分杀跌，股指（股价）才能大幅持续下跌，主力在今后的底部捡到更便宜的筹码，以便为下次发动行情做新的准备。这阶段股指（股价）不断下跌，中间的反弹杯水车薪，终究无法挡住一波接一波的杀跌筹码，K线图上留下主力继续做空的第二个迹象缺口，即杀跌缺口。此时绝大多数散户们被套牢后还抱着最后的希望，但明智的股民应该承认自己的失误，迅速割肉平仓，夺路逃命，走为上策，否则将面临更大的危险。例如，1999年7月1日沪指产生了11个点的派货缺口后，7月19日，则产生了19个点的杀跌缺口，虽然中间有反弹，但无济于事，10月19日，沪指跌破1500点，如图6-1所示。

（6）止跌缺口：主力经过血淋淋杀跌后，股指（股价）大幅下跌、持续暴跌的现象减少，说明主力大幅做空的行为有所收敛，有的股评家却还在配合主力唱空，一些股民割肉出局，但股市已经慢慢企稳，成交量日益萎缩，K线图上留下主力完成最后做空的迹象缺口，即止跌缺口。此时如果没有止损割肉的股民不能割肉平仓，只有通过补仓摊低成本，等待下一次行情的到来。而及时赢利平仓或夺路逃命的股民可以逐渐建仓，投入新的战斗。例如，1999年7月19日沪指产生了19个点的杀跌缺口后，12月21日，沪指产生了3个点的止跌缺口。接着沪指到年底的1341点区域完全止跌，然后进入新的上升周期，如图6-2所示。

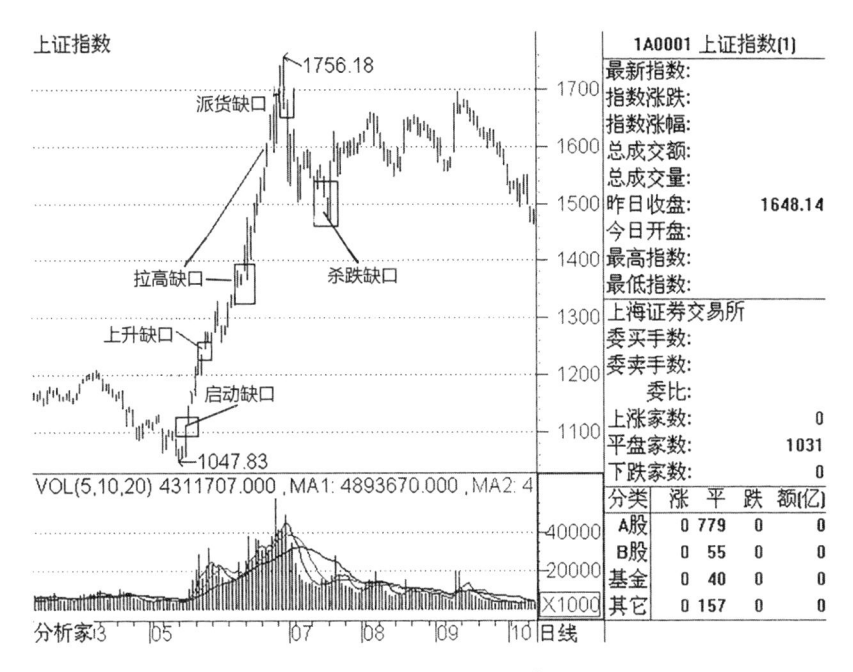

图 6-1 沪指出现杀跌缺口

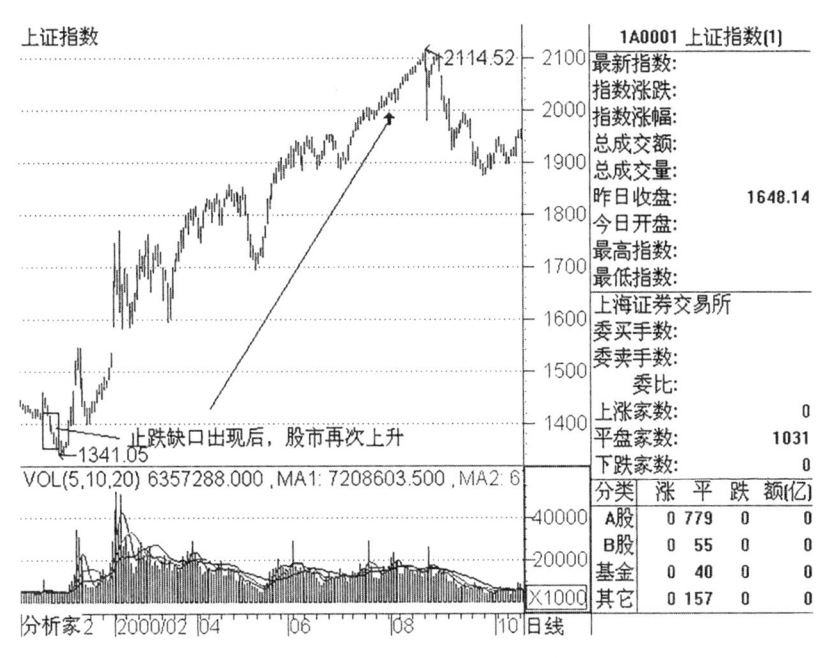

图 6-2 杀跌缺口出现后股市再次上升

以上是一个比较典型的按照6个缺口完整地揭示出主力动作迹象的例子。但是请注意，股市不可能每次都按部就班地照这6个缺口去运行。有时产生的缺口可能少于或多于6个。所以在实际运用缺口技巧时，一定要灵活处理。

七、早日解套之招

大多数股民最烦恼的是被套，最希望的是早日解套。实际上，股市中解套是最难的。现在媒体上总有荐股冠军、亚军之类的人，如果谁能获解套冠军那才是股市中的顶尖高手。所以我经常说：炒股中赢利是徒弟，解套才是师傅。

我肯定当不上这个师傅，因为我至今还没有总结出解套的绝招，不过，我可以告诉您两个"低招"：

一是千万不能被套住。这一点做起来不难，只要不贪，见好就收，按我讲的挣20%就走，这一招就准灵。

二是万一被套怎么办？说不被套是假的，每人都可能被套，套住10%是浅套，套30%是中套，套50%以上就是深套了。我要告诉您的"低"招是：一旦套10%左右，坚决平仓割肉走人，这个"低"招许多人做不到，一怕平仓后再涨回去，抽自己嘴巴；二想套住就不割肉，反正迟早能涨回来；三盼什么神兵天将为我解套。

实际上这"一怕二想三盼"，正是您由浅套到中套再到深套的最根本原因。我曾经大体统计过，真正浅套后短期内涨回来的仅占5%；涨回来又拉高的仅有3%；而95%左右的大多数股票都是上升后一路跌到30%~50%。因此，"一怕"的想法太不现实，而且概率太低。

再就是一旦套住就不动了，哪怕亏损一分钱都不动了，这也是95%的人的操作方法，这种做法最错误，一旦套住而且大势不好，坚决割肉走人，千万别"二想"。天天盼望有主力进场为我的个股拉抬，这更不可取。现在这么多只股票，主力集中资金攻击个股，大多数个股无人理睬，"三盼"更不现实。

2015年下半年暴跌行情最能说明这个问题。当时管理层大力度"救市"，可是股市还是连续暴跌，失去了理性。如果您并未真正套住，而是盈利缩水了，这时您应保护胜利果实，坚决走人。

您会说，我卖了，万一大盘涨起来怎么办？我问您：您不卖，万一大盘继续下跌怎么办？

您还会说：我就不卖，我不信它涨不回来。我觉得已没必要回答了，因为这是抬杠，超越了"炒股就这几招"的范畴。我承认，股市永远是上升的，所以有些股票肯定能涨回来，不过那您得有耐心，等三五十年，甚至一辈子也是等，那还叫炒股吗？那叫买股，死猪不怕开水烫的行为不值得提倡。

不过我提醒您，有些股票如果在最高位追进去，**如中国船舶、亿安科技、银广夏等股票，恐怕您一辈子都无法解套了！**

我们需要做的是：待沪指跌到3000点、2000点，您再买回来，岂不解套反向获利吗。因此，解套高招，说有也有，说无也无。一句话，大盘趋势不好时，学会止损，浅套就走。大盘猛跌如图6-3所示。

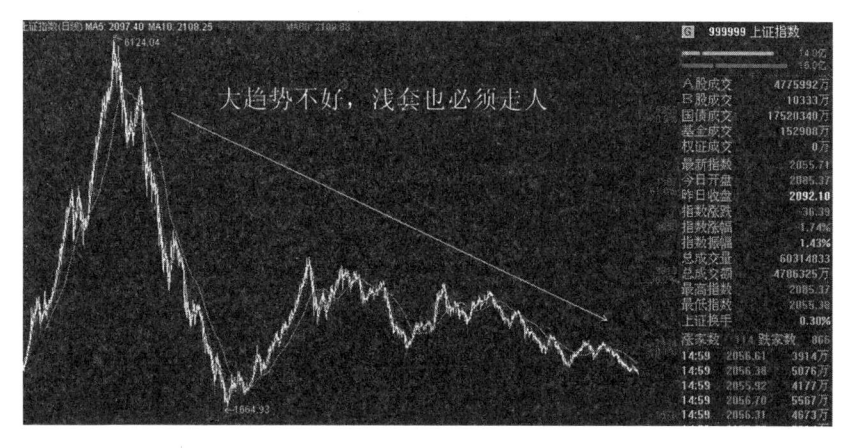

图6-3　大盘猛跌

八、炒作中的补仓之招

补仓是炒股中必备的本领。一般理论认为，如果买某股被套住，当该股下跌时，应层层买入，可摊低成本。如某股票50元买入1000股，跌到48元，再买1000股，跌到45元，再1000股，其成本价为47.67元（暂不计手续费、印花税等）。注意，如果买的股数不同，则不能简单平均计算股价。

我认为补仓一定要区分当前的大趋势及中短期（两周到一个月左右），是强市还是弱市，或说是反转还是反弹。如果是强市，则在回档时（不管套住还是盈利）坚持加码补进，不能迟疑。如果是弱市，不但不补仓，还

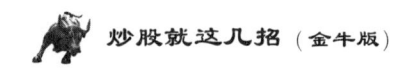

应坚持斩仓出局，以防层层被套。

如 1999 年 5·19 行情刚一启动就可立即做出判断，这一次有大行情，此时加码买进。《人民日报》特评文章 6 月 15 日发布后，此时应加强判断：①这不是一次一般行情，而是一次特大行情；②技术指标已失灵。因此，补仓必须坚决。

但是 2007 年 10 月 16 日，沪指涨到了 6124 点后，大盘有点"疯"了，加上许多股评人士大肆鼓吹要涨到 8000 点、10000 点等，此时要及时平仓，即使回调也不能补仓，要等起码半年甚至一年再说。因此，补仓之招重点是判断股市当时是强市转弱，还是弱势转强。

九、每年保险炒波段之招

经常有朋友来信问我：是炒短期，还是炒中长期？我回答很简单：什么期都不炒，就炒波段行情。因为不管大小，股市每年都有一波行情，赚 20% 的收益还是可行的。

炒股首先要保证资金的安全，赚不赚钱是次要的，资金被套，一切都无从谈起。所以，保证资金安全就是炒波段，炒波段就是赚安全钱。几年一累计，您的账面资金肯定安全升值。而且您一赚钱，心态就好，心态好，就更能赚钱，形成良性循环。否则，您永远处于赔钱、急躁的心态，导致恶性循环。

炒波段实际上很简单，其判断标准是： 大盘指数从高位跌到至少 20% 以下，且盘整三个月左右甚至更长，大多数股票跌幅达 40% 左右，在年初您就可以大胆建仓了。如 2017 年初建仓，波段行情来，一定要持股不动。当大盘涨到 30% 以上，您手中个股涨到 20% 左右，特别是众多股评人士一致看好后市时，您必须走人，留一点空间给别人。一旦平仓，要等到年底再看看是否建仓，每年这样反复炒波段，您比骑上黑马还强，而且还安全。

第四节　流行股语理解分析之招

股民在炒股中，根据自身实践总结了许多股市谚语并且广泛流传，这些流行谚语除了幽默搞笑以外，有的确实有一定哲理，但有的存在误区，所以要正确理解分析。

一、买是徒弟　卖是师傅

其含义是：股民会买不会卖，特别是买了股票后，也赚了钱，但是由于没卖好，结果由盈转亏。我认为：此股语有一定误区，因为买是第一位的，如果在低位买到了股票，那么您肯定赚钱无疑，只是赚多赚少的问题。如果您在高位买了股票，那么无论您卖股票多么精明，也不能赚钱。所以，买股票更是非常关键的。

具体到卖股票，我认为只要您不贪就能赚钱。而大多数想当"师傅"的股民，实际是太贪，老想卖到最好价格，实际上这一点很难。

另外有一点也很重要，即等待。就是说，一定要学会等待一段时间再建仓，不要仓位时刻不离股。例如，2015年7月卖出股票后，起码等待一年以上，您才可以有效在2016年2月抄底。所以，**我将此谚语改为：卖是师傅，买更是师傅，等待绝对是师祖。这是关键之招。**

二、涨时看势　跌时看质

其含义是：买股要以股价上升时的趋势为主，哪个股票趋势好，就及时买进此股票。当股票下跌时，主要看上市公司的质量，即质量好的公司股票价格跌幅较小，此时要买股票，就要找质地优良的股票。

我认为：当大盘处于上升趋势，买股票确实要以上升趋势强的为建仓主要对象，甚至可以考虑大胆追进。例如，1999年、2000年兴起的网络股，股民就要重仓买进。但是，如果当大盘处于下跌趋势，所有股票都要下跌，质地优良的股票也不例外，此时买任何股票都是错误的。例如，2015年下半年暴跌，100%的股票价格都出现了30%~50%的下跌。所以，**我将此谚语改为：涨时看势，跌时看空。什么股票也不买。**

三、反弹不是底　是底不反弹

其含义是：股市下跌时，中途产生反弹，说明盘体还没有跌到底，反弹结束后，大盘继续下跌寻找新的底部。我认为此谚语有很深刻的道理，如果盘体底部确定后，产生的上升势头就绝不是普通的反弹行情，而是一轮反转的大行情。例如，2005年6月底部基本确认，因此后来产生了

2006~2007年牛市行情。而2007年10月后，股市一直处于下跌探底之中，所以中途的任何行情只是一个反弹行情，不宜抢反弹。

事实证明：牛市期间股市暴涨，赚钱就是多少的问题，是不会亏损的。但是股市进入熊市后，亏损就分为两种情况：要不然您（一般是新股民居多）就是被套在顶部，要不然就是您（一般是老股民居多）屡次抢反弹，结果盈利前功尽弃。因此，在熊市下跌过程中，绝对不要抢反弹。

四、横有多长　竖有多高

其含义是：长期横盘卧倒的盘体躯干，一旦站起来则就是大盘本身躯体的长度，此谚语有一定哲理。例如，1997年6月到1999年5月，2001年下半~2005年上半年，大盘一直处于下跌横盘的态势，慢熊的盘体躯干躺在底部时间分别长达2~4年。但是从1999年5·19和2005年6月开始，大盘躯体猛然站立，展开了一轮"竖有多高"的大行情。

个股也如此。如京东方，2015年下年至2016年股价一直横盘，结果2017年8月下旬该股暴涨，横有多长，竖有多高。

不过我觉得应将此谚语延伸，即竖有多高，横有多长。其含义是：一旦站起来的大盘躯体，还会长期横盘卧倒。即一旦牛市行情结束，股市又长期在底部横盘疲软。例如，1999年到2001年上半年、2007年10月、2015年下半年行情结束后，大盘躯体就疲软卧倒了。

五、不怕套牢　就怕踏空

其含义是：一些股民认为只有买了股票心里才踏实，不买股票，总怕踏空。所以宁可暂时套牢，也不能空仓失去机会。我认为：如果股市处于上升趋势，特别是大牛市来临，此股语有道理。例如，1999年5·19行情，2006~2007年、2015年上半年牛市行情，就要有"不怕套牢，就怕踏空"的胆识。但是如果大盘处于下跌趋势中（如2001年下半年至2005年、2015年下半年），此股语就不适用了。此股语这时应改为：宁可踏空，也不套牢。

六、不怕套　套不怕　怕不套　死了都不卖

其含义是：套牢后也不怕，死猪不怕开水烫。此股语在1996年10月到12月特别流行。因为当时股市不顾管理层的12次警告，连续猛涨，而

且当时管理层每发一次利空，当天股市就又猛涨，使原套牢的股民反而解套盈利，于是，此股语在当时盛为流行。

例如，1996年10月到12月初，1997年2月到5月，沪深股市开始猛涨，当时几乎每人的股票账户上都赚得盘满钵溢，有人甚至提出"不怕套，套不怕，怕不套"的多头口号。管理层当时接连发十几个利空政策，但是大多数股民不听，结果后来套得很惨。

2007年10月16日，沪指创新高6124点后，此时的媒体、股评人更加激动，大肆渲染多头市场的发展趋势，为股民描绘一个又一个创新高的点位，8000点、10000点……此时还有人改编了歌曲，叫嚣死了都不卖，结果2008年暴跌害了许多人。

我认为，此谚语在大牛市中有道理，因为股市处于牛市趋势时，套牢是暂时的。所以可以采取"不怕套，套不怕，怕不套"和"死了都不卖"的战术。但是这种极端的战术非常不适用熊市。例如，2001年7月、2007年11月和2015年下半年开始暴跌的熊市行情，绝对不能实行这个既愚蠢又极端的战术，否则您必将处于"套死你，你套死，死套你"和"死了活该死"的悲惨境地。熊市中，我认为此谚语改为：不怕空，怕不空，空不怕，死了也不买。

七、只看个股　不看大盘

其含义是：不管大盘走势如何，我专心炒个股。此谚语我认为最错误，因为大盘代表了盘体的大方向，如果大盘向好上升，个股也没有太大的问题，迟早会随大盘上升的步伐而上升。如果大盘向下跌，99%的个股也必然下跌，个别逆市而行的股价，迟早会随大盘下跌的趋势而下跌。例如，1999年5·19行情和2006~2007年牛市行情，所有的股票价格几乎都上涨了50%，有的更高。而2001年7月和2007年10月开始的熊市行情，几乎没有一个股票逆市抵抗上升的，股价普遍拦腰斩断了50%以上。因此，**我将此股语改为：要看个股，更要看大盘。甚至有时要"大盘必看，个股不看"**。

八、鸡蛋不放在一个篮子里

其含义是：买股不要集中资金买一只，而要分散买若干只，以分散风险。买卖股票时，也要分批、分期逐渐建仓（平仓）。此股语对中小股民而言，我认为意义不大，应该集中性一次性买或卖。

因为中小股民资金充其量也就三五万元，如果按目前最低股价 3 元左右算，一个 3 万元的小股民，买 10000 股（暂不算各种费用），资金就用光了。如果分散为 1000 股买（卖），要买（卖）10 只股票。如果分散为 100 股买（卖），要买（卖）100 只股票。如果分批、分期（假如分 10 次）逐渐建仓（平仓）一只股票 10000 股，要分 10 次运作，这种分摊操作法，实际运作中弊大于利，因为：一是您无法面面俱到地分析这么多股票的基本面。二是行情平淡时无所谓，一旦遇到大行情，分散、分批、分期买卖如此多的股票，您会手忙脚乱，尤其是暴跌时候，甚至可能发生操作失误。如果岁数稍大的股民，更会遇到操作麻烦。三是费用精力成本高。如 2015 年上半年行情开始爆发，必须及时跟进建仓。如果您采用这种分摊操作法，分散买 100 股或分批、分期（假如分 10 次）逐渐建仓一只股票 10000 股，您要分 10 次运作，结果肯定是时间拉长，建仓的成本提高，您又忙又累。假如一次性将资金用光，买进一两只股票，您就节省了大量精力和成本。

例如，2015 年下半年股市开始下跌，如果您采用这种分摊操作法，分散卖 100 股或分批、分期（假如分 10 次）逐渐平仓一只股票 10000 股，您要分 10 次运作，结果肯定是时间拉长，平仓的成本提高。100 个股票价格开始下跌，一会儿一个价，您手指操作来回按键，肯定急得满头大汗，此时交易系统再出点问题（事实证明，越是关键时刻，交易系统越添乱），您更是屋漏偏下雨，急得团团转。假如您就买进了一两只股票，卖出时肯定很麻利，一键搞定，落袋为安，您就可以踏踏实实安心去干其他工作或休息，节省了大量精力和成本。

有股民一定会问：分摊买卖，可以分散风险。集中买卖，风险太大。对此我认为：如何操作是次要的，关键必须要对大盘的基本趋势有一个正确的判断，然后再实施买卖操作。如果大盘趋势处于上升态势（下跌态势），您就毫不犹豫地集中资金全仓杀进（杀出）；假设您对大盘的判断完全相反，您的分摊买卖依然会带来极大的风险。

例如，2005 年上半年行情一启动，股市开始进入两年的牛途，如果判断错误，不认为是一轮大牛市来临，不管怎么分摊买，都是踏空。而 2015 年下半年，股市开始进入熊途，您如果判断错误，不认为是一轮大熊市来临，无论怎么分摊买，都会套牢。所以分散风险，与采用什么操作方法无关，只与判断大盘趋势有关。

　　由于篇幅、字数限制，此节的部分流行股市谚语，如鱼头鱼尾、天花板、地板革、高位利好撒腿快跑、低位利空大胆冲锋、乘电梯拉抽屉、顶部一日底部一年、举杠铃站岗放哨、利好出尽就是利空以及利空出尽就是利好等部分精彩招法和内容，只能忍痛删去。股民欲了解更全面、高级的招法，或者有什么问题，欢迎来信咨询，联系方式：cgjzjz@163.com。

第七大招　李几招十大绝招板块

（十大绝招　招招叫绝）

特别说明：股市实战中的技巧、绝招，年年翻新，兵无常势，水无常形，但万变不离其宗，其基本规律大体如此。我通过总结实战经验，同时为便于股民朋友记忆，用数字一、二、三、四、五、六、七、八、九、十和一个"大"字总结，简称"十大绝招"，奉献给股民朋友。

只要您熟记并灵活运用这十大绝招，相对讲，就可以少走弯路，对您终身炒股都有益处。正可谓：**不听几招言，吃亏在眼前；听君几招话，胜读十年书；炒股就这几招，十大绝招是绝招。**

由于篇幅、字数限制，此板块的另外几个精彩招法只能忍痛割爱删去，例如，六招，6月最为关键；七招，七炒七不炒；八招，八仙过海、各显其能；九招，分久必合、合久必分；十招，十年完善周期。股民朋友欲了解更全面、更高级的招法，或有疑问，欢迎来信咨询，联系方式：cgjzjz@163.com。

一招：一年就炒一次

指炒股每年最好只炒一次。因为中国股市每年大体只有一次比较大的涨幅，所以炒股赢利的机会也只有一次。如果说还有第二次上升机会的话，那基本上也是一波小反弹，**第三次机会几乎不存在**。因此，股民最好每年只买一次股票，卖一次股票。为安全起见，最好不抢小反弹，因为一旦抢不好，则前功尽弃。如果实在手痒，适当参与小反弹也可以，但是不要全仓介入，可以买 100 股左右"玩玩"。此外，如果您实在禁不住诱惑，或鬼使神差地再次全仓杀进股市，那么一旦大势不好，必须迅速清仓，保住仅存的胜利果实。再不行，止损、割肉也必须出局。

二招：20 见好就收

20 指 20%，这是我提出的一个非常重要的绝招。我在各种场合反复强调"挣 20% 就平仓走人"的观点，但有人认为应挣够、挣足，不获全胜不罢休。他们的"牛市观点"虽然有时候有可取之处，但我还是坚决强调挣 20% 就走的稳健观点，因为您必须正视以下几个现实问题。

现实一：您的信息、资金、能力等和主力不是一个等级。主力是控盘的主体，想拉就拉，想走就走。您呢，是跟盘的主体，所以您没有主动权，想狠赚一笔不大可能。

现实二：朋友们可能 90% 都是套牢族，深套程度可能达 30%～50%，因此盘体及您手中的个股上升时，您要将"套牢折扣"算进去。例如将沪指 2007 年 6124 最高点与 998 最低点比，上涨 514%，将 50% 套牢折扣算进去，则盘体仅升了 257%。如果考虑个股千差万别的情况，90% 的个股可能也就是解套微利水平。不信您自己算算手中个股究竟如何。

现实三：朋友们都有体会，行情不火爆时，您交易的管道特别畅通，但一碰到大行情，刷卡机前排长队，委托电话打不进，网上交易速度放慢甚至死机，撤单撤不下，成交回报反应慢等，反正是关键时刻总掉链子。大家在营业部挤得汗流浃背，稍微慢一点，股价的变化都使朋友们心惊肉跳。所以，您要把握住每次机会，必须提前做好进货、出货的准备。当盈利达到或接近 20% 时，提前一步走人，才能落袋为安。

现实四：朋友们会提出这样的问题，假如我刚卖，股价又涨怎么办？我一贯很严肃地认为，有这种心态的人最好别炒股！谁也不可能做到最低买入、最高卖出。股票卖出后又涨是经常发生的，但您不卖，股价又可能下跌。所以，20% 的操作处于一种中间稳定状态，比较适合散户朋友。即使又涨了，咱也别后悔。在股市中后悔的事多了，关键看您是否真正赚到钱!

现实五：现在银行利率这么低，各行业平均利润率仅有10%左右。您在网上鼠标一点，电话一打，就挣了20%甚至更多的钱，知足吧，10%都该知足。过分贪心，比来比去，20%挣不到，心态也易膨胀变形，最后反倒赔了20%甚至更多。有人说，能挣50%甚至更多，为何不挣？我不反对挣得更高，我衷心希望人人都挣2000%才好呢，但大家到年底一算账，有几个人挣到了20%？现实是90%的人都被套了50%以上，90%的朋友都赔了20%甚至更多。因此现实些，再降低目标，先脱困解套，再扭亏为盈，最后再获利20%以上。所以，我认为20%见好就收，挣20%就走人，比较符合炒股现实。我认识的几个朋友，已严格地这样操作了几年，体会极深，收获极大，心态极好。

但是对20%见好就收的绝招要辩证地理解。

第一，我讲的20%这招是一个平均值。即不能机械理解操作，要视具体情况而及时调整。如您在最低位买进某只股票，恰好又正好赶上这只股票是热点，那您就可以守仓不动，挣50%甚至更高。如2017年的雄安新区股票，如果您在低位买的，就可以守仓几天；假如您在中部位置打开涨停追进去的，还是以20%为边界操作；假如您在高位不慎买进的股票，就不能挣20%了，能挣5%都得跑，甚至有时赔个手续费，或者止损割肉也得跑。

第二，具体到每个股票又有不同的操作策略。如贵州茅台、五粮液等股票，2007年和2017操作策略能一样吗？

第三，许多人都觉得20%不过瘾，应挣它个成百上千倍。实际情况不可能，报纸上宣传的那些暴富的例子都是个别现象。再说，每个人的资金、信息、技术、心态、经验都不同，没有可比性。还有，有上亿元资金的股民，赔得也大，今天他是股市座上宾，明天他就沦为股市阶下囚，大户变中户，中户变散户，散户变贫民的事例，在股市中数不胜数，我见得多了，只不过媒体不宣传这些负面信息，您不知道罢了。因此我等草根凡人，还是摆正挣钱目标和心态，20%应该知足，10%都该知足。

第四，国际高手老虎基金、量子基金每年平均回报率也就是23%，我们都是低手，挣20%已和高手看齐了，这是比较现实的绝招。

三招：3年波段循环

从中国股市发展的历程观察，基本上是3年（或者4年）左右为一个升降波段循环周期。例如：1991年到1993年2月处于上升阶段，沪指最高点到1558点，然后从1993年3月开始调整到1994年7月。1994年8月开始到1995年，1996年，直至1997年5月，基本完成了一个先下跌再上升的波段循环过程，为期3年，沪指最高点到1510点。然后从1997年6月到1999年5月筑底，为期2年。1999年6月开始到2001年6月，又进入一个新的波段循环，为期3年，沪指最高点到2245点。此后又进入下一个4年左右的波段循环，即2001年7月至2005年6月。然后2006年、2007年展开了一轮牛市行情，2008年行情结束。所以我们要在3年左右的波段循环周期内（注意是3年左右）炒好波段。2010到2014年是5年盘整，2015年上半年暴涨，2015年下半年暴跌到2017年一直没有行情。可见，有时候3年左右的波段循环周期也有例外，所以不能机械理解3年左右的波段循环周期。

四招：四季歌

我们知道，地球在自转的过程中还有公转，由此产生春夏秋冬四个季节。人类的生产经营（包括生活）大体按照春播、夏长、秋收、冬眠这4个阶段活动。炒股是一种投资经营活动，所以也离不开春播、夏长、秋收、冬眠这4个阶段活动的规律。而且从中国股市升降的规律看，盘体一般也是从3、4月开始复苏，此时是股民春播建仓的机会。6、7月，盘体阳光高照，资金人气十分活跃，股指基本走到高点，此时是股民随时平仓夏收的机会。9、10月，秋高气爽，各路投资者运作一年后都准备年底算账，股指开始回落，2007年10月最典型，此时是股民及时落袋为安的最后机会。11月到次年2月，主力及各路投资者的资金入账，刀枪入库，股市进入冬眠态势。此时股民也应进入冬休状态,学习休整,互贺新年,来年再战。2015年上半年暴涨和2015年下半年暴跌也说明了"春播、夏长、秋收、冬眠"规律。所以,股民在炒股中,要唱好"春播、夏长、秋收、冬眠"的四季歌。

五招:50中场5年换届

第一个内容50中场指一个很有规律的分水岭。喜欢足球的球迷都知道,足球中场争夺很重要,进攻者一旦快速突破中场进入前场,则形成强大的进攻威力,对方的球门可能就岌岌可危。如果守方能镇守中场不失,而且迅速反守为攻,则很可能打个反击,攻破对方城池。股市也一样,凡是遇到1000点、1500点、2000点、3000点、5000点、6000点……整数关口时,都是多空双方争夺激烈的时点。多方如果攻克中场整数点位,可能就会攻击下一个整数点位。例如,2006年和2007年,沪指攻击2250点成功,则下一个目标位是3000点。而3000点有效攻击并站稳后,则攻击4000点、6000点,事实证明是正确的。

反之,如果空头打压股市,多头无力防御中场整数关口,则股指就会到下一个中场整数关口寻求支撑。例如,2005年跌破1000点后,有了支撑,就产生了2006~2007年的行情。而2008年沪指跌到1664点后,1500成为多空双方争夺的"中场",之后沪指进入反弹。

第二个内容5年换届:指高级领导层5年要新老交替更新一次。2007年、2008年、2012年、2013年都是高级领导层新老交替更新的重要年份,举世关注。而新的领导层确定后,要总结过去5年的成绩和问题,制定颁布新的施政纲领,由此对经济、股市,都会有非常重要的政策导向作用。2013年,新的领导层大力进行经济改革,决定建立上海自贸区2015年设立雄安新区,"一带一路"等,对股市有重大的积极的影响。

每当5年换届后,新的政策、新的领导层都会对股市产生新的影响,这种影响当年不会马上体现,因为新的施政措施和效果需要在次年或后年显示,之后又慢慢消退,等待下一个5年的换届。

事实证明亦如此。例如,1992年中共"十四大"召开后,1993年2

月沪指创新高 1558 点。之后到 1995 年再没有特大行情。又如，1997 年中共"十五大"召开前夕，沪指走到 1510 点，深成指创了新高 6103 点；1998 年九届人大开完后，新领导层的施政效果在 2000 年、2001 年显现，所以股市为此走出了特大牛市，沪指创新高 2245 点，行情再如何发展，又要等"新 5 届"施政的效果。

2002 年中共"十六大"召开和 2003 年十届人大召开，新的领导班子开始关注股市，2004 年就制定了"国九条"，于是 2005 年股市筑底，2006 年、2007 年中共"十七大"召开和奥运会召开的前夕，走出了 6124 点的大牛市行情。

2013 年换届后，2015 年上半年爆发了一轮行情。2017 年中共"十九大"召开后，2018 年政府换届，未来几年股市还会爆发新的行情。

因此，掌握 5 年换届影响股市的规律，是炒股的一个绝招。

由于篇幅、字数限制，此板块的另外几个精彩招法只能忍痛删去。股民欲了解更全面、高级的招法，或者有什么问题，欢迎来信咨询，联系方式：cgjzjz@163.com。

第八大招　与中小股民互动问答板块

（读者点题　有问必答　几招点明）

特别说明：此板块应视为读者朋友和我共同出招的板块。我每天收到大量股民朋友的电子邮件，他们提出了很多有建设性的招法，也问了一些相当有水平、有深度的问题，有些问题李几招也没办法回答，可见股市中高人太多。"三人行必有我师"，我只有努力学习，才能更多地为朋友们解招。

有些朋友提出一些个股问题，如某某股票能否上升等，这些太个性的问题只能"一对一"出招，书中我回答的都是一些共性问题，我也希望大家多交流一些共性问题，有利于把握投资理念。

由于时间和版面关系，不能全部刊登和回答中小股民的问题，只能选摘部分共性问题予以简单回答。有些问题不是一两句话能说清楚，有些问题我在此书有关板块已经详细介绍了，就不再详细回答了。为保护个人隐私，特隐去提问人姓名。

炒股能否从头讲起

河南纪××等许多新股民朋友问：能否从头讲如何炒股？

李几招：《炒股就这几招》就是一本从 ABC 起步，循序渐进，讲解炒股的通俗易懂书籍，这本书非常适合新股民、老股民阅读。其次，限于篇幅，不可能面面俱到讲解炒股的全部知识，因此您有什么具体问题，欢迎来信咨询，联系方式：cgjzjz@163.com。

今后每年 1 月以前，都要更新出版《炒股就这几招》，书中的内容，要与时俱进，除旧布新，对下一年股市趋势提出我的看法，需要的朋友可

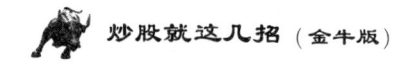

到当地新华书店或出版社购买。

炒股需要具备什么条件，最少需要多少资金

众多朋友问：炒股需要具备什么条件，最少需要多少资金？

李几招：首先，必须具备风险意识，要有赔钱的心理准备，如果认为股市是个挣大钱的地方，是不对的，这是一个风险极大的场所，搞不好，一生积蓄全赔光。其次，应具备起码的经济知识、财会知识、操作技巧、分析能力、心理压力等素质，靠瞎蒙不行，努力学习是最重要的。另外，资金多少不限制，少则1千元，多则上万元、上亿元。最后，一定要靠自己，任何人的话只能做参考，不能全信。

此外，见本书前面强调的"八个千万不要"原则。

买股票品种不宜多

广东梁××等朋友问：买股票品种多少为好？

李几招：中小股民最好买两三只。一来可以有精力观察其走向；二来有精力研究公司基本面；三来卖起来也快，防止手忙脚乱，错失机会。如果买的股票达十几只，甚至更多，自己给自己增加负担，而且不一定能赚钱。当然买两三只的前提是：一定要看准，然后下手时，买要快，卖要狠，不可犹豫。

一卖就涨，一买就跌，很是头痛

武汉胡××问：我刚刚接触炒股，炒股老是一卖就涨，一买就跌，很是头痛，请您指点一下，谢谢！

李几招：您还是没有研究透彻股票，这需要艰苦的磨炼，不可能立竿见影。正所谓：台上一分钟，台下十年功。或曰：买卖股票一分钟，研究股票十年功，您最好下大力气研究。

庄家有一大批吗

四川徐××问：庄家有一大批吗？

李几招：对，庄家是几个联合起来，这样资金实力更大。

庄家是否统一办公

天津张××等朋友问：大盘潮起潮落，齐涨齐跌，难道是那些庄家、操盘手统一在沪深两市办公，还是各自在各省统一操作？

李几招：真正上亿元的大资金不可能开一个账户，他们开上百个甚至上千个账户。当庄家认为是建仓（平仓）时机，他必然同时在他众多的账户上同时买进（卖出）股票。再加上全国许多大、中、小户也追涨杀跌，所以大盘经常发生齐涨齐跌状况。

这里我们也要认识庄家的目的，他是干吗来的？学雷锋吗？不是。在股市上所有的人都为了赚钱。因此，庄家赚钱也无可厚非，中小散户恐怕永远都斗不过庄家，因此我始终强调20%见好就收，是比较现实的战术。

长期在底部缩量的股票有庄吗

吉林秦××等朋友问：某只股票长期在底部缩量整理，一定有庄吗，可介入吗？

李几招：分两种情况，一种是被庄家爆炒过后跌入谷底，长期缩量整理，不死不活，这种股票大多数不会再现往日风采，如1996年的四川长虹、深发展，2000年的亿安科技、清华紫光，2007年的中国船舶等。

另一种是刚上市的新股，庄家一直在底部吸筹，表面看不死不活，实际上是庄家时刻准备爆发一轮行情的先兆。

庄家控筹多少可大幅拉升

众多读者问：庄家控筹多少可大幅拉升？

李几招：庄家至少控筹30%才可拉升，因为剩下的70%中，有10%的筹码是散户的，拉升中又有20%筹码跟风买进，这样，庄家实际控筹及间接诱导控筹达60%以上，剩下的40%庄家边拉边控，跟风者也一同参与，股价越涨越高；然后突然一天巨量放出，股价突然下跌，庄家又边跌边走，完成一轮吸货→拉升→派货→回落（吸拉派落）的过程，所以，朋友们要小心。

庄家吸筹、拉升、派货、归位的手法

湖北邓××等朋友问：庄家如何操纵股价？

李几招：庄家的资金大多在十几亿元以上，所以庄家控盘股票都经过吸筹、拉升、派货、归位的手法。如某股票，股价一直不瘟不火，这是庄家吸筹阶段；之后，庄家利用控制的筹码，开始拉升阶段；拉升阶段后，马上要进入派货阶段，其特点是主力开始强攻，给人以轰轰烈烈的感觉，股民也难以抑制买进的冲动，而庄家在高位慢慢派货，中间虽有反弹，但每次反弹都是庄家在派货；派货阶段结束后，庄家采取震荡出货法，股价慢慢回落，主力顺利完成了吸、拉、派、归的全过程，更具体的分析见有关章节。

如何判断庄家是否进局和出局

山东游××等朋友问：如何判断庄家是否进局和出局？

李几招：判断庄家出局的一般标准，一是在顶部成交量是否放大；二是题材是否用尽；三是有否利空消息。

如2000年8月21日郑百文（600898）停牌，到2001年1月3日复牌。一是由于公司资产重组达成原则协议，主力立即利用题材连续拉9个升涨，股价从2000年8月21日的6.73元一直上升到2001年1月15日的最高价10.44元。在前3个涨停中，成交量大体在8000手，而后成交量放大到每日20多万手，涨停也被打开过，说明主力有出货迹象。2001年1月15日，主力拉到10.44元涨停位后，全线甩出筹码，将股价砸到9.44元跌停，成交量放到自1999年以来的天量，共259080手，这个顶部巨大的放量，显示主力已大部分出局。

二是庄家利用郑百文资产重组利好出尽及退市传闻，主力大举出货，不惜一切连砸12个跌停，到2月19日，股价已跌5.63元。庄家已首次出局。

三是利用郑百文重组可能失败的消息，趁机大举做空，在6元以下区域反复震荡清除筹码，此时出局的庄家卷土重来的可能性较大，因为股价已很低，再加上"利空出尽就是利多"，庄家在郑百文2001年3月2日股权登记日全线出击，以5.48元封住涨停，庄家进局再次拼搏。

还有就是2013年的上海自贸区板块，2017年雄安新区板块，也是庄家利用政策建仓、平仓的典型案例。

换手率超过 70%是否为主力控盘

河南李××等朋友问：上市首日的新股如果换手率超过 70%，是否为主力控盘？

李几招：主力控盘的可能性极大，但绝不是说 70%的换手筹码都在主力手中，因为 70%中毕竟有成千上万的中小户，甚至大户，因此主力要达到真正控盘还需要时间吸筹，否则主力不可能马上拉升股票。

庄家成本可否参考

江西纪××等朋友问：有些网站或证券报刊列出"庄家成本"，他们是如何计算的？有无参考价值？

李几招：谁是庄家，这不可能让任何人知道，既然连庄家是谁都不知道，他如何坐庄，成本多少，外人又怎么知道呢？再说，庄家坐庄和坐庄的成本不可能公开，因此这种计算是理论上的估算，参考价值不大，不能绝对相信。

如何掌握股东人数变化和庄家控盘

众多朋友问：用何种方式能掌握股东人数的变化，特别是庄家的动向？

李几招：目前，作为一个普通的股民是无法掌握股东人数变化的，此信息只能由沪深交易所提供，但这个信息属于高度绝密，不可以对外公布。从上市公司年报中可以知道前十名大股东的情况和每年的变化，仅做参考而已。至于庄家控盘和动向，更不可能让外人知道。如果大家都知道了，庄家也就不是庄家了。我们只能通过刻苦学习，揣摩、分析庄家的诡密行踪（还不一定分析得准），争取战胜庄家。

股评人是否和庄家勾结

浙江陈××等朋友问：外传庄家和股评人勾结，糊弄散户，有没有这样的黑幕，有没有来拉你下水的？

李几招：首先我申明，的确有庄家找我让我说某某股好，或是不好，但我都坚决拒绝了。我觉得赚黑心钱迟早会遭报应，即"善有善报，恶有恶报，不是不报，时机未到"，这是千真万确的。我认识的几个股评人，就因为黑嘴银铛人狱了。钱，谁都喜欢，这是事实，我也一样非常喜欢钱。但"君子爱财，取之有道"，昧良心赚黑钱是天理不容的。因此，我没有下水，而且永远不会下水，欢迎公众监督。

至于股评人勾结庄家，坑害中小散户之事，我认为大多数股评人是正直的，敬业的，可能有说错话的时候（包括本人经常说错），这里的原因是多方面的，比如太年轻，缺乏社会阅历和股市的实战经验，仅靠考试获资格证书等。这些随着时间的推移，他们会成熟。但不可否认，少数股评人有勾结庄家的行为，为其大吹特吹，从中挣大把的黑钱。对这样的股评家你不要去听、看、读他的股评，躲开就是了。同时也要告诫周围的人，特别是新股民提高警惕。

看清庄家关系网

湖南陈润身朋友对庄家的关系网有独特看法，现摘录如下。

关系网之一：上市公司年报、中报，*ST、涨跌停等被庄家利用，成为进货、出货的工具。

关系网之二：扩容速度、节奏配合庄家需要。

关系网之三：上市公司配合庄家发布、制造题材、信息，诱导散户上当。

关系网之四：股评人士帮庄家以你意想不到的方式宣传，鼓吹。

关系网之五：个别电视台等媒体提供讲坛，参与宣传。

关系网之六：券商配合庄家，使散户们一年到头为券商打工。

以上言论有一定道理，但我们面对这些是无能为力的，只有自己保护自己。

选股的经验之招是什么

众多股民问：选股的经验之招是什么？

李几招：一定要在长期盘整中找被人冷落多年的股票；一定要找有题材、有热点的股票；一定要找流通盘8000万以下的中小盘股；一定要找有收购题材的股票；一定要找业绩有潜力增长的股票；一定要找股本有高扩张（送转可能）能力的股票；一定要找真正核实到准确消息的扭亏为盈的股票；一定要找刚刚启动热点的股票；一定要找庄家无法出局的股票。

上述招法，说易做难，要在众多股票选出好股票，要想赚钱，就必须

"委曲"自己，挑灯夜战，下苦功夫，一定能找到牛股。

散户如何选择风险小、收益高的股票

福建读者李××问：散户如何选择风险小、收益高的股票？

李几招：不仅散户愿意选择风险小、收益高的股票，所有入市的人都喜欢选择这样的股票。既然如此，在股市中就很难真正选择出类似的股票，因为一旦发现这只股票风险小、收益高，众人会一拥而上，股价猛涨，收益顿时被众人瓜分，风险加大，一只好股票反而被"买盘"惯坏了，如贵州茅台股价就被炒得如此高。

但一般选股原则：有增长潜力；不被人看好；股价长期低迷；有题材支撑；主力进场。众多股票中，肯定有这种股票，仔细挑选，不动声色，你就有了机会。但切记，当众人开始发现这只股票，股价暴涨时，必须走人，否则，就白费精力了。

依据什么标准选股

浙江郭××等朋友问：股票指标很多，如市盈率、净资产收益率、每股收益等，到底依据什么标准选股？

李几招：根据综合标准来选股，单一指标不可取。所以在选股时，先看当时国家大形势如何，再看上市公司前景如何。有的公司业务前景堪忧，发展空间不大，而新兴产业有较大的发展空间，因此选前景好的公司。其次看看股价是在高位还是低位，在高位最好不买。最后要看看这只股票历史上被爆炒过没有，已炒过了就不碰了，如中国船舶2007年被爆炒到300元，到现在也没有风光的行情了。不过选股有一点也是不可回避的，即运气。炒股有运气，这是无法解释的，但运气大体占10%左右，主要还是靠自己的分析、判断去选股。

判断股票价格低估值

四川邹××等朋友问：怎样判断一只股票价格被低估？

李几招：理论上讲，股价应大体与公司的每股净资产匹配，因为公司的每股净资产是股东实实在在的权益，如果公司股票价格低于公司每股净资产，则表明股价低估了价值，如宝钢股份2012年的每股净资产是6.47元，但是2013年其股价平均在4元左右。不过在现阶段，很多股票炒作后，价格都大大超过公司每股净资产，比如梅花伞，2012年每股净资产2.82元，但是2013年的股价平均爆炒到30多元。有的亏损股，如*ST太光，其每股净资产是亏损1.52元，但是股价却爆炒到30元以上。

怎样把握个股波段行情

四川胡××问：如果大盘是波段行情，怎样把握个股波段行情？

李几招：我认为大盘与个股是紧密相关的。那种"只重个股，不看大盘"的观点是片面的。因为大盘代表了全部个股的走势，大盘不好，说明90%的个股走势都不好。剩下的10%谁都没有把握买进就涨。因此，如果大盘不好，你手中的个股也跟跌，则迅速出局为上策。如果你手中个股逆市上扬，那是你的福气，不过也要迅速化为口袋中的钱才算真正的福气。反之，如果大盘好，你手中持有的个股就踏实留着，即使暂时下跌都不怕。因此，只要大盘是波段上升，你耐心等待个股的波段上升；一旦大盘下跌，你也别想你手中个股是否会有"逆市"波段行情了。

如何买一只长线股票

河北王××问：我现在很想买一只长线股票，不知买哪个？

李几招：贵州茅台这样的股票凤毛麟角，目前中国上市公司业绩长期优良的不多，您最好做波段行情。

新股民如何择股

江西黄××等朋友问：现在有许多新股民，作为新股民该如何择股？

李几招：第一，先买卖100股，反复十几次试试手气，找找感觉，不可下大单买进。第二，模拟选股试试。第三，认真学习公司基本面，学习分析股价走势。第四，找价位偏低的股票小试身手，一旦失误，也不会深套。第五，一定不要轻信股评和小道消息。

牛股、反弹不是底、未来股市主旋律

罗辉军朋友问：为什么那些冷门股有可能成为大牛股，除了庄家比较容易吸筹、拉高外，是否还有其他的原因？反弹不是底，是底不反弹的理论是否也适用于个股？未来股市的操作理念会有什么变化，以什么为主旋律，是否也会像以前的股市一涨全涨，要不要把全球有可能发生的经济

（金融）危机等风险一并放置股市来考虑做投资决策？

李几招：冷门股关键在于冷。比如2013年的自贸区板块，2013年7月之前，没有人关注，甚至7月初管理层已经有政策端倪了，还是没有人注意，这就是许多人对政策不敏感所致。

反弹不是底，是底不反弹的理论当然适用于个股。

中国股市体制不改变，未来股市的操作理念就不会有什么变化，主旋律还是像以前的股市一样，一涨全涨，一跌全跌。当然需要把全球有可能发生的经济（金融）危机等风险一并放置股市来考虑做投资决策了。

买卖盘手数是否有假

四川徐××问：买卖盘手数是否有假？

李几招：肯定有假。这个假有故意欺骗人的假，也有众人斗智的假，即你我互相玩招。因为炒股是商业秘密，把秘密告诉他人，就不能赚到钱，如同下棋，下一步怎么走，不会告诉对方，有时还伴装进攻，所以股市也一样，应正确看待这种假。

比如买盘2000手封涨停，是不是真有那么多人想买？不一定，制造假象让跟风盘一同挂买单，然后冷不防一笔3000万大单卖出，给你了，接下来连续下跌，让你根本无法逃跑。ST股票最典型，连续封涨停，然后连续砸跌停，让你跑不了，当你可以在底部逃跑时，ST又连拉涨停，这就是招儿，所以，大买卖单介入时，要小心。

10元以下……24元以上，哪个价位收益高

河北高××问：10元以下，10~18元，18~24元，24元以上，哪个价位收益高？

李几招：从历年十大牛股看，价位在10元以下机会多，高价位的股票比较危险。

股票盘整很久以后，一旦放量可介入吗

广东李××问：股票盘整很久以后，一旦放量可介入吗？

李几招：可以，但盘整很久的时间概念起码要在6个月以上，因为这么久的盘整，放量不是小反弹，及时介入方能获利。

如何判断震仓

浙江戚××等朋友问：庄家的震仓如何识别？

李几招：通常震仓是发生在股价刚刚启动不久，庄家为在低位多吸取筹码或在中途拉升中减少阻力，就采用强烈震荡态势来清洗浮筹，更好地控盘，以便腾出更大上升的空间。因此一个股票长期在低位不动时，该股票历史上又没有爆炒过，如果该股出现放量启动时不久又下跌时，千万不能让庄家给震仓下马。应坚持住，等待最后的胜利。

如何介入振幅大的股票

山东王××问：如何介入振幅大的股票？

李几招：如果是做短线的朋友，应介入振幅大的股票，振幅大，指股价近几日震荡幅度在10%~20%；振幅一般发生在新股上市的几天内，可适当介入；选活跃性强的股票惨跌时介入，因为该股一贯很活跃。振幅大的股票涨得快，跌得也快，也容易套住，对此要充分做好思想准备。

大盘是谁操纵的

四川徐××问：大盘是谁操纵的？

李几招：具体到哪个庄家操纵，不得而知，也没必要知道，今后遇到大盘暴涨暴跌情况，我们散户的招儿是逢高坚决出货，逢低大胆建仓。

如何判断大盘盘整中的小反弹

河北闫×问：如何判断大盘盘整中的小反弹？

李几招：关键是看大盘盘整的时间有多长。如仅有2~3个月，中间突然上升，则视为小反弹。从中国股市多年发展的实践观察，绝大部分时间大盘是在盘整，因此，盘整期有6个月以上才可以认为结束。其他情况应视为反弹，应该做短线，或止损出局。

如何判断大盘高低点

众多股民问：如何判断大盘高低点？

李几招：大盘的高低点谁也不可能准确判断，其误差能在10%左右就算是成功。一般最简单的判别方法是上升中接近20~50%，则差不多快到高点了；而下跌也是如此。特别大的牛市除外，如1999年5月到2001年6月、2005年6月到2007年10月的大牛市行情。要强调的是：你不可能抄到（卖到）最佳底部（顶部），能在接近底部（顶部）时进货（出货）即可。

成交量在顶部放量出货法及如何最终逃顶

众多股民问：成交量在顶部放量出货法及如何最终逃顶？

李几招：我始终认为炒股一定不要有最终逃顶的想法和行为，任何人也做不到（偶尔碰到也是蒙的）逃顶。我们能在半途中逃掉就很幸运了，当股价越来越高，人气旺盛，成交量也天量式地放大，你必须要小心，这时你注意当成交量越大时，股价上升力度是否减弱，一旦减弱苗头出现，应该迅速逃跑（不是逃顶）。比如2007年10月份行情的最后冲刺中，成交量很大，但股价上升的力度减弱，再不逃跑，还想着逃顶，其结果必然挂在顶上套住。所以与其说最终逃顶，不如半路逃跑，更为安全。2015年下半年股市暴跌必须不惜代价逃跑。

根据成交量炒作波段

山东栾××等朋友问：成交量变化应如何炒作？

李几招：成交量逐步放大时，应及时跟进建仓，如某股票某年8月16日上市成交量为23662手，股价收盘以小阳11.58元收市；之后到第6天，成交量再放大到190359手，股价突破12元。到8月28日，股价已升到最高价13.24元。然后主力放货出局，到10月初，成交量已缩减到7000手左右，股价跌到11元附近，股民应抓住成交量波段变化赶紧逃跑，避免损失。

如何看突然成交上万手这种情况

广西郑××问：电脑显示某股票卖出价位一、二、三、四、五均只有几十手，卖出价10元左右，但在几分钟内，该股突然成交上万手，如何看这种情况？

李几招：显然是有庄家进场清扫卖单，拉升股价，如果一笔大资金入场，肯定会有跟风盘，这样，买卖成交就会放大；另外，电脑显示的情况，实际在10元±10%的幅度内，仅显示一到五的价位，六价位以后还有挂单，但是不显示，如果庄家进场，他会统统吃掉卖单上的价位筹码；还有，庄家自己也进行对敲，造成成交量放大。

对这种情况操作上应把握主要原则：长期横盘中突然几万手放量上攻，可迅速跟进；第二天如果继续强攻或高位整理，可观察不动；第二天如果下跌，必须立即卖出；分析一下该股是否有消息题材支撑，如市场已传很久的老消息，则卖出；如刚刚得到新消息，股价刚启动，可持有几天；如果上升几天后，突然放量上万手，肯定是庄家所为，可以大胆跟进。但要及时平仓，保住果实。如2013年的上海自贸区板块、2017年的雄安新区板块就是典型。

如何做好波段操作

众多股民问：如何做好波段操作？

李几招：每年的波段行情有一次，两次也有可能，在仅有的两次波段行情中，要注意四点。

一是每一年只能操作两次，不能再操作第三次，否则很可能前功尽弃。

二是第一次操作中，采用全仓杀进、全仓杀出法。

三是第一次操作中，可持股时间稍长，争取到达次高点出货。第二次操作中，持股时间稍短些，时刻准备出仓，保住全年胜利果实。如果第二次操作失误轻微套住，在大市下跌时，必须割肉出局，争取两次加起来是2∶1胜，小赔大赚。

四是第一次全仓买进时主要考虑时间，通常在1~3月年报公布中间寻找业绩好、价位低的股票。而卖出时主要考虑点位和成交量，在接近去年最高点时或是成交量放大到去年水平时（应考虑一定的浮动，不宜机械计算），坚决全仓出局。第二次买入则主要考虑点位，当跌至20%时，可再全仓杀进，挣1%~3%时，迅速全仓杀出。

股史证明，2006~2007年的大牛市，也是以波段上升展开行情的，不是一蹴而就的，即上升也是由"2000点、3000点、5000点、6000点"波段，分两年完成的；而2008年的熊市，也是以波段下跌结束行情的，不是一夜完成的，即下跌也是由"6000点、5000点、3000点、2000点、1800点、1600点"波段，一年完成的，然后盘整到2013年。2015年上半年行情暴涨比较特殊。

如果您不进行波段操作，而傻傻持股，就会陷入波段的套牢或者失去波段的踏空，因此要跟上波段的节奏。

一月行情预言可信吗

河南高×等朋友问：市场流行"一月预言"，即一月大盘走阳，全年走阳，反之相反；此话可信吗？

李几招：以沪指为例，1991~2017 年，1 月行情收阳线或收阴线，全年行情也同步收阳线或收阴线的共有 20 次；1996 年、1999 年、2004 年、2014 年、2015 年、2017 年的 1 月行情和当年行情不同步，看来，此"一月预言"可做参考。

不过这个"一月预言"存在不确定性，1 月的行情不能代表全年的行情。可以确认的是，每年 1 月的行情不可能是顶部行情，因此 1 月建仓一般讲比较保险，之后在上升波段行情中平仓，落袋为安即可。

短线操作基本要领

江苏冯×问：短线操作基本要领？

李几招：我不赞成短线炒股，那些所谓的短线高手很多是骗人的。如果非要短线炒股，您必须：①必须有不怕赔的心理准备，因为短线操作风险最大，怕赔者不宜短线操作。②操作时间不超过三天，如果三天到了仍没有获利，应卖出。③借题材快进快出，一旦媒体公布利好消息，迅速高价跟进打短差。④一旦发现暴跌中的股票有反弹迹象时，可立即跟进，第二天赶紧出货。⑤炒短线就不能因为买了就跌或卖了就涨而后悔。记住：你是炒短线。

如何进行中线操作

众多股民问：如何进行中线操作？

李几招：中线时间一般定在 6~8 个月。其招法是：①年初到"两会"期间，要学习国家经济政策，分析宏观面将在本年对哪些行业有支持，从而寻找有潜力的板块。②看准机会在 1~3 月左右全仓杀进。在 5~7 月，如果已有 20% 获利或在此期间曾获利更高，应考虑全仓杀出。③一旦建仓，不必为暂时下跌而震仓出局，因为你做的是中线，允许有暂时的损失。④中线操作买入前必须有信心；买入后有耐心，"可去旅游度假"，静等收获。卖出

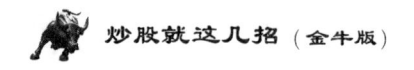

时，要快、准、狠，即有决心，有"狠心"，动作要快。

什么是支撑位、阻力位、破位，如何计算

湖北黄石赵××问：什么是支撑位、阻力位、破位？如何计算？

李几招：以中国船舶为例，当涨到快300元时，阻力很大，可能难以再升，那么290元为上升阻力位；该股后来暴跌，下降到16元左右后获得买盘支撑，如果不会再降或相当长时间盘整，则16元是支撑位；如果16元附近盘整或公认的16元不会跌穿，结果股价突然一天跌穿16元，则为破位下行；如在100元附近上穿成功，则为破位上行。

具体如何计算，有各种方法，有的人根据股票历史最高、最低价计算。如四川长虹1995~1998年，最高价近70元，最低价近6元。这可以认为是阻力位和支撑位。是破位下行，还是破位上行，要看该公司业绩及市场人气。此外，还可以根据黄金率计算个股的支撑位、阻力位。

压力线、支撑线、轨道线、颈线判断

深圳郭开社等朋友问：如何分析、判断压力线、支撑线、轨道线、颈线的形态变化？

李几招：首先必须说明，股市中的各种形态线只是一种理论上的判断，这种判断是根据经验和原理得出的结论，在实战中根据走势证明，有些比较准确，有些失败了，这点要有一个正确的认识，任何事情"哪有百分之百正确的"。

压力线：通常是指股价上升时到达一定高点后压力就越来越大，尤其是一些老股，其前期的高点（至少三个）是巨大的压力区，判断压力线的主要位置，参考前期的高点，如中国船舶，200元、300元高价构成了极强的压力点。如没有特大利好，很难冲过去。如果某股价由10~11元构成了一个压力线，压力线一旦冲过去，其股价上升有较大空间。

支撑线：通常是指股价跌到某一区位后就有较强支撑，再跌破位的可能性也较小。如某股票支撑位在2元左右，一般就不会破位下行；如果碰到重大利空，该股破位下行了，股民必须立即斩仓出局。

轨道线：指由压力线、支撑线构成的上下边界的轨道。利好时，股价沿轨道线上升，碰到上轨可能遇阻，或冲破，或回落；碰到下轨，或支撑、或破位。这要视当时情况分析，没有固定模式；但在利好时，股价会

直冲上轨而上，大利空时，股价会直破下轨而下，炒作中要灵活处理。

如何从 K 线图上分析个股在不同价位上筹码分布的情况

四川刘××读者问：如何从 K 线图上分析个股在不同价位上筹码分布的情况？

李几招：了解股票筹码的具体情况是很难的，因为 K 线图毕竟是一张图，而且是公众皆知的一张图（无秘密可言），所以，筹码真正掌握在谁的手中，是无法知道的。但有一点可以肯定，从 K 线图及成交情况可大体分析股价在此的成交筹码密集状况及今后走势。

技术指标根本没用吗

众多朋友问：技术指标根本没用，容易被庄家利用，我们也容易受骗，对吗？

李几招：技术指标有一定参考作用，但不是万能的，有时还管点用。比如在顶部时，如果成交量指标 VR 没劲了，OBV 也淡化了，可能庄家要出货了，需要警惕。但是庄家会利用指标骗人也是千真万确的，比如烟台万华（600309）除权后也放出与除权前 700 万股的成交量，"显示"填权的气势，这就是骗人了。因为一复权，该股已在 80 元的顶部了，而且是一根放量大阴线，可见庄家骗线，在掩护自己出货，所以对技术指标还是留个心眼为好。

靠技术指标能赚钱吗

辽宁贾××问：靠技术指标能赚钱吗？

李几招：不能。技术指标只能是参考，绝不是万能的。现在各种软件发明了各种指标，你也别太信，如果真能赚大钱，这些软件为什么几百元就卖给你？他留着自己赚几千万元好不好？再说，有些技术指标可能不错，但一公开就无任何价值了。大家知道 MACD 上升金叉买进，那很可能就被主力控制的骗线法给套住了。此外，中国股市升跌中许多不确定因素太多，技术指标根本无法显示，谁想到 2011 年 1 月 13 日上市爆炒到 88.80 元的华锐风电 2012 年突然亏损，2017 年暴跌到 1 元左右了？谁想到 2015 年股市会暴涨暴跌？这些，技术指标都无法显示，所以，参考技术指标，可能赚到钱；但光靠技术指标，绝对赔钱。

技术指标优先考虑哪一种

郑州伍×问：技术指标优先考虑哪一种？

李几招：看股票趋势主要参考 MACD；看成交量主要参考 VR 指标；看人气参考 OBV 指标；打短线参考 KDJ 指标；看强弱参考 RSI 指标。总之，每个指标功能不一样。至于优先考虑哪一种指标，我认为，MACD、RSI、VR 指标是应该参考的。在此基础上，CR、KDJ 是很重要的。

技术指标参数如何确定

湖南邓××等朋友问：技术指标参数如何确定？要不要调整？

李几招：每一技术指标有其特定内涵，定参数时要符合它的计算原理，也可根据个人情况及市场当时情况适当增减天数。如 MACD，一般定 12 天、26 天为好。稍微加减几天也没关系。但设在 3 天、5 天就不符合指标原理，参考意义不大了。一般来讲：K 线平均线设 5 日、10 日、30 日。成交量平均线设 5 日、10 日；MACD 设快速线 12，慢速线 26；RSI 设 6 日、12 日；DMI 设 10 日；VR 设 10 日；布林线设 10 日；SAR 设 4 日；BRAR 设 26 日；CR 设 26 日。

有朋友问：您书中说的技术指标的参数和我炒股软件使用的参数不一样，要不要调整呢？这要看你的操作风格了，没有统一的技术指标参数，我书上讲的是一般大家习惯使用的参数。

技术指标何时失灵

桂林卢×问：技术指标何时失灵？

李几招：如果股市比较平稳，上升下降也很温和，或经过一段暴涨暴跌后趋于平静，这时技术指标还是有重要参考价值的。但如果有重大利好、重大利空、重大突发事件，股市就会发生突变，技术指标的正常形态就发生突变，这是技术指标失灵的重要原因，此时参考技术指标意义不大。如 1999 年 5·19 行情突然爆发，技术指标就暂时失灵。

技术指标全涨时可否买股票

山西张××、北京王×等问：当 5 日、10 日、30 日均线上升，MACD、RSI、KDJ 也上升，是否可以买股票？

李几招：一般而言，当股票价格跌到一定程度并盘整6个月左右，此时技术指标开始有上行动作时，即可以买入；如果股票在高位盘整，然后再向上拉升，技术指标也开始上升，此时最好不要再追，高处不胜寒。

技术指标一旦发生背离，在底部低价位时可买入，在高位时不但不买，还应卖出。如广州浪奇（000523），某年5月开始，几乎所有的指标都上升，此时股价在7元左右低位，买入正逢时机。但在拉升中，中间发生过背离，如6月8日，RSI进入89.40%高位区，KDJ值处于下降，但MACD未破位下行，股价才升到8.36元左右，因此底部发生背离可不必担心，继续持股。到10月，MACD处于平滑阶段，RSI处于40%左右，KDJ震荡加剧并下滑，股价此时大体在11.60元，此时应择机卖出，不应再买入。到11月，几项指标全都处于下降通道，股价已升到12.50元左右，主力出货的可能性加大，此时必须逃走。到次年2月23日，最低价为8.96元。

哪几个技术指标最好使

广西陈×：我从你的书上看到的常用技术指标有那么多，您能告诉我哪几个技术指标最好使吗？谢谢赐教！

李几招：每个指标各有优缺点，您最好根据自己的偏好选择某个指标参考。注意，技术指标仅是参考，不能依赖它。

仅看几个指标行吗

湖北熊××等朋友问：只看上市公司每股收益、净资产收益率、每股净资产和股价中的MACD等指标就可以吗？

李几招：当然不行。如果有精力，有能力，还是多看一些其他指标，如每股现金流量、VR、CR指标，多看看总没有坏处吧。但这几个指标，也能满足一般人的需要，凭此炒股就欠妥了，要炒股，还必须结合国际、国内、行业、上市公司基本面以及市场技术面，甚至有时还要对庄家心理、散户心理、管理层心理做分析，知己知彼，百战百胜嘛，这样才能有效保证炒股70%的胜算把握。

日线是顶，周线是底，如何操作

新疆顾××朋友问：有些股票日线是顶，而周线是底，如何操作？

李几招：日线是顶，而周线是底，如果要搏短期收益，可以适当建仓，不行就赶紧平仓。我认为，最好再观察。如果月线见底，半年线见底后，建仓就保险了。

为何赚了指数赔了钱

众多朋友问：为什么股民普遍赚了指数赔了钱？

李几招：大盘上升，你的股票不涨，关键是你选择的股票有误，热点没追上，或追上热点被震仓出局后又追回去，结果成本提高，出现了亏损。今后在操作中，一是要跟热点，二是在牛市中，不要被震仓出局，就一定能又赚指数又赚钱。

外盘大于内盘买入时机

福建刘××等朋友来信批评我，说正是看了我写的"外盘大于内盘"可以买入的观点，2007年10月买进了某股票，损失惨重，并批评我是"什么东西"。

李几招：首先我表示歉意，任何过激语言我都能理解。至于您赔钱，很可能还有其他原因。对外盘大于内盘买入的招法，从一般理论上讲是行得通的，因为买的人多，股价才会涨，况且是主动性买盘，但有一点很重要：如果股价在高位，各种技术指标已钝化，如他说的这个股票，2007年10月，大盘已经开始下跌，该股的MACD已钝化，BOLL已收口，BR上升无力，股价在80元高位，此时虽然外盘大，说明进场接盘的人多，主力已经在加快派货，因此，就不能简单用"外盘大于内盘"的方法买进股票了。对此要吸取的教训是：不管"外盘大于内盘"多少，还要多观察其他指标，坚决不买高位的股票。

此外声明：买卖股票，绝不能用一个指标，如这位朋友仅用"外盘大于内盘"的指标就买股票，肯定不行；另外，我提供的所有招法，都是个人意见仅供参考，据此操作，盈亏自负。

计算时间为1秒还是1分钟

林丽川问：在分时图和成交明细表中，是按1分钟计算的，据说计算时间间隔也有1秒的，国际上的规定究竟是按那种方法计算？

李几招：一般就是按1分钟计算，按1秒计算肯定更精确，不过我们股民炒股不是发射神舟飞船，不需要那么精确，就算是精确到毫秒，炒股没有掌握好方法，该赔也得赔，所以精确计算时间不重要，1分钟比较合理，炒股成功还是要靠自身努力。

委比分析要灵活处理

四川李××等朋友问：委比值较大时，是否决定买入？有的分析讲委买大不一定是好事，因为是未成交的买盘大，表明买方保守，不是主动买盘。

李几招：从理论上讲，委比大当然是买盘多，只有买盘多，股价才上涨。比如经常看到的涨停即是，大量的买盘将股价推到10%。2001年2月28日至3月2日B股连涨3天达到10%，都是大量买盘造成的。

当然，具体实践而言，第一，等待性买盘虽不如主动性买盘更直接推动股价上升，但它既然有等待的耐心，说明买盘看好前景，争取在低位多吸筹，减少推动成本。

第二，委比大有时相对卖盘小而定，并不是真正对上升有特大的信心。如贵州茅台上升到300~700元时，买盘并不大，有时只有1手，因此现场观察委比值时，要结合观察绝对值和相对值。

第三，股价时刻在变化，委买和委卖也不断变化，因此在交易时间内，一会儿是买盘多，一会儿是卖盘多，这需要临场分析。

最重要的是，股价在底部长期横盘不动，突然几天委比值放大，可追进；如果股价已经很高，如中国船舶股价已到300元，委比值再大，也不能追了，就是因为股价太高了。

是否跟踪所有中小盘股

新疆杨××等朋友问：我把所有中小盘股都跟踪，自画每日K线图，一旦有哪只股票庄家拉升就跟进，短线我用CDP指标结合K线组合买卖，这种方法可行吗？

李几招：如果有精力并配有先进的电脑软件，跟踪所有的中小盘股当然最好。但如果是自画K线，只能跟踪五六只，太多了也顾不上，精力有限。最好重点跟踪几只股票。

如果庄家拉升就跟进肯定对，关键是你要判断出是真拉，还是假拉。用CDP做短线虽然可以，但最好要结合大盘及其他经济指标、技术指标。

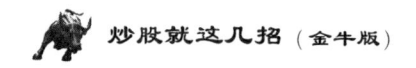

如2006~2007年的牛市行情，你用CDP做短线岂不吃亏？

股票在高位谁买：胆大的人

深圳刘××等朋友问：许多股票到高位后，如果没人买，那岂不卖不出去了？

李几招：股价虽然很高，但总有人会认为它还会再涨，因此会有胆大的人在高位买。再加上有的股评人大吹特吹，列一大堆可涨到300元以上的股票，让你怦然心动，热血沸腾，最后"一刷卡成千古恨"，高位的股票惨套一批人。

如果真没人买，那就卖不出去，如中国船舶涨到298元，你填卖单300元，没人买，你当然卖不出去了。问题是：总有人认为还会上升，所以就有胆大的人还在300元买进。

由于篇幅、字数限制，此板块的精彩互动问答，例如：什么情况下散户无法出局？亏损股能买吗？买*ST股票最坏的可能性是否会血本无归？绩优股是否有退市的风险？该不该止损？如何割肉换股？如何在股票买卖中迅速成交？碰到涨停板买不进，跌停板卖不出怎么办？宏观面你能否在关键时刻为我们报警？股市循环周期从哪天算起？如何避免踩地雷？收听、收看股评，信还是不信？如何识别黑嘴股评？为什么股评人不负责任瞎说？您为何不做个股推荐？散户如何参加股东大会？一到年底，主力机构是不是都存在资金回笼清算的问题？在炒股中，个性决定输赢吗……许多内容，只能忍痛删去。股民欲了解更全面、高级的招法，或者有什么问题，欢迎来信咨询，联系方式：cgjzjz@163.com。

附　录

附录1　读者评价

　　金杯银杯：不如全国股民的口碑
　　金奖银奖：不如全国股民的褒奖

全国亿万股民对《炒股就这几招》系列书的火热评价

　　《炒股就这几招》系列书出版20多年，我每天收到全国各地许多中小股民的来信或邮件，读者对本书好评如潮，正可谓：金杯银杯，不如全国股民的口碑；金奖银奖，不如全国股民的褒奖。现选摘部分评价。

　　特此向各位股民新手推荐李幛喆先生的《炒股就这几招》，我认为本书有三大特点：

图注：大批股民在购买《炒股就这几招》

　　一是内容系统全面。从开篇的如何开户到最后的"十大绝招"，中间涵盖了基础知识、股市术语、技术指标、股市理论、财务指标、识庄跟庄、经典绝招等各个板块。可以说，即使是一个"菜鸟"，认真读完这本书也可以获得"初段"职称。

　　二是语言通俗易懂。市面上介绍如何炒股的书数不胜数，为何我独荐此书，最重要的原因就是它语言通俗，读着不累，绝大多数股民专业能力并不是很强，如果读一本理论性很强的书，费了很大力气看完也是似懂非懂，不会有明显效果。

三是作者谦虚低调。股票类书籍我读过很多，作者或多或少都有些吹捧自己的行为，但在《炒股就这几招》中，几乎找不到作者夸耀自己的语句，而且作者不止一次强调一些招数的局限性和具体适用情况，其谦虚低调的行事作风让我非常敬佩。秉承谦虚谨慎，客观公正应该是每个从业人员都要遵守的道德底线。

（来源：价值中国网，作者张磊，原文标题《炒股应该学几招》）

李老师：你的书经过实践检验，的确很实用，2010~2014年，股市没有太大的行情，但是我严格按照您的绝招操作，每年都取得了20%以上的收益，周围赔钱的股民都特别崇拜我。实际上我明白，不是我有什么本事，是您的绝招给我的指点啊。

股民：王惠民

李老师：您好！我是新股民，看了您的书《炒股就这几招》很受启发，获益匪浅。特别看了您在光盘上的通俗易懂、深入浅出的讲解，我可以说这本书是我所阅读过有关股票书里最实用的，一点也不夸张。

您的读者：陈以闻

李老师，你好，首先要谢谢你，我是一个在深圳的打工者，从2001年开始，就从你的书学习炒股并从中获益颇深，依照你的投资准则，我从2002年起用仅有的1万元存款投资到股市中，5年时间变成了50万元，扣除这5年的工薪收入10万元后，我的收益增长了40倍啊。

股民：HUDYXY

李教授你好，无意中看到《炒股就这几招》，刚开始随便看了一下，马上觉得很适合我这种新股民，就买回来一口气把光碟看完，顿时一惊，感觉自己又上了一个层次。

股民：xkxf

尊敬的李老师您好，拜读了您的大作，它在排行榜上有名，我很喜欢您著书的风格。

股民：chang_110

与有肝胆人共事，从无字句处读书。您的"绝招"好棒。

股民：未名

李教授：你好！有幸读到你的力作《炒股就这几招》，使我这初涉股海的股盲对炒股常识多了些了解，之前由于一无所知招致了不少冷眼，你的书是所有股书之中写得最好的一本。

股民：何群英

李教授，您好！很喜欢您的博客文章和书，受益匪浅，非常感谢！

股民：董红星

李老师：拜读了您的大作《炒股就这几招》，受益颇深。我受朋友的影响，成了一个新股民。初入股市，一筹莫展。怎样选股，如何买卖股票，一概不懂。为了迅速进入角色，我来到书店有关介绍股票知识的书架前面，左翻右看，总觉得不尽如人意。当看到您所著的《炒股就这几招》一书时，好像有一种莫名其妙的亲切感。这本书深入浅出，从开户、转账，到买卖股票以及选股的一些方法都介绍得清清楚楚，而且通俗易懂，现在，我已经熟练了买卖股票的基本操作。

股民：钟火金

李教授：红热的股市把我妻子"拽"了进去，在事先没有打招呼的前提下，她自己一人办完了入市手续，我很吃惊，妻子都入市了，自己居然不晓得。股票我是很早就闻名的。我不懂，我决定拿出一段时间学习学习，研究研究。我径直来到新华书店，翻阅炒股书，我相中了您的著作，粗略拜读，很好，就买了回来。还有碟，妻子还表扬了我。看光碟比看书好，光碟我刚才看完第一遍，感觉您为人厚道，有一颗善良的心，学识渊

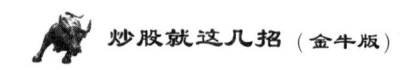

博，睿智机敏。以后我会仔细拜读您的大作，争取做一名好学生，优秀的学生，成为既长知识，又长才干，给家庭带来阳光的男子汉……

股民：王武奇

李教授你好，我是一名监狱警察，我认为《炒股就这几招》很好，要是早买这书，我可能早入门了。我希望您能再写一些实用性强的，可具体操作的书。

股民：井民月

李教授您好：我从2007年5月1日入市到现在已赢利××万元，我的入市资金是××万元。经历了股市暴涨暴跌之后，立志不读股票书，再不碰股票，但是我去了北京西单图书大厦，还是买了您的《炒股就这几招》一书，仔细研读之后，受益匪浅。

股民：张川

李老师：你好！我是一位新股民，原来对股票市场一点也不了解，看了你撰写的《炒股就这几招》后受益匪浅，书的内容通俗易懂，简单明了，而且入市小试身手也小有斩获，在此由衷向你表示感谢。

股民：亚玲

尊敬的李老师：您好！我准备介入股市，但我啥都不懂，就去新华书店查找股市入门的书籍，找了一上午，股市的书籍让人眼花缭乱，太多了，最后看见了您所著的《炒股就这几招》，简单一看，呵，真让人高兴。我想知道的炒股入门知识，书上都有，还配有光盘，回家就迫不及待看光盘看书，书质量好，图像清晰，虽然有好多还看不懂，但心情激动啊。

股民：小徐

你好李教授，我是你的忠实读者！！！我一连买了好几版的《炒股就这几招》，读后，感觉受益匪浅。入市连续亏损，直到看过你的几招后，就一直赢利绵绵！！！

股民：赵威

李老师：你好，我今天到书店很荣幸看到你的新书《炒股就这几招》，因我一直不懂炒股，又加上身边很多人炒股失败，导致自己对炒股不感兴趣。但看见你那本书后我对股票有了很多的认识，所以就购买了你的书籍，希望从你身上学到更多有关炒股的知识，让自己今后也通过炒股增加些收入并积累些经验。

广东肇庆市股民：林火英

众多股民问：《炒股就这几招》内容每年更新，更接近现在的炒股环境，确实很超值，实用价值更强。每年什么时候会出版新的《炒股就这几招》？在什么渠道可以买到？

出版社经问李几招后回答：谢谢关注，每年 2 月前，根据股市情况与市（时）俱进，更新该书内容，各地新华书店及其各大网站有售。

附录 2　中国证监会等管理层

联系方式

中国证监会网址：http：//www.csrc.gov.cn（在各大网站还有证监会的官方微博）

中国证监会信访：010-66210166，010-66210182

中国证监会来访接待室地址：北京市西城区太平桥大街 107 号

中国证监会热线电话：01012386，具体承接事项：

受理证券期货市场投资者投诉、咨询、建议等，包括：投资者在购买产品、接受服务或投资活动中，与证券期货市场经营主体及其从业人员发生争议的，可以提起投诉；对证券期货监管工作或者政策提出建议和意见；对证券期货相关法律制度或者监管工作政策等提出咨询。股民在每周一至周五（法定节假日除外）的 9：00~11：30 和 13：00~16：30 期间，拨打该热线电话。中国证监会保证对每位股民提出的诉求，做到件件有回复。

给中国证监会主席写信：gzly@csrc.gov.cn

中国证券投资基金业协会电话：4000178200、网站（www.amac.org.cn）、微信公众号（CHINAAMAC）、电子邮件（tousu@amac.org.cn）

上海证券交易所网址：http://www.sse.org.cn

上交所公众咨询热线：4008888400

上交所廉洁从业举报电话：68827799；举报信箱：ljcyjd@sse.com.cn

深圳证券交易所网址：http://www.szse.cn

深交所公众咨询热线：400-808-9999

深交所廉洁从业举报信箱：jubao@szse.cn；工作建议投诉cis@szse.cn

股民维权热线电话：上交所021-58391111转2414；深交所0755-83276615；96000315

股民维权电子邮件：wq315@cnstock.com

股民证券纠纷调解中心电话：010，66290920

新股中签查询电话：（沪）021-16883006；（深）400-808-9999

中国证监会、沪深两所的微博、微信可直接在网络搜索。

注：以上联系方式如有变化，请读者以媒体公布的新联系方式为准，本书不另行通知。但会在下一本新书中予以更新。

附录3　沪深股市收费表

品种	收费项目	收费标准（按成交金额）
A股	印花税	买入股票不征收，卖出股票征收1‰
	佣金	每个营业部不同，1‰到0.2‰浮动
	过户费	沪市1‰，起点1元。深市无
B股	印花税	同A股
	佣金	同A股
	结算费	沪市0.5‰。深市0.5‰，最高不超过500港元
	交易规费	深市0.341‰，沪市无

续表

品种	收费项目	收费标准（按成交金额）
债券	佣金	2‰，起点5元
投资基金	佣金	浮动
可转换债券	佣金	2‰，起点5元

附录4　李几招友情交流方式

1. 宗旨：彼此交流炒股的经验，倡导投资理念，互授新型投资知识和吸取教训。

2. 交流方式：通过电子邮件、QQ、微信等，不回复纸质信。由于我的工作很忙，回复很慢，谢绝来访，请见谅。

3. 交流办法：将本书登记表用电邮发来，我将编号、存档，永久保存。参与交流起点时间无限制，可随时参加。

4. 凡购买正版书者，我将电邮回信。

5. 登记须知：登记表用文字写好，发电邮即可，不用麻烦制成表格。您的联络方式如有变动，请及时告知。我的联系方式为炒股就这几招邮箱：cgjzjz@163.com。

李几招友情交流登记表

姓名		邮编	
永久详细通信地址（家庭或单位）			
电　话（含区号、手机）			
电子邮箱			

以上项目必须填写。

以下项目填写自便。

性别		出生年月		文化程度	
职业		炒股年限		入市资金	

<table>
<tr><td>炒股赚赔情况（可另纸写）</td></tr>
<tr><td>您炒股有什么高招（可另纸写，我将转选发表于下一本书中）</td></tr>
<tr><td>对本人、本书建议（可另纸写）</td></tr>
<tr><td>填表日期：　　　　　　　　　　　　签名：</td></tr>
</table>

填好此表（不用麻烦制成表格，用文本文字逐项填写也可），请发送至电子邮箱 cgjzjz@163.com。